DROEMER

ARTHUR LANDWEHR

DIE ZERRISSENEN STAATEN VON AMERIKA

Alte Mythen und neue Werte – ein Land kämpft um seine Identität

DROEMER

Besuchen Sie uns im Internet:
www.droemer-knaur.de

Die Verlagsgruppe Droemer Knaur hat sich zu einer nachhaltigen Buchproduktion verpflichtet. Gemeinsam mit unseren Partnern und Lieferanten setzen wir uns für eine klimaneutrale Buchproduktion ein, die den Erwerb von Klimazertifikaten zur Kompensation des CO_2-Ausstoßes einschließt. Weitere Informationen finden Sie unter www.klimaneutralerverlag.de

FSC www.fsc.org MIX Papier | Fördert gute Waldnutzung FSC® C014496

Originalausgabe Januar 2024

Ein Imprint der Verlagsgruppe
Droemer Knaur GmbH & Co. KG, München

Lektorat: Jürgen Bolz
Covergestaltung: Thierry Wijnberg
Satz und Layout: Adobe InDesign im Verlag
Druck und Bindung: GGP Media GmbH, Pößneck
ISBN 978-3-426-27902-1

2 4 5 3 1

Meinen verstorbenen Eltern

Ihnen verdanke ich ein Leben, das einem amerikanischen Mythos entlehnt sein könnte – aus einfachen Verhältnissen den Weg in einen faszinierenden Beruf gehen zu können.
Sie haben Bildung ermöglicht, ihnen fremde und manchmal suspekte Gedanken zugelassen und Mut gemacht, wenn es mal nicht so gut lief. Danke!

Inhalt

Einleitung

Schweiß läuft ihnen von der Stirn, sie versuchen sich, mit kleinen Fächern in den Händen, ein wenig Kühlung zuzuwedeln. Es ist einer dieser schwülheißen Sommertage in Washington; die fast einhundert Menschen unterschiedlichster Herkunft haben sich herausgeputzt, tragen festliche Kleider, Anzüge, ein paar auch Trachten ihrer Heimat, hier der Turban eines indischen Sikh, dort Frauen aus Südamerika mit ihren bunten Kleidern. Man hat ihnen Klappstühle auf den Rasen gestellt, Schatten gibt es nur auf der Bühne vor ihnen, wo eine Beamtin des amerikanischen Heimatschutzministeriums neben einem Martha-Washington-Double alles daransetzt, fröhliche Festtagsstimmung zu verbreiten.

Der Ort ist symbolträchtig für den Anlass, eine Einbürgerungszeremonie. Die Plantage »Mount Vernon« südlich der amerikanischen Hauptstadt ist George Washingtons Zuhause, von hier stammte der erste Präsident der Vereinigten Staaten. Die Menschen auf den Stühlen werden in wenigen Minuten die neuesten Bürger der USA sein, sobald sie den Treueschwur auf die Verfassung abgelegt und versprochen haben, ihr neues Heimatland auf jede Art zu verteidigen, sollte das notwendig werden. Symbole spielen im amerikanischen Umgang mit der Nation seit jeher eine große Rolle, so wie die Anwesenheit einer Gruppe Frauen mit traditionellen amerikanischen Kleidern, die die Einbürgerungsurkunden in der Hand tragen. Sie nennen sich »Daughters of the Revolution«, Töchter der Revolution, bei denen nur Mitglied werden kann, wer Vorfahren nachweist, die im Unabhängigkeitskrieg gekämpft haben. Die Nachfahren der ersten unabhängigen Amerikaner begrüßen die neuesten Bürger des »Land of the Free, Home of the Brave«, des Landes der Freien und Mutigen, wie es in der Nationalhymne heißt.

Die neuen Amerikaner stehen auf, heben die Hand mit drei Fingern Richtung Himmel und sprechen den Treueeid, der damit beginnt, alten Loyalitäten abzuschwören, bevor man die neue übernimmt: »Hiermit schwöre ich, dass ich absolut und vollständig jede Loyalität und Treue ablege, die ich gegenüber jeglichem ausländischen Herrscher, Staat oder jeglicher Hoheit habe, dessen Staatsangehöriger oder Bürger ich war.« Am Ende jubeln sie, haben Tränen in den Augen und liegen sich in den Armen, während die Verwandten und Freunde am Rand so viele Fotos wie möglich schießen.

»Ich möchte gern wissen, für wie viele von denen das der erste Meineid als Amerikaner ist«, hört man immer wieder von Kritikern einer liberalen Einwanderungspolitik. »Wir achten viel zu wenig darauf, ob die Einwanderer nicht eigentlich weiter das bleiben, was sie schon immer waren. Sie wollen doch nur die Staatsbürgerschaft, damit sie ihre Familie nachholen können.« Dann verweisen sie darauf, dass ein großer Teil ja eine doppelte Staatsbürgerschaft behalte und sich nur wenig darum kümmere, was es wirklich heißt, Amerikanerin oder Amerikaner zu sein. Das Land sei immer so stolz darauf gewesen, dass fast alle von sich sagen: »Ich bin Amerikaner!«, und dann hinzufügen, dass sie italienischer, iranischer, pakistanischer oder anderer Herkunft sind. Heute sagten immer mehr häufiger als Erstes, dass sie zum Beispiel Eritreer seien und einen amerikanischen Pass hätten.

Die Vereinigten Staaten von Amerika sind im Frühjahr 2024 ein Land der leeren Sockel. Hunderte Statuen, die als Helden für die Geschichte dieses Landes von der Besiedlung über die Unabhängigkeit bis zum Bürgerkrieg stehen, sind verschwunden, manchmal beschmiert und von ihren aus Stein gemauerten Podesten gestürzt, manchmal mit Gemeinderatsbeschluss abgeräumt und verschämt in Museen untergebracht, mit entschuldigenden Texttafeln versehen.* Generäle der Südstaaten, die im Bürgerkrieg für

* »Leere Sockel« ist hier nur bildlich gemeint, denn nach dem Sturz oder Abbau der Statuen sind häufig auch die Sockel entfernt worden, sind leere Plätze zurückgeblieben, über die längst Gras gewachsen ist.

den Erhalt der Sklaverei kämpften, sind darunter, aber auch die eigentlich Unantastbaren. Entdecker Christoph Kolumbus stürzt während der Unruhen 2020 unter dem Jubel von Demonstranten ins Wasser, Gründungsväter und Autoren der Verfassung, ehemalige Präsidenten wie Thomas Jefferson und sogar George Washington werden nicht mehr wegen ihrer politischen Leistung, sondern als »Sklavenhalter« wahrgenommen und sind wohl deshalb nicht mehr tragbar. Das gilt auch für Francis Scott Key, den Dichter der amerikanischen Nationalhymne. Theodore Roosevelt darf in New York nicht mehr auf einem Pferd neben einem amerikanischen Ureinwohner gezeigt werden, in San Francisco und anderen kalifornischen Städten müssen Denkmäler für franziskanische Missionare weichen, Statuen von Gouverneuren oder Helden der Eroberung des amerikanischen Westens wie Kit Carson. In Washington entzündet sich eine Debatte um ein »Emancipation«-Denkmal, das Abraham Lincoln zeigt, der einem vor ihm knienden Afroamerikaner die Freiheit gibt. Die Polizei schützt es mit hohen Zäunen gegen Demonstranten, die es abbauen wollen. Die Nation kann sich nicht mehr auf eine gemeinsame Geschichte einigen, die Menschen finden keine gemeinsamen neuen Helden, mit denen sie die leeren Sockel füllen könnten, die eine Brücke bauen, die man gemeinsam feiert und als Vorbilder ehrt.

Stattdessen ist die Nation zerrissen. Stadt gegen Land, Schwarz gegen Weiß, Frau gegen Mann. Ein Land voller Gretchenfragen, deren Antworten jeden einer Gruppe zuordnet, als gut oder böse, für mich oder gegen mich bestimmt: Wie hältst du es mit der Religion, dem Recht auf Abtreibung, dem Recht auf Waffenbesitz, der Freiheit sexueller Orientierung? Glaubst du an systemischen Rassismus, an Quoten für Minderheiten, an den Vorrang jeder individuellen Identität gegenüber einem gemeinsamen Wertekanon? Nicht mehr unterschiedliche Interessen und Lebensentwürfe, verschiedene Meinungen und Ideen stehen zur Diskussion und werden im politischen Diskurs entschieden. Es gibt keine Kompromisse, weil es darum nicht mehr geht, denn der Streit trifft den Kern, die Identität jedes Einzelnen, die sich in der Identität als Gruppe und im Kampf um die Identität als Land und Nation spiegelt.

Wann hat das eigentlich angefangen, wann haben die Menschen Amerikas aufgehört, miteinander zu sprechen, und begonnen, sich stattdessen anzuschreien, sich gegenseitig Verrat vorzuwerfen, Verrat an Gerechtigkeit, Verrat an Freiheit, Verrat an der Demokratie, Verrat am Patriotismus?

Ich möchte im Folgenden zeigen, dass diese Gegensätze hochaktuell sind und gleichzeitig zur DNA des amerikanischen Selbstverständnisses und ihres Werdens gehören. Bereits 1992 zog der Republikaner George H. W. Bush gegen Bill Clinton mit der Drohung in den Wahlkampf, der werde die Nation ihrer Identität berauben. »In dieser Wahl geht es um viel mehr, als wer was bekommt. Es geht darum, wer wir sind. Es geht darum, woran wir glauben. Es geht darum, wofür wir als Amerikaner stehen. Dies ist ein Kulturkrieg, genauso entscheidend für die Nation, die wir eines Tages sein werden, wie es der Kalte Krieg war«, rief der rechtskonservative Pat Buchanan damals den Delegierten des Wahlparteitages zu und bekam Standing Ovations. Dieser Satz erlebt eine mächtige Renaissance, der Begriff des »Kulturkrieges« prägt die politische Auseinandersetzung mehr als Inhalte und politische Ziele. Alles deutet darauf hin, dass er das ungeschriebene Motto beim Wahlparteitag 2024 in Milwaukee sein wird, wenn die Republikaner ihre Kandidatin oder ihren Kandidaten für den Kampf gegen Amtsinhaber Joe Biden küren.

Die Geschichte der Vereinigten Staaten von Amerika ist durchzogen von Wendepunkten, die man im Rückblick erkennt, die aber in der Situation als unüberwindbare Gegensätze und beginnendes Auseinanderbrechen erlebt werden. Jede Generation kennt solche Zeiten, empfindet die tiefe Verunsicherung des eigenen Daseins und der eigenen Position in der amerikanischen Gesellschaft, bis sich das Land wieder auf Zeit für einen gemeinsamen Weg verständigt.

Sich als Kolonie von England loszusagen und eine Revolution zu wagen, ist im 18. Jahrhundert alles andere als Konsens. Einwanderung durchzieht die gesamte amerikanische Geschichte als Konflikt, immer grenzen sich die im Land gegen die von außen ab. Die protestantischen Englandstämmigen gegen die katholischen Iren. Chinesische Bauarbeiter holte man für die Eisenbahn, wollte aber keine asiatische Einwanderung. Osteuropäer, Juden, Muslime, Latinos aus Südamerika – viele gerieten irgendwann in den Fokus. Der Konflikt des sich industrialisierenden Nordens gegen den agrarischen Süden wurde über die Frage der Sklaverei ausgetragen und fand seinen Höhepunkt im Bürgerkrieg, der das Land beinahe tatsächlich in zwei Teile zerriss. Das Engagement in Kriegen auf der ganzen Welt spaltete die Gesellschaft nahezu unversöhnlich, die beiden Weltkriege ebenso wie Vietnam und später der Irak und Afghanistan. Nicht zuletzt trafen Glaubensfragen und gesellschaftliche Traditionen auf säkulare Bewegungen, auf ein neues Selbstbewusstsein marginalisierter Gruppen. Heute bestimmen die Themen des Kulturkampfes von Waffenbesitz über Abtreibung bis gleichgeschlechtliche Ehe den politischen Diskurs. Politisch bringen sich die roten, also republikanisch wählenden Bundesstaaten gegen die blauen demokratischen in Stellung.

Die Amtszeit des Präsidenten Donald Trump war insofern außergewöhnlich, als er den Antagonismus der unterschiedlichen Gruppen durch unverhüllten Populismus förderte und zum Werkzeug für seine politischen Ziele machte. Er traf damit auf ein tiefes Bedürfnis verunsicherter Gruppen, die sich endlich verstanden, geschützt und wieder respektiert fühlten. Deshalb konnte Trump auch als Wahlverlierer seine Partei im Griff halten, obwohl er durch Skandale, Ermittlungsverfahren und seine Rolle beim Sturm auf das Kapitol am 6. Januar 2021 bis heute angeschlagen ist und das Establishment seiner Partei ihn an die Seite zu drängen versucht. Sein Rückhalt bei der republikanischen Kernwählerschaft, bei der arbeitenden Weißen Mittelschicht außerhalb der Großstädte ist so stark, dass er trotz des sehr unterschiedlichen Bewerberfelds den Wahlkampf 2024 in Stil und Inhalt prägt. Selbst wenn er am Ende nicht als Kandidat der Republikaner ins Rennen gehen sollte, wird diese republikanische Basis jeden Kandidaten und jede Kandidatin an ihm messen. Das wird mit dazu beitragen, dass die zerrissenen Staaten von Amerika vorerst genau das bleiben.

Joe Biden war als Präsident angetreten, um das politisch gespaltene amerikanische Volk und die nahezu handlungsunfähig gewordenen politischen Institutionen zu versöhnen und wieder auf gemeinsame Ziele einzuschwören. Der Kampf gegen die Covid-19-Pandemie zu Beginn seiner Amtszeit hätte so ein Zusammenrücken gegen einen äußeren Feind sein können. Später wäre die Verteidigung der demokratischen Ordnung des Westens in der Folge des russischen Überfalls auf die Ukraine ebenfalls dafür geeignet gewesen. Gelungen ist ihm beides nicht. Im Gegenteil, die von Donald Trump ausgelegte Saat eines Kulturkampfes ist weiter aufgegangen und hat sich noch stärker als politisches Werkzeug nützlich gemacht, um eigenes konservatives Profil zu schärfen und damit das eigene Wählerpotenzial optimal zu mobilisieren. Das gilt nicht nur für Donald Trump, sondern auch für die meisten derjenigen, die im innerparteilichen Vorwahlkampf gegen ihn antreten.

Bei diesem seit mehreren Jahren schwelenden und politisch genährten Kulturkampf geht es um nicht weniger als die Frage, was es eigentlich heißt, Amerikaner zu sein. Wofür steht dieses Land, welche Werte prägen heute den Alltag und welche sollen das in Zukunft sein? Vor allem konzentriert sich der ideologische Streit darauf, wer das eigentlich definiert. Dabei ist längst infrage gestellt, ob es überhaupt noch eine übergreifende und gemeinsam geglaubte amerikanische Identität geben kann und soll. Zusammengehalten wird das Land scheinbar noch immer durch starke und gleichzeitig leicht greifbare Symbole: Flagge, Hymne, patriotische Feiertage oder mit Inbrunst gesungene sentimentale Lieder wie »America the Beautiful« oder »This Land is Your Land«. Bei jedem Footballspiel gehört das weiterhin zum bejubelten Ritual, aber bei der Frage, für welche Werte und welches Weltbild diese Symbole eigentlich stehen, kommt es zur politischen Sprachlosigkeit und Handlungsunfähigkeit.

Trifft man Menschen im konservativen Lager, bekommt man eine Beschreibung dieser Werte, die sich über die Zeit nur wenig verändert hat. Es seien die Dinge, die Amerika groß gemacht hätten, allen voran die Freiheit des Individuums, das in diesem Land zum ersten Mal in der Geschichte die Möglichkeit bekommen habe, sein Glück selbst in die Hand zu nehmen. Was das Land ausmache, sei, Verantwortung für sich selbst zu tragen, hart zu arbeiten, die Familie, die Religion und sich selbst schützen zu können, auch gegenüber dem Staat. Stolz zu sein auf die eigene Geschichte, darauf, eine Nation mit all ihren Institutionen geschaffen zu haben, die es den Menschen ermöglicht, ihr Glück selbst zu definieren und für den eigenen Wohlstand zu sorgen.

Die gleiche Frage in anderen Bevölkerungsgruppen gestellt, liefert ganz andere Antworten und Vorstellungen davon, was Freiheit in Amerika ausmacht, um eigene Lebensentwürfe zu ermöglichen. Das oben beschriebene Amerika sei nichts als ein überkommenes Gesellschaftsideal, das mit aller Macht alte Privilegien zementieren wolle, über Jahrhunderte von weißen, europäischen, meist protestantischen Männern systematisch angehäuft und in den Institutionen verankert. »Gleiche Rechte für alle« sei in diesem Sinne die Anpassung an dieses System, indem man die eigene Identität aufgibt und sich damit zufriedengibt, geduldetes Mitglied dieser traditionellen Gesellschaft zu sein. Aus dieser Analyse ist die Forderung entstanden, das bestehende Modell der amerikanischen Gesellschaft aufzulösen und die Vorstellung von Integration unterschiedlicher Identitäten in einer gemeinsamen Definition der amerikanischen Nation und ihrer Werte zu den Akten zu legen.

Die Demokraten und ihr Kandidat Joe Biden stehen im Wahlkampf 2024 vor der Aufgabe, ihre gesellschafts- und wirtschaftspolitischen Programme und Erfolge in den Mittelpunkt zu rücken und zu wahlentscheidenden Kriterien zu machen. Billionen an Dollar, die die Folgen der Corona-Pandemie abfedern, gehören ebenso dazu wie die gewaltigen Summen, mit denen die marode Infrastruktur des Landes saniert wird. Ein paar Erleichterungen bei den Kosten für die Gesundheit hat Biden auf der Habenseite, das »Anti-Inflations-Gesetz«, das Forschung und Wirtschaft auf einen Kurs zum Klimaschutz bringt, ebenso wie eine historisch niedrige Arbeitslosigkeit und steigende Löhne für die arbeitende Mittelschicht. Die Inflation, die Lohnzuwächse und mühsam Erspartes an der Supermarktkasse und der Zapfsäule wegschmelzen lässt, muss er sich vorhalten lassen. Im Sommer 2023 kühlte die Teuerung in den USA merklich ab, die Gefahr einer Rezession scheint gebannt, und Biden kann nur hoffen, dass die Interventionen der Zentralbank »Federal Reserve« nachhaltig bis zur Wahl im November wirken. Vorwerfen wird man ihm auch den chaotischen Abzug aus Afghanistan, und an den Milliarden für die Waffen, mit denen die USA die Ukraine unterstützen, setzt der rechtskonservative Flügel der Republikaner mit seiner Kritik an.

Wie auch immer die Wahl ausgeht und wer auch immer das Land in der zweiten Hälfte des Jahrzehnts führen wird, am fundamental zerrissenen Zustand der Gesellschaft der Vereinigten Staaten von Amerika wird dies zunächst nichts ändern. Es reicht über den Tag hinaus, wenn man diese Zerrissenheit in ihren tiefen Wurzeln zu verstehen versucht, um eine Vorstellung davon zu bekommen, warum die amerikanische Nation handelt, wie sie handelt, warum das noch immer mächtigste Land der Erde im Inneren von der mobilsten Gesellschaft zum Stillstand mutiert ist.

Europäern fällt es leicht, über die inneren Konflikte Amerikas zu urteilen und dabei die Maßstäbe der eigenen Traditionen und Gewohnheiten anzulegen. Ohne einen Perspektivenwechsel, ohne sich in die Schuhe amerikanischer gesellschaftlicher Realität und Geschichte zu stellen, gehen die Urteile allerdings häufig an der wahren Bedeutung der Konflikte vorbei.

Die USA stehen an einem Scheideweg, können durchaus den Weg zurückfinden zu einer gemeinsamen Vision ihrer demokratischen Gesellschaft. Sie können zurückfinden zu Konsens und Respekt für staatliche Institutionen und demokratische Regeln wie die Anerkennung von Wahlergebnissen. So schmerzhaft es war, aber in der Vergangenheit ist ihnen das selbst nach schwersten Konflikten immer wieder gelungen. Beispiele dafür sind der Bürgerkrieg oder die Befriedung nach den 1968er-Protesten gegen die traditionelle bürgerliche Ordnung, dem gewalttätigen Kampf um die Bürgerrechte und der Auseinandersetzung um den Vietnamkrieg. Sicher ist das nicht, denn Gewalt hat sich in den vergangenen Jahren zunehmend als politisches Mittel etabliert, mit einem Höhepunkt am 6. Januar 2021 beim Sturm auf das Kapitol.

Ich halte es für sehr wichtig, den gesellschaftlichen Entwicklungsprozess aus der amerikanischen Perspektive und Geschichte zu verstehen, den Adrienne LaFrance, Chefredakteurin von *The Atlantic*, De-Zivilisierung nennt: »In Zeiten der De-Zivilisierung finden ganz normale Menschen keinen gemeinsamen Boden mehr und verlieren das Vertrauen in Institutionen und ihre gewählten Führungspersonen. Gemeinsames Wissen bröckelt, und Bindungen quer durch die Gesellschaft zerfasern.«[1] Auch wenn es solche Prozesse überall auf der Welt gibt, sind die Abläufe nicht übertragbar. Dieses Buch will einen Beitrag leisten, das spezifisch Amerikanische in dieser Entwicklung zu erklären und verständlich zu machen.

Es unternimmt eine Reise in die Tiefe amerikanischen Lebens in vielen Teilen des Landes. Weit mehr als ein Jahrzehnt sind die USA mein Zuhause gewesen, beginnend mit einem Studium im Norden Floridas bis hin zu zwei mehrjährigen Aufenthalten als Auslandskorrespondent für den ARD-Hörfunk. Zahllose Begegnungen bilden die Grundlage: Gespräche mit konservativen und progressiven Menschen, mit Enttäuschten, mit Menschen, die um ein einigermaßen auskömmliches Leben ringen, mit optimistischen und visionären Amerikanern im ganzen Land. Die Alltags- und Reiseerlebnisse beschreiben ein Amerika, das verzweifelt um seinen Weg in die Zukunft ringt und sich gleichzeitig immer mehr über unterschiedliche Gruppen definiert, die sich wie verfeindete Stämme gegenüberstehen.

Dafür gibt es eine Vielzahl von Gründen. Zum Teil stecken ihre

Wurzeln in jahrzehnte- und jahrhundertealten Schichten. Zum Teil haben sie aktuelle Bezüge und passen nicht zu den gewachsenen Werten und Ansichten.

Themen dieses Buches verknüpfen all diese so unterschiedlichen Gründe mit der Lebenswirklichkeit heute.

Mir ist es immer wichtig, zuzuhören und meine eigene deutsch-europäische Sozialisation dabei so gut wie möglich in den Hintergrund zu stellen. Wir glauben schnell, Amerikaner zu verstehen, weil sie uns scheinbar ähnlich sind. Fast jeder hat persönliche Erfahrungen, bei Urlaubsreisen, Begegnungen mit Soldaten oder auch nur, weil man mit amerikanischer Musik und Kultur aufwächst. Selbst wenn es keine persönlichen Erfahrungen sind, so ist unsere Gesellschaft, unsere Politik, sind eigene Ängste und Empörung immer mit den USA verwoben.

Die Wahrheit ist, dass wir unterschiedlicher sind, als wir glauben; gut Englisch sprechen zu können, heißt alles andere als zu verstehen, was das Gegenüber meint. Zuhören heißt deshalb für mich, auch die eigenen Überzeugungen und Haltungen zurückzunehmen, denn sie spielen keine Rolle, wenn es darum geht, etwas kennenzulernen und zu durchdringen. Im Gegenteil: Ich versuche, mich bei meinen Begegnungen und Reisen in die Schuhe meiner Gesprächspartner zu stellen und die Dinge aus ihrer Sicht zu sehen. Dabei lerne ich, warum zum Beispiel Anhänger des früheren Präsidenten Trump ihn bis heute lieben, ihm alles verzeihen und sie notfalls zur Waffe greifen würden, um ihn zu verteidigen. Ich lerne, warum vielen Afroamerikanern Martin Luther King kein Vorbild mehr ist, sie seine Vision eines gemeinsamen Tischs für alle Amerikaner in einer gerechten Gesellschaft nicht mehr teilen. Ich lerne, dass für sie der Sturz einer Statue von Thomas Jefferson weitaus mehr bedeutet als Wut und Aggression in einer aufgeheizten Situation. Ich lerne, warum Menschen in wohlhabenden Wohngegenden alles daransetzen, dass ihre Schulen besser bleiben als die in ärmeren Stadtteilen. Zu den Erkenntnissen gehört auch, warum vielen in den Vereinigten Staaten so wichtig ist, eine Waffe zu besitzen.

Vieles, was ich erlebe und erfahre, teile ich persönlich nicht, aber ich will und kann es aus der jeweiligen Sicht nachvollziehen. Ich erlebe immer wieder, dass das hier in Deutschland auf Widerspruch stößt, mir die Frage gestellt wird, wie ich das zulassen kann, keine Widerrede führe. Das aber sehe ich nicht als meine Rolle. Dieses Buch beschreibt und erklärt viele Lebensentwürfe, Sichtweisen und Überzeugungen. Manche, mal in die eine, mal in die andere Richtung, sind vielleicht schwer erträglich und erschüttern das eigene Bild von Amerika. Ich halte die Auseinandersetzung mit diesen unterschiedlichen Perspektiven aber für notwendig, um zu verstehen, warum die Vereinigten Staaten von Amerika heute ein zerrissenes Land sind. Angst ist derzeit ein prägendes Gefühl in den USA, die Angst vor gesellschaftlichem Bedeutungsverlust ebenso wie die Angst, den ökonomischen Anforderungen nicht mehr gewachsen zu sein, die Angst der Mittelschicht, dass dem eigenen mühsam errungenen Aufstieg der Abstieg folgt, wenn nicht der eigene, so doch der der Kinder. Da ist bei den Minderheiten die Sorge, niemals den Status der Zweitklassigkeit ablegen zu können, niemals dieses Land als das eigene Land erleben zu dürfen. Alltagssorgen prägen das Leben der Durchschnittsamerikaner, die für die meisten Europäer keine Rolle spielen. Dass eine einzige Erkrankung zu Armut führen könnte, weil die Krankenkasse nicht für die Behandlungskosten aufkommt, oder dass die eigenen Kinder weniger Chancen auf einen guten Beruf haben könnten, weil man die Universität nicht bezahlen kann, dass man im Alter bis zur Erschöpfung arbeiten muss, weil ein Aktiencrash oder schlechte Beratung die Altersversorgung vernichten könnte, oder dass man wegen seiner Hautfarbe Gewalt erfährt. All dies hat Auswirkungen darauf, wie man zu seinem Land und zur Politik steht.

Weder diese Ängste noch die unversöhnlich scheinenden Gegensätze bei Meinungen, Werten, Lebensweisen und Zukunftsbildern sind aus sich heraus entstanden oder ein vorübergehender Zustand. Sie gründen in jenen Mythen, die davon erzählen, was Amerika war, ist und ausmacht. Amerikaner und diejenigen, die von außen auf die USA schauen, leben und urteilen mit einer unübersehbaren Vielzahl dieser Mythen und Glaubenssätze vom »amerikanisch sein«. Mythen aber charakterisiert, dass sie meist den Kern einer früheren Wahrheit beinhalten, mit der die Gegenwart erklärt wird. Da alte Wahrheiten und die Lebenswirklichkeit der Gegenwart auseinanderfallen, führt das zwangsläufig zu sehr unterschiedlichen Narrativen über das, was gut oder böse, richtig oder falsch ist.

Da ist weiterhin der Gründungsmythos des Wilden Westens lebendig. Getragen von der Ehre der Cowboys und von ihrer Unabhängigkeit, beschreibt er das Aufeinanderprallen von Wildnis und Zivilisation, das Zähmen der Natur, die man sich im biblischen Sinne untertan macht. Die emotionale Beziehung vieler Amerikaner zu ihren Waffen gründet in realen und mythischen Bedürfnissen aus jener Zeit, in der das Land zu seiner heutigen Gestalt gefunden hat. Da ist die sprichwörtliche Mobilität der Amerikaner, sei es in den Wagentrecks nach Westen, der Liebe zum Auto, der ständigen Bereitschaft, sein Zuhause zu verlassen, um etwas Besseres zu suchen. Mobilität ist auch die Mobilität durch die sozialen Schichten, dieser Mythos vom Tellerwäscher, der es zum Millionär schafft. Auch hier klaffen Mythos und Realität immer stärker und immer spürbarer auseinander. Das schafft Enttäuschung und Verbitterung, das verunsichert und bedroht die Menschen in ihrer Identität.

Vieles von dem, was in diesem Buch erzählt, beschrieben und analysiert wird, ist nicht auf die Vereinigten Staaten beschränkt. Auch in Europa zerbröckeln die Glaubenssätze und lösen sich sicher geglaubte Wahrheiten auf. Liberalismus ist manchen zum Schimpfwort geworden, weil er nicht mehr als Freiheit, sondern als Bürde und Hindernis erlebt wird. Die Wirkung sozialer Netzwerke und anderer Echokammern lassen den Diskurs über »Normalität« aggressiver werden. So wie in den USA fühlen sich Menschen in den westlichen Industriegesellschaften immer weniger von der etablierten Politik verstanden und repräsentiert, kritisieren das Verhalten selbst ernannter Eliten, die sich schadlos halten und sich um Minderheiteninteressen mehr sorgen als um den Alltag der arbeitenden Menschen. Auch in Europa verlieren Medien, Wirtschaft und Politik die Loyalität der Bürgerlichen, die Hilfe bei extremen Parteien suchen. Dieser Bogen von den zerrissenen Staaten von Amerika zu den auseinanderdriftenden Gesellschaften Europas schließt das Buch ab.

Ein tiefer Riss geht durch die Nation

Politischer Kulturkampf und der Angriff auf die offene Gesellschaft

Sonntagmorgen in der First Baptist Church von DeFuniak Springs im sogenannten Florida Panhandle, direkt an der Grenze zu Alabama. Große Militärbasen, Tourismus entlang der Küste des Golfs von Mexiko und Landwirtschaft prägen diesen Landstrich des amerikanischen Südens. Das 6000 Einwohner zählende Städtchen gehört zum »Bible Belt«, die meisten hier sind fromme und regelmäßige Kirchgänger, die Religion gibt den Takt für das tägliche Leben vor. Zehn Gemeinden der konservativen »Southern Baptists« konkurrieren um die Seelen der Bürger, Katholiken und andere protestantische Konfessionen kommen zusammen gerade einmal auf die Hälfte. 84 Prozent der Bevölkerung im Landkreis sind Weiß, man wählte schon immer konservativ, und für Donald Trump stimmten 2020 im Landkreis 75 Prozent der Wähler. Als er nach der Zwischenwahl seine Kandidatur für 2024 bekannt gibt, löst das Freude aus. Denn man traut hier niemandem zu, Trumps Politik fortzusetzen. Das gilt auch für dessen Gegenkandidaten im Rennen um die Präsidentschaft Ron DeSantis, den man zwar für einen guten Gouverneur hält, der aber Trump als ihren Helden nicht ersetzen kann.

Die Türen des roten Backsteinbaus mit spitzem weißem Kirchturm und mit Säulen verziertem Treppenaufgang öffnen sich früh am Morgen. In der First Baptist Church gibt es nämlich Kaffee und Kuchen für diejenigen, die schon eine Stunde vor dem Gottesdienst zur sonntäglichen Bibelschule kommen. Donny Richardson ist der größte Erdnussfarmer der Gegend, seine riesigen Felder erstrecken sich über 30000 Hektar und reichen weit nach Alabama hinein. Die Sonntagsschule ist sein Dienst für die Gemeinde. Sein Job ist es, jeden Sonntag einen Bibelvers zu interpretieren und auf das reale Leben zu übertragen. An diesem Sonntag ringt er mit dem Buch Josua, um den Konflikt im Nahen Osten zu erklären.

»Wir haben die Globalisierung verehrt wie eine Religion«, sagt er anschließend im Gespräch. »Schau, was das aus Amerika gemacht hat. Wir haben unsere moralische Basis verloren, und nur wenn wir zur Moral zurückfinden, überwinden wir die Spaltung unserer Gesellschaft.« Die Gesellschaft müsse endlich anerkennen, dass die amerikanische Nation ihre Wurzeln in der Religion habe, dass sie auf Religion gebaut sei. Liberalismus habe jede Sicherheit und Werteordnung zerstört.

Wenn er und die anderen Gemeindemitglieder hier »Liberalismus« sagen, meinen sie damit mehrere Dinge gleichzeitig. Zunächst sind alle Linken »Liberals«, dazu zählen die meisten Demokraten, insbesondere der Flügel, der für mehr Staat, mehr Sozialleistungen, mehr Klimaschutz, mehr Gesetze gegen Waffen, mehr Regeln eintritt. Sie meinen aber auch, dass Liberalismus als philosophische Basis für Freiheit pervertiert worden sei. Aus der Freiheit und Unabhängigkeit des Einzelnen sei eine Beliebigkeit geworden, die jede Werteordnung zerstört. Alles müsse dafür getan werden, das Land wieder auf den Weg zurückzubringen, für den es gegründet wurde.

Die Regierung Biden gehe in die entgegengesetzte Richtung, habe sich von den Linken in der Partei in Geiselhaft nehmen lassen, sagt Donny, schütze nicht mehr die Grundlagen der Gesellschaft, schütze nicht mehr die Familie, das ungeborene Leben, die von Gott gegebene Ordnung. Außerdem kümmere sie sich nicht um das, was sie als Bürger verdienten, bringe keine Jobs zurück, die durch Globalisierung exportiert worden seien. Donald Trump habe Amerika wieder den Vorrang eingeräumt und dem internationalen Wirtschaftsliberalismus klare Kante gezeigt. China Grenzen zu setzen, statt um des lieben Friedens willen zu buckeln, das sei dessen Verdienst. Dass er dabei Farmern wie ihm mit Subventionen den Verlust ausgeglichen habe, zeige, wofür sein Herz schlägt.

Vor allem schützten die linken Demokraten das Land nicht davor, sich selbst zu verlieren. Die so glorreiche amerikanische Geschichte sei unter Beschuss, man wolle den Mut und die Entbehrungen ihrer Vorfahren entwerten. »1776« stehe nicht nur für die Unabhängigkeit der Vereinigten Staaten von einem unterdrückerischen kolonialen Herrscher in England, sondern vor allem für individuelle Freiheit. Dass jeder alles werden könne, dafür stehe die Nation, dafür, dass der Einzelne wichtiger sei als der Staat. Das alles solle künftig nichts mehr gelten, weil die amerikanische Geschichte nur noch als eine von Sklaverei, Diskriminierung und Unterdrückung verstanden werde, die 1619 mit dem Verkauf der ersten Sklaven begonnen habe. Ohne Frage, amerikanische Geschichte habe auch ihre dunklen Seiten, Sklaverei und Rassendiskriminierung seien schlimm gewesen, und daran müsse erinnert werden. Aber er wolle, dass in der Schule die Geschichte Amerikas von 1776 gelehrt werde, nicht die von 1619.

Rebecca, eine Mittvierzigerin mit modischer Brille und bescheidenem Kirchgangschic, kommt dazu. »Die nennen es liberal«, sagt sie und nimmt Donny Richardsons Begriff auf, »meinen aber nur, dass alles egal ist und jeder tun kann, was er will.« Die Verfassung sei doch die entscheidende Leitplanke, die die Gründer der Nation gegeben hätten, und die setze Gottes Willen an die Spitze. Ihr Mann hakt ein und empört sich, dass die Linke versuche, die Verfassung neu zu interpretieren, er nennt es »manipulieren«. Die Verfassung gelte so, wie die Autoren sie geschrieben hätten, und man müsse ergründen, was diese für Amerika gewollt hätten. Freiheit brauche Ordnung und klare Gesetze, derzeit aber drohe das Land ins Chaos zu stürzen.

Sherill stimmt dem zu, unterstreicht, dass Amerika doch auf bürgerliche und persönliche Freiheit (Liberty and Freedom) aufbaue, die in der Revolution erkämpft worden seien. Die dürfe man den Menschen nicht nehmen, ihnen nicht den Mund verbieten, sie als Rassisten und Unterdrücker abstempeln, nur weil sie für ein authentisches Amerika eintreten. Auch sie kommt auf Liberalismus zu sprechen. Was unter diesem Deckmantel daherkomme, sei in Wahrheit purer Egoismus, habe nur das Ziel, die traditionellen und richtigen Werte zu zerstören. Abtreibung, kein Respekt mehr vor der Familie aus Mann und Frau, für sich selbst verantwortlich zu sein und denen zu helfen, die Hilfe benötigen – das alles sei bedroht, und zudem wolle sich der Staat überall einmischen. »Die in den großen Städten an der Küste mögen ja so denken, wir tun das nicht. In den Nachrichten sagen sie immer, wir seien eine kleine Minderheit, aber wir sind die Mehrheit in Amerika!«

Ihre Freundin Mary wird deutlich: »Wir leben doch den amerikanischen Traum, niemand kann dich daran hindern, dass du erfolgreich im Leben bist. Die andern wollen, dass der Staat für sie sorgt, wir wollen das nicht.« Die andere Partei, und damit meint sie die Demokraten, insbesondere den linken Flügel mit den großen Sozialprogrammen, die auch Biden verspricht, handele nach dem Motto »Wir nehmen es von dir und geben es den anderen«. Jeder könne hier leben, aber wer das wolle, müsse arbeiten wie sie auch. Trump habe das verstanden und zur Politik gemacht, Bidens Liberalismus zerstöre alles, bringe Millionen illegale Einwanderer ins Land, lege die hart arbeitenden Amerikaner in immer neue Fesseln.

Dies sind einzelne Stimmen aus dem konservativen Kernland der USA, die aber typisch für das Denken dieser überwiegend Weißen Mittelschicht sind, die sich nach einer Rückkehr des Trumpismus 2024 sehnt. »Liberalismus« ist dabei zunehmend zum Kernbegriff und einem Schimpfwort geworden, zur Ursache für den empfundenen Zerfall der Gesellschaft. Das macht populistisch auftretende Autokraten attraktiv, sieht sie als Retter ihrer Welt. »Die aktuellen Bedrohungen für die Demokratie und der Aufstieg autoritärer Stimmungen, die viele Wähler zumindest hinnehmen, haben mehrere Ursachen«, schreibt Pulitzer-Preisträger David Leonhardt in der *New York Times*.[1] »Sie spiegeln die Frustration darüber, dass der Lebensstandard der amerikanischen

Arbeiterklasse und Mittelschicht fast ein halbes Jahrhundert kaum gewachsen ist. Sie spiegeln auch die kulturellen Ängste, dass die USA in ein anderes Land verändert werden könnten. Ökonomische Frustration und kulturelle Ängste haben zusammen einen tiefen Graben durch das amerikanische politische Leben gezogen. Er verläuft zwischen wohlhabenden, diversen und führenden Metropolregionen auf der einen und eher traditionellen, religiös und ökonomisch ums Überleben kämpfenden kleinen Städten und ländlichen Gebieten auf der anderen. Die erste Gruppe wird immer liberaler und neigt den Demokraten zu, die andere wird konservativer und tendiert zu den Republikanern.«

Das überträgt sich unmittelbar auf das politische System, von dem zumindest der Mythos sagt, dass es früher besser in der Lage war, die Aufgaben zu lösen. Nach den Wahlen seien in der Vergangenheit Vernunft und Pragmatismus zurückgekehrt, jetzt gehe es einzig darum, das politische Gegenüber zu blockieren. Alle stehen gegeneinander, nicht nur Demokraten und Republikaner. Die Regierung habe mit dem Kongress nur noch einen unerbittlichen Gegner, nicht mehr einen Konkurrenten im kreativen politischen Wettstreit. Die Bundesstaaten positionieren sich gegen die Bundesregierung, und selbst der Supreme Court, der Oberste Gerichtshof, urteile auf der Basis politischer Interessen. Politik wird vor allem von der arbeitenden Mittelschicht zunehmend als unfähig betrachtet, die anstehenden Probleme zu lösen, während sie gleichzeitig die individuellen Freiheiten einschränkt.

»Die Vereinigten Staaten sind keine Demokratie, sie sind eine Republik«, twitterte der republikanische Senator Mike Lee aus Utah mitten im letzten Präsidentschaftswahlkampf und meinte das nicht als kritische Zustandsbeschreibung, sondern als Kern seiner politischen Haltung. Er trat damit eine Debatte los, die auch das jetzt anstehende Rennen um das Weiße Haus befeuern wird. Mit seiner These reagierte er auf Vorwürfe des damaligen demokratischen Kandidaten Joe Biden, Donald Trump spalte die amerikanische Gesellschaft und gefährde die Demokratie. Lee legte mit einem ausführlichen Text[2] nach und nannte mediale Kritik an dieser These »konfus und überzogen«, die geradegerückt werden müsse. Sein Argument: Demokratie werde von vielen als Herrschaft der Mehrheit verstanden, und genau das hätten die Gründungsväter nicht im Sinn gehabt. Keinesfalls habe eine Regierung das Recht oder die Aufgabe, den Willen der Mehrheit reflexartig umzusetzen. Im Gegenteil, politisches Durchsetzungsvermögen finde sich in den USA einzig in sorgfältig ausbalancierter Verteilung von Einfluss und Macht. Der Präsident, beide Kammern des Kongresses und am Ende der Supreme Court müssten im Ringen um den richtigen Weg den Willen des Volkes ermitteln. »Demokratie selbst ist nicht das Ziel. Das Ziel ist Freiheit, Wohlstand und das Gedeihen der Menschheit. Demokratische Prinzipien haben sich als wichtig für diese Ziele bewährt, sind aber nur ein Teil eines Systems von *Checks and Balances* (Überprüfung und Ausgleich) zwischen den Zweigen der Exekutive, Legislative und Jurisdiktion innerhalb der Bundesregierung ebenso wie zwischen Bundesregierung und Bundesstaaten.«

Liberale Demokraten, so Lee, forderten »Egalitarismus«, unamerikanische Gleichmacherei. »Nur in einer konstitutionellen Republik werden individuelle Rechte und kulturelle Diversität von Amerikanern über die politische Ordnung gestellt, auch über den Willen der Mehrheit. Sogar über die Tweets eines empörten Social-Media-Mobs.«

Senator Lee warf sich damit mitten in den schwelenden Kulturkampf um die Frage, was Amerika ausmacht und wer das definieren darf. Er positionierte sich gegen »woken« Liberalismus, wie er von den Rechtskonservativen in seiner Partei gebrandmarkt wird. Forderungen nach einer linken Sozialpolitik erteilte er eine Absage, trat ein für stärkeren Grenzschutz gegen illegale Einwanderung, für ein traditionelles Familienverständnis, gegen ein liberales Abtreibungsrecht und für das Recht auf Waffenbesitz. Der Vorwurf gegen die liberalen Demokraten lautete, den Kern amerikanischer Werte zu untergraben, die auf Individualität, Wahlfreiheit und Eigenverantwortung aufbauten. An ihre Stelle setzten sie ein System staatlicher Regeln und ungeschriebener Gesetze politischer Korrektheit, die die Menschen unfrei machten. Mike Lee wurde 2022 mit großer Mehrheit wiedergewählt.

Die Sorge um die Zukunft der Demokratie mobilisierte dann doch stärker als erwartet aufseiten der Demokraten, die weitaus besser abschnitten, als man es ihnen angesichts schlechter Umfragewerte und galoppierender Inflation zutraute. Mike Lees Tweet über Demokratie versus Republik wurde in den Zwischenwahlen aber tatsächlich zu einem Schlachtruf mehrerer konservativer Kandidatinnen und Kandidaten, insbesondere derer, die mit Unterstützung von Donald Trump ins Rennen gingen. Die Mehrheit von ihnen verbreitete zu dem Zeitpunkt weiter die Unterstellung von der gestohlenen Wahl und machte klar, dass sie zukünftig mit den Optionen des Wahlrechts und gezielter Wahlanfechtung Wahlen gewinnen wollten. Das wurde für die Republikaner zum politischen Rohrkrepierer, aber die Auseinandersetzung über das Selbstverständnis der USA und der Interpretation der Verfassung war und ist nicht beendet.

Der republikanische Senator Mike Lee ist nicht der Erfinder von »Demokratie oder Republik«. Diese Frage beschäftigte schon die Autoren der Verfassung, die auf keine Erfahrung zurückgreifen konnten, als sie darüber stritten, wie man die Nation am besten regierbar macht und die gerade errungene Unabhängigkeit mit ihren individuellen Freiheiten sichert. In die aktuelle politische Diskussion aber trug es der konservative Thinktank »Heritage Foundation« in Washington. Diese politische Stiftung veröffentlichte eine Studie des amerikanischen Politologen Bernhard Dobsky mit dieser These[3] und prägte damit die politische Strategie des rechten Flügels der Republikaner. »Die aktuellen Bestrebungen, unsere republikanischen Traditionen und Institutionen im Namen größerer Gleichheit zu schwächen, läuft dem Anliegen unserer Gründer zuwider, unser Land vor möglichen Exzessen demokratischer Mehrheiten zu schützen.« Damit positionierte Dobsky konservative Politik im Kulturkampf gegen jede Form der Identitätspolitik. Er legitimierte die rechtskonservative Strategie, kulturelle Ängste insbesondere der Weißen Bevölkerung zu instrumentalisieren. Sie baut auf die Sorge, in einem sich verändernden Land zu leben, in dem der eigene Status bedroht ist, das ethnisch diverser wird, in dem die eigene Hautfarbe keinen Statusvorteil mehr bietet, das immer weniger religiös ist und in dem sich die Haltung gegenüber unterschiedlichen sexuellen Identitäten verschiebt, sogar der Sprachgebrauch neu gelernt werden muss. Was für Demokraten politischer Kampf um mehr Gerechtigkeit und gleiche Chancen darstellt, ist für rechte Populisten unangemessene Gleichmacherei, die den Kern der amerikanischen Werteordnung bedroht: »Die sorgfältige Balance, die unsere gemischte Republik gepflegt hat, wird durch Egalitarismus bedroht. Dieser untergräbt die sozialen, familiären, religiösen und ökonomischen Unterscheidungen und Ungleichheit, die unserer politischen Freiheit eine Basis geben«, so Dobsky.

»Demokratie oder Republik« ist nur ein Puzzlestück des Kulturkampfes. Konservative werfen Organisationen wie »Black Lives Matter« oder Bewegungen für die Gleichstellung von Menschen mit unterschiedlichen sexuellen Orientierungen und Identitäten vor, eine intolerante und moralisierende Ideologie durchsetzen zu wollen. Nicht zufällig nutzt der republikanische Präsidentschaftskandidat Ron DeSantis, bei den Zwischenwahlen erfolgreicher Gouverneur von Florida, den zum Schimpfwort gewordenen Begriff »woke«, um die zu brandmarken, die nach seiner Auffassung mit linker Gleichmacherei das Land umgestalten und seiner gewachsenen Ordnung berauben wollen. Er kämpft gegen »woken Kapitalismus« und meint damit vor allem den Disney-Konzern, der sich gegen DeSantis' restriktive Haltung beim Umgang mit dem Thema Homosexualität in Schulbüchern und Unterricht stellt. Oder attackiert »woke Hochschulen« und geißelt damit unter anderem die University of Florida für ihre Regeln zur Gleichstellung von Menschen unterschiedlicher sexueller Identität. In der Siegesrede seiner überragenden Wiederwahl zum Gouverneur von Florida ruft er denn auch Florida zum Staat aus, »wo ›woke‹ sterben wird«.

Der amerikanische Politologe Francis Fukuyama sieht als ein

zentrales Merkmal der um sich greifenden Frustration über das politische System eine massive Krise des Liberalismus. Liberalismus im Sinne einer liberalen Demokratie werde nicht mehr als Errungenschaft erlebt, sondern als Bedrohung: »Die Unzufriedenheit mit der Entwicklung des Liberalismus in den letzten Jahrzehnten führt zu Forderungen sowohl von der Rechten als auch von der Linken, dass die liberale Doktrin mit Stumpf und Stiel ausgerottet und durch ein anderes System ersetzt werden müsse. Von der Linken kommen Forderungen nach einer massiven Umverteilung von Wohlstand und Macht. Anstelle des Individuums verlangen sie die Anerkennung von Gruppen auf der Grundlage unveränderlicher Eigenschaften dieser Gruppen, beispielsweise ethnischer Herkunft oder Geschlecht; ferner werden politische Maßnahmen gefordert, um die wirtschaftlichen Unterschiede zwischen den verschiedenen Gruppen auszugleichen.«[4] Sie betrachteten die gelebten Erfahrungen verschiedener Identitätsgruppen als fundamental unvereinbar und bestreiten, dass es universal gültige Arten der Erkenntnis geben könne.

Für Konservative, so Fukuyama, zeigt sich die Bedrohung durch den Liberalismus darin, dass er die Vorstellung von persönlicher Autonomie und Selbstbestimmung immer weiter ausdehnt und zu einem Wert an sich mache. Darin steckt ein anderer Freiheitsbegriff, der sich fundamental von »Freedom and Liberty« unterscheidet. Letztere geben dem Individuum Unabhängigkeit vom Staat und dessen Institutionen, bewegen sich aber innerhalb der gültigen Werteordnung. Was aber erlebt wird, ist, dass Identitätspolitik diese Werteordnung auflöst. Sie verdränge in der Folge andere Visionen eines guten Lebens, darunter auch die traditioneller Kultur und religiöser Traditionen. »Die Konservativen sehen darin eine Bedrohung ihrer grundlegendsten Überzeugungen und glauben, dass sie von der Mainstreamgesellschaft aktiv diskriminiert würden. Sie meinen, dass die Eliten mit undemokratischen Mitteln versuchten, ihre Agenda durchzusetzen, etwa durch die Kontrolle der Mainstreammedien, der Universitäten, der Gerichte und der Exekutivgewalt.«

Es ist derselbe Francis Fukuyama, der beim Zerfall des Ostblocks und dem Ende des Kalten Krieges mit einem Essay und anschließenden Buch »Das Ende der Geschichte«[5] weltweit für Aufsehen sorgte. Der Liberalismus, so schrieb er damals, ersetze die beiden wichtigsten politischen Ideologien des 20. Jahrhunderts, nämlich Faschismus und Sozialismus. Beide seien durch den Freiheitswillen der Völker überwunden und stellten keine Konkurrenz mehr für die beiden zentralen Formen des Liberalismus dar: die liberale Demokratie und die Marktwirtschaft. »Der Triumph des Westens und der westlichen Ideen wird vor allem darin sichtbar, dass es keine ernst zu nehmenden Alternativen zu westlichem Liberalismus mehr gibt.«[6] Sowohl in Russland als auch in China hätten Reformprozesse begonnen, die das intellektuelle Klima dort veränderten. »Aber dieses Phänomen reicht über die große Politik hinaus und kann als unvermeidliche Verbreitung der westlichen Konsumkultur gesehen werden. Diese zeigt sich in so diversen Kontexten wie Bauernmärkten und omnipräsenten Farbfernsehgeräten in China, Restaurants und Bekleidungsgeschäften, die letztes Jahr in Moskau eröffnet haben, sowie der Rockmusik, die gleichermaßen in Prag, Rangoon und Teheran gehört wird.«

Die Geschichte ist anders verlaufen. Gesellschaften, die sich scheinbar auf den Weg zu liberalen Demokratien und Volkswirtschaften gemacht hatten, werden wieder autoritär geführt, sind, wie Russland unter der Führung Wladimir Putins, sogar wieder zu Krieg als Mittel für Machterhalt und Machtausdehnung zurückgekehrt. Damals aber glaubte Fukuyama, und mit ihm eine große Zahl politischer Denker, dass sich der Liberalismus als überlegene Ideologie erwiesen hat und jede Form von Konflikt auf dieser Basis gelöst werden kann. Auch wenn noch nicht in jeder Gesellschaft liberale Demokratie und Marktwirtschaft verwirklicht worden sei, sorge der Drang nach Wohlstand und Freiheit Zug um Zug für die Realisierung.

Kritik an diesem Konzept gab es schon bald, dem Autor wurde Naivität vorgeworfen. Aber Fukuyamas Thesen verfehlten auch nicht ihre Wirkung und schürten großen Optimismus, dass mit dem Fall des »Eisernen Vorhangs« ein Zeitalter der Freiheit beginne. Der amerikanische Präsident George W. Bush stellte seine zweite Inaugurationsrede unter das Motto »Verbreitung von Freiheit«, versprach, dass der Angriff auf die größte westliche Demokratie am 11. September 2001 die USA noch mehr anspornen werde, westliche Werte in der Welt zu verbreiten: »Weil wir in der großen Befreiungstradition dieser Nation gehandelt haben, erlangten zig Millionen ihre Freiheit. So wie Hoffnung für Hoffnung sorgt, werden weitere Millionen sie finden. Mit unseren Anstrengungen haben wir ein Feuer entzündet – ein Feuer in den Köpfen der Menschen. Es wärmt diejenigen, die seine Kraft spüren, es verbrennt diejenigen, die seinen Fortschritt aufhalten wollen. Eines Tages wird das ungezähmte Feuer der Freiheit die dunkelsten Winkel dieser Welt erreichen.«[7]

Fukuyama unterstreicht mittlerweile, dass wesentlich zur heutigen Krise des Liberalismus beigetragen habe, dass er von der arbeitenden Mittelschicht in erster Linie als Neoliberalismus erlebt werde, als entfesselte, aus den Fugen geratene Marktwirtschaft. »Der Neoliberalismus verstärkte die ökonomische Ungleichheit auf dramatische Weise und brachte verheerende Finanzkrisen hervor, die in vielen Ländern der Welt den einfachen Menschen viel mehr schadeten als den vermögenden Eliten. Es ist diese Ungleichheit, die den Kern des progressiven Arguments gegen den Liberalismus und des mit ihm zusammenhängenden kapitalistischen Systems ausmacht.«[8]

Die Mittelschicht sieht sich als größtes Opfer der Globalisierung. Gerade die Arbeitsplätze, die die Basis des bescheidenen Wohlstands der Mittelschicht ausmachen, exportieren amerikanische Unternehmen Zug um Zug in Länder mit niedrigen Lohnkosten. Einen symbolhaften Höhepunkt erlebte dieser Trend im Januar 2004, als die letzte amerikanische Levi's-Jeans-Fabrik im texanischen San Antonio schloss und amerikanische Geschäfte die legendären Denim-Hosen künftig importieren mussten. 2008 schließlich riss die Immobilienkrise die USA in eine tiefe Rezession. Genau diese Mittelschicht verlor ihre Jobs und oft genug das Zuhause, weil das eigene Haus durch den Wertverlust überschuldet war. Während sich in den Folgejahren Einkommen und Lebensstandard der Besserverdienenden mit Hochschulabschluss wieder erholten, blieben die Handwerker, Bauarbeiter, Servicekräfte, das Verkaufspersonal und andere Berufsgruppen zurück. Der Traum vom ökonomischen Aufstieg ist damals nicht nur zerplatzt, sondern wurde in sein Gegenteil verkehrt. Erst nach der Pandemie, als dramatischer Arbeitskräftemangel in allen Bereichen herrschte, stiegen erstmals wieder die Löhne für einfache Arbeiter und Angestellte. Zwischenzeitlich fraß die begleitende Inflation den Zugewinn sofort wieder auf und hat das Trauma der Angst vor einem neuen Abstieg reaktiviert. Gleichzeitig erleben die Angehörigen der Mittelschicht, dass in der Oberschicht immer mehr verdient wird, man mit ausreichend Kapital an der Börse hohe Gewinne einstreicht und sich der Abstand nach oben immer mehr vergrößert.

Die neoliberal agierende Wirtschaft entwickelte sich zu einem politischen Problem, das dem Aufstieg des rechtskonservativen Populismus den Weg öffnete. Fukuyama stellt das so dar: »Nur wenige Wählerinnen und Wähler denken in Begriffen des global aggregierten Wohlstands. Sie sagen sich nicht: ›Na gut, ich habe zwar meinen Job verloren, aber wenigstens ist jetzt jemand anders in China oder Vietnam oder ein Einwanderer in meinem eigenen Land entsprechend besser dran.‹ Und sicherlich ist es für sie auch nicht sonderlich befriedigend, sehen zu müssen, dass sich die Eigentümer der Unternehmen, von denen sie gerade gefeuert worden waren, über steigende Aktienkurse und enorme Bonuszahlungen freuen dürfen, oder dass sie mit ihrer Arbeitslosenunterstützung nun Waren ›Made in China‹ im lokalen Supermarkt billiger einkaufen können.«[9] Sie fühlen sich von den »Eliten« betrogen und wählen, wer sich, wie Donald Trump, gegen diese Eliten positioniert.

Die desillusionierte Mittelschicht gibt Politikern wie ihm eine Chance, eine andere und bessere Politik zu machen, vertraut denen, die versprechen, der Globalisierung und Marktliberalität wieder Grenzen zu setzen. »America first« lautet eine Parole, die das Ende des liberalen Experiments einläuten soll. Dieser Ansatz aber ist einer, der keine neue Vision einer besseren Gesellschaft entwickelt, sondern verklärend in die Vergangenheit blickt. Denn die erscheint als bessere Alternative zur Gegenwart.

»Ein wichtiger Motor für die Abkehr vom Liberalismus ist das Verschwinden der Zukunft«, sagt der bulgarische Politologe Ivan Krastev, der in Wien über die Zukunft der Demokratie forscht. »Liberalismus war immer Teil einer progressiven Weltsicht: In ein paar Jahren werden wir unsere Probleme beseitigt haben. Diese Hoffnung ist vielen verloren gegangen – auf der Rechten und auf der Linken.«[10] Dies habe nicht nur zum Aufstieg Donald Trumps, sondern mehrerer nationalistisch-populistischer Bewegungen in europäischen Ländern geführt, allen voran Ungarn mit Viktor Orbán. Angst vor der Zukunft verunsichere und gebe denen Auftrieb, die scheinbare Sicherheit anbieten, auch wenn die in der Vergangenheit verankert ist.

Beide Erscheinungsformen des Liberalismus und ihrer Vertreter tragen zur Krise des Liberalismus selbst bei, so Francis Fukuyama: Auf der einen Seite der Neoliberalismus, der die liberale Demokratie bedroht, indem er übermäßige Ungleichheit und finanzielle Instabilität verursacht. Auf der anderen Seite ein linker Liberalismus, der sich zu einer modernen Identitätspolitik verwandelt, die in manchen Ausprägungen so kompromisslos und autoritär daherkommt, dass sie die freiheitlichen und selbstbestimmten Prämissen des Liberalismus selbst unterminiert.

Für den russischen Soziologen, politischen Kommentator und angeblichen Kreml-Berater Alexander Dugin ist dies die Ursache der Spaltung in den westlichen Nationen. Gleichzeitig wirft er der amerikanischen Regierung unter Joe Biden vor, Liberalismus als Waffe zu nutzen, um hegemoniale Ansprüche durchzusetzen und Osteuropa unter amerikanische Herrschaft zu bringen. Sein 2021 erschienenes Buch »Das große Erwachen gegen den Great Reset«[11] richtet sich ausdrücklich gegen die vom Weltwirtschaftsforum Davos gestartete Initiative für einen weltweiten volkswirtschaftlichen Neustart nach dem Ende der Covid-19-Pandemie. Der Entwurf dazu stammt von WEF-Direktor Klaus Schwab und hat eine gerechtere, nachhaltige und integrativere Weltwirtschaft zum Ziel.[12] Kritiker dieses Konzepts, und zu denen gehört Dugin, sehen darin ein Instrument zur Erringung der Weltherrschaft durch eine politische und wirtschaftliche Elite. Zusammen mit einem Austausch der Bevölkerung durch Migration (»Great Replacement«) werde eine neue Weltordnung vorbereitet. Mithilfe des Liberalismus würde die Identität von Individuen und Nationen aufgelöst und damit die Institutionen des Zusammenhalts zerstört. Zu denen gehöre die Familie, der durch Genderpolitik die Basis entzogen werde, kulturelle Eigenheiten einzelner Regionen und Nationen würden gezielt durch Globalisierung angegriffen und infrage gestellt, um Widerstand gegen westliches Hegemoniestreben zu unterwandern. Russland ist für Dugin das Gegenmodell, Putins Politik und der Krieg gegen die Ukraine der Schutz dieser kulturellen Identität. Er ist davon überzeugt, dass sich im Westen immer mehr Menschen dem Widerstand gegen den »Great Reset« anschließen und Putins Kampf für individuelle und nationale kulturelle Eigenständigkeit unterstützen werden. Was wie eine von vielen Verschwörungstheorien daherkommt, hat in der Person Dugin allerdings großen Einfluss auf rechte Strömungen in vielen Ländern des Westens, auch in den USA.

Alexander Dugin wurde 2022 von einer breiteren Öffentlichkeit wahrgenommen, als seine Tochter Darja Dugina bei einem Autobombenanschlag ums Leben kam, der möglicherweise ihm galt. Seine nationalistischen Thesen und seine Ideologie für den Erhalt kultureller Identität und die Überwindung der Globalisierung verbreitet er allerdings schon seit den 1990er-Jahren. In den USA trägt er den Spitznamen »Putins Rasputin«, der in Beiträgen über ihn gern genutzt wird, um seinen Einfluss auf die russische Politik zu unterstreichen.[13] Nach der russischen Annexion der Krim nannte die Zeitschrift *Foreign Affairs* ihn »Putin's Brain«, Putins Gehirn.[14]

In den USA sind es vor allem rechte Gruppen und politische Strategen, die sich an Dugin orientieren.[15]

Am bekanntesten von ihnen ist Steve Bannon, der ehemalige Berater und lange Zeit wichtigste Ideologe für Donald Trump.[16] Darüber hinaus sind es Vertreter der »Alternative Right«-Bewegung, die Dugin in den USA propagieren. Die »Alternative Rechte« steht für eine Bewegung aus radikalen Trump-Anhängern, Einwanderungsgegnern, Neonazis und Rassisten. Ihre Anhänger stehen für einen Weißen Nationalismus und vertreten die rassistische Position einer Weißen Überlegenheit, »white supremacy«. Alt-Right unterstützte Donald Trump bei seinem ersten Wahlkampf und bekam zeitweise große Aufmerksamkeit nach dessen Einzug ins Weiße Haus.

Der White-Supremacy-Aktivist und Gründer der Alt-Right-Bewegung, Richard B. Spencer, gehört zu Dugins Fans. Er stellt auf seiner Internetplattform, die zum Lesestoff von »Alt-Right«-Anhängern gehört, immer wieder Dugins Ideen vor,[17] und seine Frau übersetzt Bücher Dugins ins Englische.[18] Der Begriff »Alt-Right« stammt vom Politologen Paul Gottfried, einem Unterstützer Spencers, mit dem er 2015 gemeinsam ein Buch über die Geschichte konservativer Strategien in den USA veröffentlichte.[19] Gottfried schrieb zur gleichen Zeit das Vorwort für ein Buch von Alexander Dugin über Martin Heidegger, das im selben amerikanischen Verlag, »Washington Summit Publishers«, erschien, einem der Alt-Right-Bewegung nahestehenden Unternehmen in Whitefish, Montana.[20]

2015 verweigerten die amerikanischen Behörden Dugin die Einreise für einen Vortrag an der Texas A&M University, organisiert von einem Anhänger der Alt-Right-Bewegung. Titel: »American Liberalism Must Be Destroyed«, der amerikanische Liberalismus muss zerstört werden. Der Vortrag wurde als Aufzeichnung eingespielt.[21] Der populäre Radio-Talkshow-Host und Verschwörungstheoretiker Alex Jones holte Dugin 2017 in seine Show,[22] Jones' Webseite »InfoWars« soll zu der Zeit zehn Millionen monatliche Abrufe gehabt haben. Jones trat auch zusammen mit Dugin im russischen Sender *Tsargrad* TV auf und interviewte ihn zu dessen Einschätzung der Politik Donald Trumps.[23]

Alexander Dugins Thinktank »Katehon«, finanziert vom russischen Oligarchen Konstantin Malofejew, verbreitet Ausgaben des rechten amerikanischen Newskanals »Real America's Voice«, in denen unter anderem Steve Bannon[24], der frühere *Fox-News*-Korrespondent im Weißen Haus, Ed Henry, und Gina Loudon moderierten. Letztere gehörte 2020 zu Donald Trumps Medienberatern und ist stellvertretende Vorsitzende von »Women for Trump«.

Für rechtsnationale und »White Supremacy«-Gruppen stellt Dugin einen Helden dar, der die Verbindung von rechten Parteien in Europa und den USA herstellen kann. Dugin hat die nötigen Verbindungen, sein Einfluss ist international. Nationalistische Organisationen und Medien von China über Kanada bis zu religiösen Kreisen in Europa geben ihm weltweit Foren, auf denen seine Ideen diskutiert werden, Dugin tritt in Ungarn, Polen und vielen anderen Ländern auf. Vom ehemaligen AfD-Vorsitzenden Alexander Gauland ist zum Beispiel bekannt, dass er sich 2015 mit Dugin in St. Petersburg getroffen hat.[25] In Wladimir Putins Reden finden sich immer wieder Zitate, die von Dugin stammen.[26]

Für Alexander Dugin ist Donald Trumps Sieg 2016 ein Indiz und wichtiger Etappensieg für den wachsenden Widerstand gegen eine monopolare Welt, in der Globalismus und Liberalismus dazu dienen, die Menschheit zu unterdrücken. Es gebe weltweit ein »großes Erwachen« gegen den Versuch, das öffentliche Bewusstsein zu kontrollieren, den Menschen ihre Identität zu nehmen und die Tatsache unterschiedlicher Kulturen zu negieren. »Wir werden dieses Land und seine Menschen nicht länger dem falschen Lied des Globalismus ausliefern«, sagte Trump im Wahlkampf gegen Hillary Clinton, den er gewann. »Wir betrachten Trump als den amerikanischen Putin«,[27] sagte Dugin nach dem Wahlsieg, und an anderer Stelle: »Amerika befreit sich selbst.«[28]

Auch Trumps Niederlage bei der Präsidentschaftswahl 2020 habe an dieser Widerstandsbewegung nichts geändert, erklärte Dugin.[29] Von den über 70 Millionen Wählern Trumps stünde ein großer Teil weiter zu ihm, weil er der Garant sei, der ihre Freiheit schützt und bewahrt. Wenn zukünftig nicht er selbst mehr diese Aufgabe übernehmen könne, müssten es seine Nachfolger als Trumpisten tun: »Was nun erwacht, ist nicht ein Lager ideologischer Gegner des Liberalismus, der Feinde des Kapitalismus oder ideologischer Gegner der Demokratie. Sie sind nicht einmal Konservative, sie sind einfach Menschen – Menschen als solche, die gewöhnlichsten und einfachsten. Aber Menschen, die menschlich bleiben wollen, die ihre Freiheit haben und behalten wollen, ihre Geschlechtsidentität, ihre Kultur, ihr Leben, die konkreten Bande zu ihrer Heimat, zur Welt um sie herum, zum Volk.« Dugin beschreibt es so: Die Trumpisten stehen einem Joe Biden gegenüber, der sich mit rücksichtslosem Kapitalismus und linkem Liberalismus die Welt untertan machen will. Er strebe eine »transhumanistische Eine-Welt-Dystopie« an, in der ihre eigene nationale Identität untergehe und ihre traditionelle Lebensweise nichts mehr gelte. Wichtiges Instrument dazu sei, kollektive Formen der Identität aufzulösen, allen voran die Identität als Mann oder Frau. Der erste »Schritt bestand also in der Zerstörung des Genders als etwas Objektivem, Wesentlichem und Unersetzbarem. … Daher kommt der Genderpolitik besondere Bedeutung zu, der Transformation der Kategorie Gender in etwas ›Optionales‹, das von der individuellen Wahl abhängt.« Wenn selbst Genderidentität frei gewählt werden könne, dann atomisiere das eine Gesellschaft, zerstöre Identifikation und löse den Zusammenhalt einer Wertegemeinschaft auf. Dies, gemeinsam mit der Förderung von Masseneinwanderung, unterwandere die kulturelle Identität in den Nationen, diene dazu, amerikanische Weltherrschaft möglich zu machen. Wer keine kollektive Identität mehr besitzt, ist demnach allein und verwundbar. Die USA missbrauchten zudem eine Ideologie der Menschenrechte, die dem Individuum Normen oktroyiert, ohne Rücksicht auf kulturelle, religiöse, nationale oder soziale Aspekte zu nehmen.

Für Alexander Dugin besteht Donald Trumps große Leistung darin, die Bewohner des traditionell denkenden Kernlandes der

Vereinigten Staaten gegen die globalen Eliten der urbanen Regionen entlang der Küsten zu führen. Diese versuchten, mit perversen, menschenfeindlichen Idealen seit Langem bestehende kulturelle Erkennbarkeit auszulöschen, international ebenso wie im eigenen Land. Genau diese Eliten seien der Sumpf, den Trump habe trockenlegen wollen. »Das bedeutet, den Liberalismus in seiner globalistischen Ausformung ad acta zu legen und ›Amerika wieder groß zu machen‹.« Trumps große politische Leistung bestehe darin, dass er zu den Nationalstaaten zurückkehren will. Er habe den Schutz der traditionellen Werte einer »posthumanistischen Welt von morgen«, so wie die Linke sie wolle, entgegengesetzt. Trump sei der Anfang, der »Sumpf« ein weltweites Phänomen, das es zu bekämpfen gelte: »›Der Sumpf‹ wird zum neuen Namen für die globalistische Sekte, die Apologeten der Offenen Gesellschaft, die LGBT-Wahnsinnigen, Soros' Armee, die Transhumanisten usw. Den Sumpf trockenzulegen, stellt nicht nur für Amerika den neuen kategorischen Imperativ dar. Es stellt eine globale Herausforderung für uns alle dar«,[30] schrieb Dugin unmittelbar nach Trumps Sieg.

Die globalistischen Eliten hätten alles dafür getan, Trump zu bekämpfen, einschließlich seiner Diffamierung durch die Medien und des Wahlbetrugs. Auch wenn mit Joe Biden nun wieder ein Globalisierer und Vertreter des Liberalismus im Weißen Haus herrsche, gelinge es nicht, die Ära Trump als eine Art Ausrutscher darzustellen, der überwunden sei. Der Kampf werde weitergeführt, der Liberalismus überwunden. »Nicht nur die Länder mit einer anderen zivilisatorischen Identität mobilisieren dagegen und gegen diese Ideologie, sondern dieses Mal ist es auch die Hälfte der eigenen Bevölkerung, die Stück für Stück die Ernsthaftigkeit der Situation begreift und damit beginnt, nach einer ideologischen Alternative zu suchen.« Für diejenigen, die für den Erhalt ihrer kulturellen Identität als Amerikaner kämpften, stelle sich die Alternative »Freiheit oder Joe Biden«.

Die USA befänden sich längst in einem Bürgerkrieg, so Dugin. Dass die Auseinandersetzung um das Recht auf individuellen

Waffenbesitz in den USA so heftig geführt wird, ist für Dugin kein Zufall, sondern eine logische Folge des Kampfes um kulturelle Identität.

Solche Thesen als populistische Verführung einer wenig selbstbewussten, schlecht ausgebildeten und letztlich zu vernachlässigenden Weißen Unterschicht abzutun, wird der Realität nicht gerecht. Sie findet sich längst genauso in konservativen intellektuellen Kreisen, die damit politischen Einfluss finden.

Im Sommer 2022 veröffentlichte die Edmund Burke Foundation,[31] ein konservativer Thinktank in Washington, ein Manifest, in dem sie die Prinzipien einer nationalen konservativen Politik veröffentlichte. Bereits im Untertitel heißt es, dass eine Welt unabhängiger Nationen die einzige Alternative zu universalistischen Ideologien sei, die ein gleichmacherisches, die Regionen zerstörendes Imperium über den gesamten Erdball ausdehnen will.[32] Dieses Manifest unterschrieben 70 Vertreter anderer Thinktanks, konservativer Zeitungen und Zeitschriften, Verlage und Universitäten, unter ihnen Mark Meadows und Peter Thiel. Mark Meadows war Donald Trumps letzter Stabschef im Weißen Haus. Er galt als einer der einflussreichsten Strategen für Trumps Politik und war bereits in seiner Zeit als Kongressabgeordneter ein wichtiger Alliierter. Der deutschstämmige Unternehmer und Investor Peter Thiel gehört zu den wichtigsten Finanziers von Donald Trumps Politik mit großem Einfluss auf die Partei der Republikaner.

»Wir sehen die Tradition unabhängiger, sich selbst regierender Nationen als Basis, um eine angemessene öffentliche Ausrichtung auf Patriotismus und Mut, Ehre und Loyalität, Religion und Weisheit, Gemeinschaft und Familie, Mann und Frau, den Sabbat und das Heilige, Vernunft und Gerechtigkeit zu erreichen«, heißt es in der Präambel. Auch bei der Edmund Burke Foundation regiert die Vorstellung, dass eine Nation und ihre Kultur nichts mehr wert ist, wenn sie in größeren Organisationen aufgeht. Donald Trumps »America first«-Ideologie folgt dem gleichen Prinzip, das sich während seiner Amtszeit im Verhältnis zur NATO, zur WTO oder zur UNO mit ihren Unterorganisationen zeigte. Sein Ausstieg aus dem Pariser Klimaprotokoll hatte nicht nur ökonomische Bedeutung, um die amerikanische Wirtschaft vor Belastungen aus Klimaschutzregelungen zu schützen, sondern entsprang der grundsätzlichen Ablehnung, sich in internationale Organisationen einzubringen und damit nationale Autonomie aufzugeben.

Man lehne jede Form von Imperialismus ab, wie sie autoritäre Staaten wie China oder Russland praktizierten, heißt es im Manifest. Genauso stellt man sich aber gegen »liberalen Imperialismus«, eine Formulierung, die ein Copy-and-paste von Alexander Dugin sein könnte: »Wir stellen uns gegen den liberalen Imperialismus der vorherigen Generation, die Macht, Einfluss und Reichtum erlangen wollte, indem sie andere Nationen dominiert und sie zu einem Abbild ihrer selbst machen wollte.«

Die Werte jeder Nation und ihrer Gesellschaft sollen in den ihnen eigenen religiösen Wurzeln verankert sein, wobei Religionsfreiheit auch für religiöse Minderheiten garantiert sein muss. Verbindlich sein muss der Wertekodex allerdings auch für die Minderheiten und Nichtgläubige. Für die Vereinigten Staaten ist es für die Verfasser des Manifestes der christliche Glaube, der diesen Kodex generiert: »Die Bibel sollte als wichtigste Quelle der gemeinsamen westlichen Zivilisation in Schulen und Universitäten gelesen werden, als rechtmäßiges Erbe von Gläubigen und Nichtgläubigen gleichermaßen. Wo eine christliche Mehrheit existiert, sollte das öffentliche Leben im Christentum verwurzelt sein. Dessen moralische Vision muss vom Staat und allen öffentlichen und privaten Institutionen anerkannt sein.«

Auch bei der Rolle der Familie und Anerkennung diverser sexueller Orientierungen als gleichwertig und gleichberechtigt stellt sich das konservative Manifest gegen den Liberalismus, den es dafür verantwortlich macht. Die traditionelle Familie müsse der Maßstab sein und politisch gefördert werden. Diese Familie sei einzig auf dem lebenslangen Bund zwischen einem Mann und einer Frau aufgebaut, ergänzt durch einen ebenso lebenslangen Bund der Eltern mit ihren Kindern. Darauf basiere jede andere Errungenschaft unserer Zivilisation. Umgekehrt gefährde die

Auflösung der Familienstrukturen Bestand und Wohlergehen demokratischer Nationen. »Einer der Gründe ist ein ungezügelter Individualismus, der Kinder als Last empfindet und gleichzeitig immer radikalere Formen sexueller Freizügigkeit und Experimente als Alternative zur Verantwortung von Familie und Gemeinschaft propagiert.«

Es überrascht nicht, dass sexuelle Orientierung und Auflösung der traditionellen Geschlechterzuordnung im politischen Kulturkampf ganz oben stehen. Die emotionalsten Auseinandersetzungen führen Eltern in den Schulversammlungen, wenn es um das Thema Sexualität im Unterricht geht und die Anerkennung eines selbst gewählten Geschlechts bei Schülerinnen und Schülern auf der Tagesordnung steht, verbunden mit der Frage, ob Transjungen und Transmädchen entsprechend ihrem neuen Geschlecht am Sportunterricht teilnehmen dürfen. In der Diskussion werden hier häufig Fairnessargumente angeführt, beispielsweise habe ein Transmädchen weiterhin die Muskelstruktur ihrer Zeit als Junge und deshalb bessere Voraussetzungen, um im Wettkampf zu bestehen. Unter dieser Oberfläche aber geht es um die Wahrung der bisherigen Ordnung. Das Argument ist, dass willkürlich wählbare Genderidentität kollektive kulturelle Identität auflöst und die Gesellschaft atomisiert. Identifikation mit dieser Kultur und gesellschaftlicher Zusammenhalt würden somit unmöglich gemacht. Politisch diene das der Unterwerfung unter eine von den urbanen Eliten gewollte Einheitsregierung.

Beim Thema Einwanderung steht ebenfalls der Zerfall von Identität durch eine liberale Politik im Mittelpunkt. Die westlichen Nationen hätten in der Vergangenheit überwiegend von Einwanderung profitiert, heißt es im Manifest. Einwanderung habe zu Stärke und Wohlstand beigetragen. Der Unterschied zur heutigen Einwanderungspraxis sei, dass früher die Eingliederung der Einwanderer in die amerikanische Kultur als klares Ziel definiert war. Einwanderung ohne Assimilierung aber sei eine Quelle für Schwäche und Instabilität statt der gewünschten Stärke und Dynamik. Es drohe innerer Zwist und schließlich die Auflösung der politischen Gemeinschaft. Deshalb fordert das Manifest eine neue produktive Einwanderungspolitik, die wieder Eingliederung zum Ziel hat, um die nationale Einheit Amerikas zu erhalten bzw. wiederherzustellen.

Nationalismus ist für die Autoren der Edmund Burke Foundation kein Schimpfwort, sondern im Gegenteil Werkzeug der Integration. Man bekennt sich zu Diversität, zu Gleichberechtigung von Menschen unterschiedlicher Races*, Ethnien oder anders definierter Minderheiten. »Die kulturellen Sympathien, die durch einen anständigen Nationalismus gefördert werden, bieten eine solide Grundlage für Versöhnung und Einheit zwischen diversen Gemeinschaften. Der Nationalismus, für den wir uns einsetzen, respektiert und verbindet tatsächlich die einzigartigen Bedürfnisse bestimmter Minderheitengemeinschaften und das Gemeinwohl der Nation als Ganzes.«

Damit wendet sich das Papier gegen die dem Liberalismus entwachsene Identitätspolitik, die das Gegenteil propagiert. Dort steht die Selbstverwirklichung von unterschiedlichen Identitäten nebeneinander im Mittelpunkt, ohne darüber hinaus eine kollektive oder nationale gemeinsame Vorstellung einer Gesellschaft anzustreben. Das aber müsse überwunden werden, um wieder als Nation und kulturelle Einheit erkennbar zu werden.

Schaut man auf politische Auseinandersetzung und aktuelle Wahlkämpfe, überlagert dieses Thema des Kulturkrieges alle Sachthemen. Die unterschiedlichen Antworten auf diese Fragen werden mitentscheiden, wer im Januar 2025 ins Weiße Haus einzieht.

* Hier wird durchgängig der amerikanisch-englische Begriff »race« genutzt und der deutsche Begriff »Rasse« vermieden. Der deutsche Begriff hat noch immer eine stark biologistische Konnotation, während das amerikanische »race« die soziale Konstruktion der Zuordnung von Menschen zu bestimmten Gruppen beachtet. Wenn beim US-Zensus oder anderer Erfassung von Bevölkerungsdaten nach »race« gefragt wird, ist das nur zum Teil eine Frage nach der Hautfarbe, sondern auch die nach der Selbstzuordnung zu einer bestimmten Gruppenidentität. Die im Zensus ergänzende Frage nach ethnischer Zuordnung ist regional bestimmt und meint die Herkunft und damit die persönliche ethnische Verortung in einer Weltregion.

Wenn der »Amerikanische Traum« zum Albtraum wird

Alltagssorgen der Amerikaner

Was hat man den Vereinigten Staaten nicht alles schon für Prädikate angeheftet: »Land der unbegrenzten Möglichkeiten«, in dem vor allem Leistung zählt und in dem man es »vom Tellerwäscher zum Millionär« schaffen kann. »Freiheit und Abenteuer« verspricht die Werbung. Schließlich ist da die lange Liste von Dingen, bei denen die Vereinigten Staaten die Besten sind. Die USA sind die größte Volkswirtschaft, haben die beste Medizin der Welt, die besten Krankenhäuser und Ärzte, die besten Schulen und Universitäten, keiner macht dem Land etwas in Naturwissenschaften und Technik vor, von der Raumfahrt bis zum Telefon. Sie sind die besten, wenn es darum geht, aus Grundlagenforschung erfolgreiche Produkte zu machen und sie auch zu verkaufen. Und so weiter und so weiter.

Ich treffe mich mit einigen Amerikanern, um über den amerikanischen Traum zu sprechen, über ihr Leben und wie sie in diesem Land leben. Vor allem möchte ich wissen, wie ihr Alltag aussieht, welche Sorgen sie haben, worüber sie zu Hause sprechen, wenn sie ihr Leben organisieren. Männer und Frauen erzählen mir von diesen Freuden und Sorgen, ältere Menschen und junge, die noch in der Ausbildung sind. Weiße sind darunter, Afroamerikaner und Asiaten, manche sind in den USA geboren und seit Generationen Amerikaner, andere sind eingewandert und möchten ihren eigenen ganz persönlichen amerikanischen Traum verwirklichen. Vieles ist gleich, was sie beschäftigt, und vieles ist ganz unterschiedlich und hat etwas mit dem Umfeld zu tun, in dem sie leben.

»Es gab einmal einen sehr einfachen amerikanischen Traum«, sagt Jeff aus New Hampshire. Er ist Ende 40, hat einen guten Job in der Verwaltung eines Unternehmens. Das Geld reicht zum Leben, er ist ganz zufrieden und erzählt dann vor allem von der Angst, dass das morgen zusammenbrechen könnte. Jeff steht für das Zukunftsbild einer Mittelklasse: »Wenn du hart arbeitest, einen Job hast, dann kannst du am Ende ein Haus besitzen, deine Kinder können studieren, ohne einen Schuldenberg aufzuhäufen. Und du kannst sparen, um dich im Alter zur Ruhe setzen zu können, um gut zu leben.«

Bislang war das kein Traum, sondern ein realistisches Lebensbild, das von den Eltern an die Kinder weitergegeben wurde. Du arbeitest, du bist fleißig, und deine Sorgen sind überschaubar. Und am Ende werden es deine Kinder noch besser haben als du. »Angeblich sind wir doch das Land der riesigen Mittelklasse«, mischt sich John ein. »Aber diese Mittelklasse verschwindet doch, alles fliegt auseinander, und du weißt nicht, ob morgen noch etwas von dem da ist, für das du die ganzen Jahre gearbeitet hast.« An die Stelle des sprichwörtlichen amerikanischen Optimismus sind bei vielen Existenzsorgen getreten, die den Alltag von Millionen Amerikanern prägen. Tag für Tag treibt es sie um bei Gesprächen am Tisch, bei der Arbeit, in der Freizeit. Alltagssorgen, die so existenziell geworden sind, dass sie das Land prägen und Menschen daran zweifeln lassen, ob das eigentlich noch das beste Land der Welt sein kann.

»Bestimmt sind wir in vielem noch die Besten und das großartigste Land«, sagt Christie, »aber für wen?« Dann erzählt sie von den tollen Schulen, die sich nur sehr Reiche leisten können, von den erstklassigen Krankenhäusern, deren Ärzte ihre Krankenkasse aber nicht bezahlt. »Die Hauptursache, warum Menschen bankrottgehen, sind die Kosten für medizinische Versorgung, die sie nicht bezahlen können. Egal ob sie versichert sind oder nicht.« Ryan macht sich vor allem Sorgen um seine Rente. Früher, da habe es zumindest in den Großunternehmen Betriebsrenten gegeben, und man war sicher versorgt im Alter. Aber diese Idee sei längst verschwunden, war der Wirtschaft zu teuer. Natürlich werde private Vorsorge vom Staat gefördert, aber viele hätten am Ende des Monats kein Geld mehr, um etwas zurückzulegen und diese Förderung auch in Anspruch zu nehmen.

Karen hat eine andere Sorge: »Ich habe drei Töchter. Sie alle haben Studiendarlehen und bezahlen die immer noch ab. Meine älteste Tochter ist 46!«

Einige meiner Gesprächspartner treffe ich bei Wahlkampfveranstaltungen. Sie hören genau zu, wollen wissen, was die Kandidatinnen und Kandidaten zu ihren persönlichen Sorgen des Alltags zu sagen haben. Dabei geben sie sich keiner Illusion hin, denn solange sie wählen gehen, haben ihnen Politiker aus jeder Partei versprochen, Lösungen für die drängendsten Fragen zu finden. Manchmal gab es gute Ansätze und Programme, sagen sie, so wie damals Obamas Reform der Krankenkassen mit einer staatlich subventionierten garantierten Versicherung für jeden. Die hält zwar nur die Hälfte der Bevölkerung für eine gute Idee, die andere Hälfte nennt sie staatliche Bevormundung und sozialistisches Teufelszeug. Sie aber haben sich geärgert, weil das Programm im Kongress zerredet und blockiert wurde. Übrig geblieben sei eine Reform, die den Namen nicht verdient. Das sei typisch, ein Beispiel dafür, warum man der Politik und der Regierung nicht mehr vertraut, ein Beispiel dafür, wie wenig sich ihre gewählten Repräsentanten für die wirklichen, die lebenswichtigen Probleme der Menschen interessieren.

Für viele entscheidend ist das Gesundheitssystem, das so teuer geworden ist, dass immer weniger Menschen zum Arzt gehen können, wenn sie es müssen. Wir sprechen über öffentliche Schulen, deren Qualität davon abhängt, ob man in einer reichen oder armen Gegend wohnt. Höhere Bildung ist längst nicht mehr für alle da, Universitäten verlangen so hohe Gebühren, dass Eltern mit der Geburt ihrer Kinder Sparpläne anlegen. »Wird mein Sohn das 18. Lebensjahr erreichen, ohne im Gefängnis zu landen oder von einer Kugel getötet worden zu sein?«, fragen sich viele. Fast ein Drittel afroamerikanischer Eltern erlebt genau das. Es lässt sie nicht schlafen, wenn ihre Kinder unterwegs sind. Und schließlich wollen fast alle über die Rente sprechen. Sie glauben nicht, dass die staatliche Rente für den Lebensabend reicht, im Alter abgesichert zu sein heißt aber, das ganze Leben dafür sparen zu müssen.

Das alles treibt vor allem die Menschen um, die zum Mittelstand der amerikanischen Gesellschaft gehören und über die Politiker im Wahlkampf immer sagen, dass sie das Rückgrat des amerikanischen Traums seien und dass man sie besonders fördern wolle. Manche dieser Sorgen sind denen der Menschen in Deutschland ähnlich, andere sind uns fremd, weil wir uns an ein System von Versicherungen und staatlicher Fürsorge gewöhnt haben, das es in den USA nicht gibt. Manches aber ist mit der Realität in Deutschland fast identisch, die Menschen gehen jedoch auf unterschiedliche Weise damit um. Zu Letzterem gehört die staatliche Rente, die für die meisten Beschäftigten in den USA und Deutschland fast gleich hoch ist, deren Wert die Amerikaner aber viel realistischer einschätzen und dementsprechend versuchen vorzusorgen.

»Ja, sie sagen uns immer, dass wir das beste Land der Welt sind«, meint Ryan und möchte noch einmal darüber sprechen, dass die vielen Errungenschaften für Angehörige des Mittelstands oft nicht mehr erschwinglich sind. »Klar leben wir frei und andere nicht. Klar haben die allermeisten immer genug zu essen, und die Supermärkte sind voll. Klar, die meisten Nobelpreise gehen in die USA, aber sind wir wirklich noch die Besten, überholen uns nicht längst andere wie China, und wir merken es nicht, merken nicht, dass wir längst auf dem absteigenden Ast sind?« Dass der amerikanische Exzeptionalismus nichts als ein Mythos sein könnte, gehört inzwischen zu den Gesprächsthemen auf jeder Party.

Erstaunlich viele Gesprächspartner verweisen dabei auf die HBO-Fernsehserie »Newsroom« aus dem Jahr 2012, in der gleich in der ersten Szene die amerikanische Führungsrolle in der Welt so infrage gestellt wird, dass Zuschauern die Tränen kommen und der Ausschnitt millionenfach in den sozialen Netzwerken geteilt wurde und noch wird. Geschrieben vom genialen Drehbuchautor

Aaron Sorkin, antwortet Jeff Daniels als Chefredakteur eines Nachrichtenkanals einer Studentin: Alle Teilnehmenden einer Podiumsdiskussion sollen in einem Satz sagen, warum Amerika das großartigste Land der Welt sei. Daniels braucht mehr als einen Satz, um zu sagen, dass es das nicht mehr ist. Hier ein längeres Zitat: »Es gibt absolut kein Indiz dafür, dass wir das großartigste Land der Welt sind. Wir sind siebte bei Schreib- und Lesefähigkeit, 27ste bei Mathe, 22ste in Wissenschaft, 49ste bei Lebenserwartung, 178ste bei Kindersterblichkeit, dritte beim Haushaltseinkommen, Nummer vier bei der Arbeiterzahl und Nummer vier im Export. Wir führen in der Welt nur in drei Kategorien: die Zahl der inhaftierten Menschen bezogen auf die Bevölkerung, die Zahl der Erwachsenen, die an die Existenz von Engeln glauben, und die Verteidigungsausgaben … . Wir waren es tatsächlich einmal. Wir sind aufgestanden für das, was richtig ist! Wir haben aus moralischen Gründen gekämpft und wir haben aus moralischen Gründen Gesetze gemacht und abgeschafft. Wir haben Krieg gegen Armut geführt, nicht gegen arme Menschen. Wir haben für unsere Nachbarn gesorgt und etwas für sie hergegeben, wir haben getan, was wir gesagt haben, ohne uns dafür an die Brust zu klopfen. Wir haben großartige Dinge gebaut, haben unglaubliche technische Neuerungen entwickelt, das Universum erforscht, Krankheiten geheilt. Wir haben die größten Künstler und die größte Wirtschaft der Welt gefördert. Wir haben nach den Sternen gegriffen und uns wie Männer verhalten. Wir haben intelligente Menschen bewundert, sie nicht herabgewürdigt. Wir bekamen unsere Identität nicht durch denjenigen, den wir beim letzten Mal gewählt haben, und wir hatten nicht so schnell Angst. Wir konnten das alles tun, weil wir informiert waren, von großartigen Menschen, die geachtet waren. Der erste Schritt, ein Problem zu lösen, ist zu erkennen, dass es eins gibt – Amerika ist nicht mehr das großartigste Land der Welt.«[1]

»Wir wollten ein Land für alle sein«, sagt Ryan, Ziel sei gewesen, dass alle etwas lernen, alle wohlhabender werden, alle besser leben können. Die Erfolge in der Welt seien doch möglich geworden, weil alle dazu beigetragen hätten, weil man nach den Besten gesucht und sie gefördert habe. Die afroamerikanischen Gesprächspartner widersprechen bei dieser These und nennen das einen Mythos, dem nur Weiße nachtrauern können. Für sie war das Land schon immer eines, das Menschen unterschiedlich behandelte und denen mit dunkler Hautfarbe weniger Chancen zugestand als solchen mit heller. In der Analyse aber stimmen auch sie zu, dass die Teilung der Gesellschaft nicht mehr nur entlang von Ethnie und *race* zu suchen ist, sondern dass es zunehmend darum geht, zu welcher Klasse man gehört, ob man an Spitzenleistungen partizipieren kann oder nicht. Partizipieren ist hier im doppelten Sinne gemeint, nämlich einmal profitierend, weil Medizin, Wissenschaft, Technik oder Kultur erstklassige Produkte und Dienstleistungen bereithalten. Partizipation heißt aber auch, dazu beitragen zu können, diese Spitzenprodukte zu entwickeln. Das aber geht nur, wenn der Zugang zu Bildung und Ressourcen vorhanden ist. Der aber enge sich auf immer weniger Menschen ein, beschränkt durch Einkommen und Zugehörigkeit zu einer bestimmten sozialen Schicht.

Gleiches gilt für den Zugang zum amerikanischen Gesundheitssystem und guter medizinischer Versorgung. Die großen Kliniken mit ihren Forschungsabteilungen, medizinische Fakultäten der Universitäten und private pharmazeutische und medizintechnische Unternehmen machen immer wieder von sich reden durch neue und bessere Behandlungsmethoden und die Entwicklung neuer Medikamente oder bahnbrechender Grundlagenforschung. Über sie schreiben Fachmagazine und populäre Zeitungen, von ihnen hört man, wenn sie spektakuläre Heilungserfolge erzielen oder einzelnen Patienten mit noch nicht zugelassenen, aber vielversprechenden Präparaten helfen können. Chefärztinnen und Chefärzte dieser Einrichtungen treten im Fernsehen auf, sie umgibt ein Stück Glamour und Starkult.

Die Realität ganz normaler Arztpraxen und Krankenhäuser im täglichen Betrieb sieht völlig anders aus und hat nichts von Glamour, nicht einmal das geordnete Chaos amerikanischer Krankenhausserien. Stress, überlastetes Personal, Wartezeiten und wenig Zeit, um sich um einzelne Patienten zu kümmern, sind in den USA ebenso an der Tagesordnung wie in Deutschland. In den vielen Jahren, die ich in den USA gelebt habe, war ich immer wieder beim Arzt, war selbst und ebenso mit den eigenen und den Kindern von Bekannten in der Notaufnahme, wurde operiert und hatte Vorsorgeuntersuchungen, bekam die Zähne gereinigt und behandelt. Ausgestattet mit einer deutschen Zusatzversicherung, konnte ich in Praxen und Krankenhäuser mit gutem Ruf gehen, musste nie dort in der Schlange stehen, wo gutwillige Ärzte auch mal auf Honorar verzichten. Die wichtigste Erfahrung: Ich habe alles bekommen, was ich brauchte, bin medizinisch kompetent und gut versorgt worden, bekam sehr schnell ein notwendiges Röntgen- oder MRT-Bild.

Durchschnittliche Praxen sind sehr einfach eingerichtet, in der Stadt wegen der hohen Mieten auch sehr klein. Vom gediegenen Buchenholzchic deutscher Landarztpraxen sind sie weit entfernt. Wer blitzblanke Diagnosetechnik der neuesten Generation erwartet, wird meist enttäuscht, auch die bleibt auf die Spitzeneinrichtungen oder teurere Privatarztpraxen beschränkt, die sich mit dem von Krankenkassen bezahlten Honorar nicht zufriedengeben. Die großen Kliniken sind gleichzeitig Ärztehäuser; das Warten auf eine Behandlung ist häufig eine Tortur, häufig in riesigen Foyers mit mehreren laufenden Fernsehern, um die oftmals lange Wartezeit zu verkürzen.

Der Besuch beim Arzt und in der Klinik beginnt mit dem Krankenkassenausweis oder der Kreditkarte, man unterschreibt, wie in Deutschland als Privatpatient auch, alle Kosten zu tragen, auch wenn die Krankenkasse sie nicht abdeckt. Anders als in Deutschland aber hat das für die meisten eine ganz reale Bedeutung, weil die Krankenkasse selten alles bezahlt: 85 Prozent aller versicherten Amerikaner müssen zunächst eine bestimmte Summe selbst zahlen, bevor die Versicherung greift. Meist kommt nach einer Behandlung ein ganzer Schwung von Einzelrechnungen ins Haus, von Ärzten, mitbehandelnden Assistenten, selbstständigen Krankenschwestern und Pflegern, Laboren usw. Die Höhe dieser Rechnungen ist meist ein Vielfaches dessen, was in Deutschland verlangt wird, die USA gelten als das teuerste Gesundheitssystem der Welt. »Die größte Ursache, warum Menschen bankrottgehen, sind die Kosten für medizinische Versorgung, die sie nicht bezahlen können. Egal ob sie versichert sind«, hatte Christie gesagt. Die meisten machen nämlich die Erfahrung, dass am Ende nach einem Besuch beim Arzt oder Krankenhaus ein erheblicher Betrag übrig bleibt, den man aus eigener Tasche bezahlen muss. Hier macht es vor allem einen Unterschied, welche Krankenversicherung man abgeschlossen hat, ob man auf niedrige Monatsbeiträge und dafür höheres Risiko setzt oder lieber mehr vom Einkommen in die Versicherung investiert.

Deshalb stehen das Thema Gesundheit und ihre galoppierenden Kosten bei den meisten Wahlen ganz oben auf der Agenda.

Man kann das Gesundheits- und Versicherungssystem der USA nicht einfach mit den gesetzlichen und privaten Versicherungen in Deutschland vergleichen.

Etwa 90 Prozent der amerikanischen Bevölkerung sind versichert, allerdings gilt die Hälfte von ihnen als unterversichert,[2] steht also vor dem Risiko, mehr zuzahlen zu müssen, als man sich leisten kann. Ein großer Teil hat sich nicht gegen alle Krankheiten versichert, um Geld zu sparen. Angeboten werden die meisten Krankenversicherungen über die jeweiligen Arbeitgeber, die als Teil des Gehalts einen erheblichen Anteil an den Kosten tragen. Das sind im Durchschnitt 75 Prozent, schwankt aber zwischen Unternehmen, die alle Kosten übernehmen, und solchen, die nichts beitragen. Trotzdem lohnt sich das für die Arbeitnehmer, weil die Arbeitgeber in der Regel eine oder mehrere Gruppenversicherungen mit privaten Krankenkassen abgeschlossen haben, aus denen sich die Mitarbeitenden den für sie günstigsten Vertrag aussuchen können. Solche Gruppenversicherungen sind erheblich billiger als private Einzelversicherungen. Trotz Gruppenversicherung sind alle Verträge individuell und schließen Vorerkrankungen nur gegen hohe Zuschläge ein oder gleich ganz aus. Die

Preise schwanken zwischen den Versicherungen, je nachdem, welche Krankheiten abgedeckt sind. Ein Beispiel: Bei der Recherche gaben manche Kassen an, dass sie in 95 Prozent aller Fälle nach einem Herzinfarkt eine Reha genehmigen, wenn der Arzt das empfiehlt. Bei anderen gibt es in weniger als 10 Prozent ein »Ja«, und die Reha muss ausfallen. Die Durchschittspolice kostet 620 Dollar pro Monat für eine Person, 1800 Dollar für eine Familie mit Kindern in der Ausbildung bis zu einem Höchstalter von 26 Jahren. Zuzahlen muss man, auch wieder im Durchschnitt, die ersten 1700 Dollar im Jahr, dann etwa 30 Dollar pro Arztbesuch und zwischen 300 und 2000 Dollar im Krankenhaus. Nicht enthalten sind Besuche beim Zahnarzt, die kosten extra. Ob sonst aber im Krankenhaus oder beim Arzt alle Behandlungen bezahlt werden, entscheidet die Kasse in jedem Einzelfall, und jede Kasse hat ihre eigenen Usancen. Es kann also sein, dass eine bestimmte Untersuchung selbst bezahlt werden muss, auch wenn die Behandlung selbst abgedeckt ist.

Die größte Sorge um die Gesundheit kommt bei Jobwechsel und Jobverlust auf. Da man über den Arbeitgeber versichert ist, bekommt man in der neuen Firma eine neue Versicherung zu neuen Bedingungen. Verliert man seinen Job ganz, verliert man mit der Kündigung auch die Krankenversicherung und muss sich, gerade wenn Geld wegen der Arbeitslosigkeit fehlt, sehr viel teurer privat versichern. Auf der anderen Seite sind Rentner über 65 über den Staat versichert. Allerdings verlangen viele Ärzte Zuzahlungen, weil ihnen die staatlichen Sätze zu niedrig sind. Dafür gibt es dann Zusatzversicherungen speziell für Rentner.

Seit der Krankenkassenreform von Barack Obama gibt es staatlich garantierte günstigere Basisversicherungen. Die müssen alle Antragsteller aufnehmen und dürfen keine Vorerkrankungen ausschließen. Das ist ihr Vorteil, der Nachteil sind auch hier die Zuzahlungen, die Menschen häufig davon abhalten, trotz Versicherung zum Arzt zu gehen, weil sie sich die Kosten nicht leisten können.

Ein Besuch in der Notaufnahme eines Krankenhauses: Wenn

sich die Tür öffnet, bedeutet das für die allermeisten Menschen in den USA, dass sie gleichzeitig ihr Bankkonto öffnen, 20 Prozent Eigenanteil fallen sofort an. Der ist zwar gedeckelt, ein paar Hundert Dollar aber sind es allemal. Das ist es, was Ryan besonders ärgert. Er hat schon notwendige Arztbesuche aufgeschoben oder ganz gelassen, weil es ihm zu teuer war. »Du hast eine Versicherung und zahlst deine Beiträge«, beschwert er sich, »und wenn du dann zum Arzt gehst, dann zahlst du noch einmal.«

Für ihn ist klar, wer seine Stimme bei der Präsidentschaftswahl haben will, muss vor allem ein Konzept für eine bessere Krankenversicherung anbieten. 2020 setzte er zunächst auf Bernie Sanders, der Krankenversicherungen im innerparteilichen Vorwahlkampf zur Priorität seines Wahlkampfprogramms erklärte. Dann unterstützte Ryan Joe Biden und war enttäuscht, weil wieder einmal nur über günstigere Arzneimittel und gedeckelte Kosten gesprochen wurde, aber nichts passierte. Er redet sehr offen und hat schlicht Angst davor, dass er eines Tages krank wird und die Behandlung sein gesamtes Erspartes fürs Alter auffrisst und er in der Armut landet.

»Die Sorge ist berechtigt«, sagt Christen Linke-Young, Gesundheitsexpertin beim Washingtoner Thinktank Brookings Institution und frühere Staatssekretärin im Gesundheitsministerium von North Carolina. »Es ist trotz aller Reformen und Verbesserungen so, dass Menschen, die krank werden oder sich verletzen, ihre gesamten Ersparnisse schwinden sehen und sich in Armut wiederfinden.« Deshalb verwundert es sie auch nicht, dass die Gesundheitskosten bei den meisten Umfragen ganz oben auf der Liste der Alltagssorgen von Amerikanern stehen. Die meisten glauben, dass sie sich richtig versichert haben, und sind sich doch nicht sicher. Wird meine Kasse bezahlen, wenn ich mal krank werde? Was wird es tatsächlich kosten? Wenn alles bezahlt ist, werde ich dann noch genügend Rücklagen haben? Diese Fragen sind ein Dauerthema am Familientisch und unter Freunden.

Bewirbt man sich um einen neuen Job, steht die angebotene Gruppenversicherung ganz oben auf der Kriterienliste, wohin man wechselt. Der dramatische Arbeitskräftemangel nach der Pandemie hilft hier vielen Amerikanern, weil Unternehmen neues Personal nur gewinnen können, wenn sie auch Krankenversicherungen anbieten und den Beitrag bezuschussen. Selbst die Frage, mit welcher Krankenkasse ein Arbeitgeber einen Gruppenvertrag abgeschlossen hat, kann ein entscheidendes Kriterium dafür sein, hier anzuheuern.

Glenn erzählt von seinem Bruder, der demnächst 26 wird und aus der Familienversicherung fällt. Er ist Typ-1-Diabetiker, und seine wichtigste Frage bei der Wahl des Arbeitsplatzes ist, ob die Krankenversicherung dort sein Insulin bezahlt. »Es gibt so viele Nachrichten über die Kosten von Insulin in Amerika«, sagt er im Gespräch, »das bringt mich richtig in Stress, es ist ein Riesendruck, bis 26 einen Job zu finden, der eine gute Krankenversicherung auch für Diabetiker anbietet.« Dieses Schicksal ist ein eindrückliches Beispiel für die explodierenden Medizinkosten in den USA: Der Preis für Insulin hat sich in zehn Jahren verdreifacht, ein nicht versicherter Diabetiker zahlt etwa 900 Dollar im Monat dafür. Viele Versicherungen schließen Vorerkrankungen wie Diabetes aus, wie einige deutsche private Krankenkassen im Übrigen auch, sodass die meisten Diabetiker die Kosten selbst schultern müssen. Ein Versuch der Biden-Regierung, die Kosten für Insulin auf 35 Dollar im Monat zu begrenzen, scheiterte im August 2022 im Senat, weil sich keine ausreichende Mehrheit für das Gesetz fand. Nur für Rentner mit ihrer staatlichen Versicherung gilt jetzt diese Grenze. In der Folge rationieren Menschen ihr Insulin, spritzen sich also zu wenig. Immer wieder gibt es Meldungen über Diabetiker, die sterben, weil ihr Einkommen für das lebenswichtige Medikament nicht reicht.

Das sei immer ein großes Thema, bestätigt Jim, ein Arzt mit vielen Jahren Berufserfahrung, und es gelte für viele Erkrankungen in ähnlicher Weise. Er sei inzwischen weniger Arzt als Verhandlungsführer seiner Patienten gegenüber den Kassen: »Wenn etwas Größeres zu machen ist, benötigt ein Patient zum Beispiel ein CT oder eine Operation, dann muss ich immer erst die Versicherungen davon überzeugen, das auch zu bezahlen.« Bis zur Entscheidung bleiben Patienten in der Sorge, ob sie sich für die Behandlung oder ihr Erspartes entscheiden müssen. Christie zum Beispiel arbeitete in den letzten acht Jahren vor ihrer Rente selbstständig. Sie hat ein größeres Unternehmen als Auftraggeber, muss aber selbst für ihre Sozialversicherungen sorgen. Christie ging ins Risiko und entschied sich für eine Basisversicherung, die nur wirkliche Katastrophen abdeckt. Bei normalen Behandlungen hieß es für sie, einen großen Teil selbst zu bezahlen. Mit 65 atmete sie auf, bekommt seitdem kostenlos »Medicare«, die staatliche Versicherung für Rentner. »Nur ein paar Tage später habe ich mir einen Knöchel gebrochen. Da kamen 63 000 Dollar an Arztkosten zusammen, die wurden fast ganz von Medicare bezahlt. Ich habe nur ein paar Tausend Dollar selbst bezahlt.«

»Ein paar Tausend Dollar Eigenanteil«, das ist für Amerikaner ganz normal, wenn man sie hat. 32 Prozent aller Amerikaner sind allerdings nicht in der Lage, eine unerwartete Ausgabe von 400 Dollar zu stemmen.[3] Ein Viertel aller Befragten gibt an, schon mal auf eine Behandlung verzichtet zu haben, weil man sie sich nicht leisten kann. Den höchsten Anteil daran haben Zahnarztbesuche, andere haben die verschriebenen Medikamente nicht gekauft. Deshalb fordert Christen Linke-Young eine allgemeine gesetzliche Krankenversicherung nach dem Vorbild vieler europäischer Staaten wie Deutschland: »Das Wichtigste ist, dass wir zu einer allgemeinen Versicherung kommen. Wir müssen das Ziel verfolgen, dass jede Person in den USA eine Versicherungskarte hat und eine medizinische Versorgung bekommt, die sie sich auch leisten kann.« Viele der anderen Probleme der USA, die im Vergleich sehr niedrige Lebenserwartung, soziale Brennpunkte, Arbeitslosigkeit durch Krankheit, schlechte Versorgung psychisch kranker Menschen und die damit zusammenhängende Obdachlosigkeit, beruhen letztlich alle auf dem Umstand, dass nicht jeder verlässlich medizinisch versorgt ist.

Dazu aber wird es auf absehbare Zeit nicht kommen, weil sich hinter der Frage nach einer staatlichen oder anderweitig öffentlichen Krankenkasse viel mehr verbirgt als eine Entscheidung darüber, welche Versicherungen den Menschen zur Verfügung stehen. Hier geht es sehr konkret um die Rolle, die der Staat im Leben der Bevölkerung spielen darf und wo sein Engagement Grenzen hat. Selbst diejenigen, die persönlich von einer gesetzlichen Krankenkasse profitieren würden, votieren dagegen, weil sie das für eine unzulässige Einmischung in die persönlichen Angelegenheiten der Bürger halten. Die Vorstellung, dass Einzelne für sich und ihre Angehörigen sorgen und damit auch Verantwortung für das eigene Verhalten tragen, ist tief verwurzelt in der DNA des Landes. Aus der protestantisch-religiösen Tradition der USA heraus besteht ein Teil dieser Verantwortung auch darin, das eigene Wohlergehen mit denen zu teilen, denen es nicht gut geht. Die feste Überzeugung, dass diese Eigenverantwortung zur Identität der Vereinigten Staaten gehört, hat über die fast 250 Jahre ihres Bestehens den Aufbau und die Grenzen des Sozialsystems geprägt. Versuche, eine kollektive Verantwortung an die Stelle zu setzen und dem Staat dafür eine größere Rolle zu geben, scheiterten immer wieder mit dem Hinweis auf die Eigenverantwortung als Grundlage der eigenen Tradition. So bekamen die USA erst 1935 ihre Version einer umfassenden staatlichen Rentenversicherung, bis dahin waren es unterschiedliche Fonds privater Stiftungen, aus denen arbeitsunfähig gewordene bedürftige ältere Bürger unterstützt wurden. Auch wenn die Entwicklung von den »Armenhäusern« des 18. und 19. Jahrhunderts hin zu staatlichen Transferleistungen geht, bleibt die Skepsis gegenüber dem Staat bestehen, und man hält seine Rolle bewusst klein. Noch im Jahr 1915 stammten ganze 25 Prozent der Sozialhilfe in den USA aus öffentlichen Kassen.[4]

Die eigene Vorsorge stand zunächst auch bei den Krankenversicherungen im Mittelpunkt, nach und nach ergänzt durch Versicherungen der Arbeitgeber. Theodore Roosevelt schlug 1912 eine allgemeine Krankenversicherung vor, eine Idee, die heftig durch die »American Medical Association (AMA)«, die amerikanische Ärzteorganisation, bekämpft wurde. »Sozialisierte Medizin« war schon damals der abschreckende Begriff in der Lobbyarbeit. Roosevelt verlor die Wahl, und die Idee starb.

Seinem entfernten Verwandten Franklin D. Roosevelt ging es 1935 nicht anders. Wirtschaftskrise und große Depression hinterließen Millionen verarmte Menschen, die medizinisch nicht versorgt wurden. Roosevelt ließ das Konzept einer allgemeinen Versicherung entwickeln, das von der AMA diesmal als »Zwangsversicherung« abgestempelt und bekämpft wurde. Roosevelt ließ das Konzept fallen, so wie andere Präsidenten nach ihm, wenn sie befürchteten, dass es ihnen politisch mehr schadet als nützt. Lyndon B. Johnson setzte zumindest die allgemeine Krankenversicherung für Rentner (»Medicare«) und Arme (»Medicaid«) durch, auf das Ziel, alle Amerikaner verlässlich zu versichern, verzichtete auch er. »Gegner, insbesondere die AMA und Versicherungsgesellschaften, stellten sich gegen den Vorschlag Johnsons, weil es eine Zwangsversicherung sei, sozialisierte Medizin bedeute, der Qualität der Medizin schade und das Programm unamerikanisch sei«, schreiben die Medizinhistoriker Kant Patel und Mark Rushefsky.[5]

Bill Clinton scheiterte mit einer umfassenden Reform der Krankenkassen, Barack Obama erreichte zumindest mit dem »Affordable Care Act« das Grundgerüst für eine öffentlich garantierte Versicherung. 2020 setzte Bernie Sanders das Thema Krankenversicherung an die Spitze seiner Agenda und erlebte den koordinierten politischen Widerstand, der die Blaupause dessen war, was Johnson erlebt hatte. »Sozialistisch« und damit unamerikanisch war auch diesmal das zentrale Argument, gestützt von Darstellungen, wonach die Kosten für den Einzelnen in die Höhe schießen, die Medizin aber immer schlechter werde. Die amerikanische Gesundheitsindustrie tat alles, um eine gesetzliche Krankenkasse nach europäischem Vorbild zu verhindern. Sie hatte und hat ein Interesse daran, dass das Gesundheitssystem zu einem ganz überwiegenden Teil privatwirtschaftlich organisiert bleibt, schließlich geht es um ein Volumen von jährlich 4,1 Billionen US-Dollar, die an Ärzte, Krankenhäuser, Pharmaunternehmen und viele mehr fließen. Das sind mehr als 12000 Dollar pro Einwohner oder fast 20 Prozent der gesamten Wirtschaftsleistung im Jahr 2020. Nach der Wahl versuchte Joe Biden, den linken Flügel der Demokraten mit Reformplänen zu befriedigen, ohne Erfolg, so wie auch bei dem Versuch, die explodierenden Kosten zu deckeln. Er brachte ein Gesetz ein, das zumindest »Medicare«, der staatlichen Versicherung für Rentner, das Recht verschaffen soll, Preise für Medikamente mit der Pharmaindustrie zu verhandeln. Ansonsten setzt in den USA weiterhin die Industrie allein die Preise fest, und die steigen weiter und verstärken das Risiko des sozialen Abstiegs durch Krankheit.

Im Wahlkampf 2024 wird das wieder eine wichtige Rolle spielen und die Kandidatinnen und Kandidaten zwingen, sich zu positionieren. 2024 aber spielen die Erfahrungen mit der Pandemie in die politische Auseinandersetzung hinein und bringen damit eine besondere Brisanz in den Wahlkampf. Einerseits ist das Thema Corona weiterhin emotional stark aufgeladen, auch wenn es im Alltag kaum noch eine Rolle spielt. Die Auseinandersetzungen um Impfen, Maskenpflicht, Lockdowns usw. sind aber nicht vergessen. Sie bestimmen weiterhin, zu welcher politischen Gruppe als Amerikaner sich die Menschen bekennen, und prägen damit den Diskurs. Auf der anderen Seite hat die Pandemie viele Schwachstellen des amerikanischen Gesundheitssystems aufgedeckt und unmittelbar vor Augen geführt.

Robert traf ich auf dem Höhepunkt der Pandemie, er hatte gerade seinen Job verloren, weil das Restaurant, in dem er arbeitete, schließen musste. »Ich arbeite, seit ich 14 bin, war immer fleißig und hatte immer Arbeit. Ich habe Typ-2-Diabetes, und ausgerechnet jetzt keine Krankenversicherung zu haben, ist wirklich hart«, sagt er damals. Heute geht es ihm wieder gut, er hat wieder einen Job und eine Krankenversicherung. Genau zu dem Zeitpunkt aber, als es wegen Corona besonders wichtig war, medizinisch versorgt zu sein, konnten sich Hunderttausende den Arzt nicht leisten.

Außer dass es Menschen in Armut reißt, birgt das System ein gigantisches Risiko für das ganz Land, sagte damals der Gesundheitsexperte Lerry Levitt von der Kaiser Family Foundation, einem gesundheitspolitischen Thinktank in Kalifornien: »Leute ohne Krankenversicherung vermeiden Arztbesuche. Wir wollen aber, dass die Leute, die Symptome haben, medizinisch versorgt und getestet werden, damit sie keine anderen anstecken.« Genau das aber ist passiert, vor allem in der ersten Phase der Pandemie, als es noch keine Impfstoffe gab, die Kranken die Intensivstationen überfüllten und Menschen zu Tausenden starben. Als mit Covid-19 zusammenhängende Arztbesuche noch nicht kostenlos waren, gingen Infizierte weiter zur Arbeit, um keinen Lohnausfall zu haben. Sie steckten Kolleginnen und Kollegen genauso an wie Kunden, die dann das Virus weiterverbreiteten. In der Folge starben in den USA rund 1,1 Millionen Menschen an Corona, mehr als in jedem anderen Land der Erde.[6] Covid-19 war ein Weckruf, für eine neue Pandemie mit einem weitaus tödlicheren Virus müsste das amerikanische Gesundheitssystem so verändert werden, dass sich Menschen nicht mehr gegenseitig anstecken, weil sie sich einen Arztbesuch nicht leisten können. Die Politisierung der Pandemie aber verhindert, dass angesichts des anstehenden Wahlkampfes mit kühlem Kopf und pragmatisch nach sinnvollen Reformen gesucht wird.

Das gilt auch für das Thema Schulen. Abgesehen von den ideologischen Auseinandersetzungen darüber, was in den Schulen gelehrt wird,[7] treibt Eltern in den USA vor allem die Sorge um, ob ihre Kinder auf eine gute Schule kommen, die ihnen das nötige Wissen und die Kompetenzen für das Leben vermittelt. Wenn Amerikaner mit schulpflichtigen Kindern umziehen und ihr zukünftiges Wohnviertel wählen, ist das Kriterium Nummer eins die Schule im Bezirk. Davon hängt ganz entscheidend die Antwort auf die zuerst gestellte Frage ab, ob die Kinder ihr wesentliches Rüstzeug mitbekommen. Hier eine Auswahl zu treffen, ist nicht schwer, weil Schulrankings im Internet klar bestimmen, wo man wohnen muss. Unmittelbar verbunden mit einer gut bewerteten Schule im Bezirk ist der Preis, der für ein Haus oder eine Wohnung bezahlt werden muss, in der Konsequenz also auch, ob man sich diese Schule leisten kann, obwohl sie als öffentliche Schule kostenlos ist.

»Haben meine Kinder einmal gute Chancen im Leben, stehen ihnen gute Berufe und damit gutes Einkommen offen? Können wir es uns leisten, ihnen den bestmöglichen Start zu finanzieren«, rangiert gleich nach der Krankenversicherung auf der Sorgenliste der Mittelstandamerikaner. In den USA besteht Schulpflicht, und amerikanische Kinder haben Anspruch auf einen kostenlosen Schulbesuch im eigenen Wohnbezirk, und zwar, mit wenigen Ausnahmen, nur dort. Schulen zeichnen sich aber selbst in benachbarten Schulbezirken einer Stadt durch eine sehr unterschiedliche Ausstattung aus. Das reicht von bestens ausgebildeten Lehrern und modernsten Gebäuden und Unterrichtsmaterialien im einen und nicht einmal ausreichend Tischen und Stühlen und undichten Dächern im nächsten Schulbezirk.

Der Grund dafür ist so einfach, wie er aus dem Blickwinkel der deutschen Schulpraxis schwer nachvollziehbar ist. Amerikaner bezahlen für Immobilienbesitz sehr hohe Steuern, aus denen die Schulen des jeweiligen Schulbezirks finanziert werden, der in Großstädten nur ein paar Straßenzüge ausmachen kann. Mittel aus zentralen Töpfen des Bundesstaates und der Bundesregierung gibt es zwar, aber die machen nur einen kleinen Anteil am Budget einer Schule aus. Die Konsequenz ist, dass ein reicher Bezirk mit großen teuren Häusern und wenig Kindern viel Geld für seine Schulen hat, die damit beste Voraussetzungen für einen guten Unterricht besitzen. Ein armer Bezirk mit kleinen Wohnungen in billigen Apartmenthäusern und vielen Kindern muss mit sehr viel weniger Geld auskommen. Ein Finanzausgleich zwischen den Wohnbezirken oder Städten eines Bundesstaates findet nicht statt.

»Oh, Mann, wie oft wir überlegt haben umzuziehen, immer geschaut haben, was wir uns leisten können. Das war immer Thema in der Familie. Schulbildung sollte für alle gleich sein, es sollte keine Rolle spielen, wo du wohnst, wenn es darum geht, was für eine Bildung du bekommst«, sagt eine Mutter bei den Gesprächen über ihre Alltagssorgen. Das aber ist genau der Fall bei den meisten öffentlichen Schulen in den USA, die eigene Adresse entscheidet über den Schulbezirk und damit über die Qualität der Schule. Die einzige Alternative sind meist sehr teure Privatschulen oder einige Schulen mit speziellen Schwerpunkten, auf die man sich bewerben kann.

Ich treffe Neal McCluskey, Bildungsexperte beim Washingtoner Thinktank Cato, um die Folgen dieser Schulorganisation zu diskutieren. »Die Schulen spiegeln wider, wer die Leute sind, welcher Schicht sie angehören. Genauso eben wie die Entscheidung, wohin die Leute ziehen. Menschen wollen da wohnen, wo Leute wie sie selbst sind, Reiche wohnen mit Reichen. Ärmeren Menschen fällt es schwer, in die besseren Schulen zu kommen, weil sie sich ein teures Haus oder eine teure Wohnung nicht leisten können. So leben sie mit ärmeren Menschen, mit deren Kindern ihre Kinder zur Schule gehen.« Sozialer Aufstieg manifestiert sich darin, wo man wohnen kann, mit welchen anderen Menschen man zusammenlebt. Die Qualität der Schule entscheidet mit darüber, ob es den Kindern eines Tages gelingen kann, in den besseren Schulbezirk zu ziehen. Dafür sind Eltern, vor allem im Mittelstand, bereit, sich an anderer Stelle einzuschränken oder sogar zu verschulden. Sie wissen, was der Start im amerikanischen Bildungssystem bedeutet, denn eine schlechte Schule räumt Steine in den Weg, einmal auf eine gute Universität gehen zu können, vorausgesetzt, man kann sie sich leisten. Eltern behalten die Entwicklung der Schule in ihrem Wohnbezirk genau im Blick, beobachten und nehmen wahr, wenn sich etwas verändert.

Die Schule ist ein Dauerthema unter Erwachsenen, man achtet auf alles, auf die Inhalte, die Ausstattung, aber auch auf den Anteil der Migranten im Bezirk, das soziale Gefüge, die Sicherheit und nicht zuletzt natürlich darauf, was für Lehrer in der Schule arbeiten. Gute Lehrer zu finden, ist für viele Schulen nicht leicht. Obwohl Politiker und die Verwaltungen in den Städten öffentlich immer wieder betonen, welche wichtige Rolle Lehrer für die Gesellschaft spielen, braucht man sehr viel Idealismus, um diesen Beruf zu ergreifen. Das mittlere Einstiegsgehalt von Lehrern beträgt etwa 41 000 US-Dollar, in ländlichen Gebieten wie Mississippi oder Florida werden nur 34 000 US-Dollar gezahlt. Bei 65 000 US-Dollar im Durchschnitt ist auch nach vielen Jahren Berufserfahrung Schluss, auf dem Land sind es oft nicht einmal 50 000 US-Dollar. Nur in den teuren Städten sind die Gehälter höher. Mit einem vergleichbaren Hochschulabschluss kann man in anderen Branchen sehr viel besser verdienen. »Die USA geben mehr als fast jedes andere Land der Welt für Bildung aus. Es ist aber auch wahr, dass die Lehrergehälter seit Jahrzehnten stagnieren«, sagt Neal McCluskey. Genauer: In den letzten zehn Jahren sind die Gehälter um 20 Prozent gestiegen, was bis 2021 die Inflationsrate ausgleichen konnte, seitdem nicht mehr. Hinter anderen Branchen aber sind die Lehrer tatsächlich zurückgeblieben. Deshalb ist der Konkurrenzkampf der Schulen um gute Lehrer groß. Es gibt erstklassige Lehrer, aber die gehen eben auch dorthin, wo sie besser bezahlt werden oder die Bedingungen besser sind, wo gutes Lehrmaterial vorhanden ist, wo man mit Kindern und Eltern kreativ zusammenarbeiten kann. Die Problembezirke gehören nicht dazu, auch wegen des ungleichen Finanzierungssystems. Der Staat versucht, durch gezielte Zuschüsse, unterfinanzierte Schulen zu stützen. Verbunden damit ist häufig der Druck der Behörden, indem sie die Leistung subventionierter Schulen anhand der Noten der Kinder überprüfen und bewerten, ohne die soziale Realität der Schulen zu berücksichtigen. Sind die Ergebnisse schlecht, können staatliche Zuschüsse gekürzt werden, ein Teufelskreis. Ein Finanzausgleich zwischen den Schulen oder eine zentrale Finanzierung aller Schulen aus einem Etat aber, so Neal McCluskey, würde in den USA nicht funktionieren. »Das wäre schwer, selbst wenn man Mittel vom wohlhabenden Stadtteil in den ärmeren überweisen würde. Wir erleben es oft, dass die besser gestellten Leute bei Problemen in ihren Schulen freiwillig eigenes Geld aufbringen, um es in ihre Schulen zu investieren. Das würden sie auch tun, wenn der Staat ihrer Schule Geld nehmen würde, um ärmere Schulen zu subventionieren. Eltern würden dafür bezahlen, den Unterschied zu erhalten.« Oder sie investieren gleich in

Privatschulen. Eines steht amerikanischen Eltern ständig vor Augen, nämlich dass Bildung, und damit zu einem großen Teil die Schule, darüber entscheidet, ob die eigenen Kinder den sozialen Status der Familie halten können oder ihnen der Abstieg aus der Mittelschicht droht.

Um den sozialen Status in der Mittelschicht zu erhalten oder gar aufzusteigen, ist zumindest ein niedriger Abschluss einer weiterführenden Schule oder Hochschule notwendig. Am Übergang von der Highschool zu einem College aber steht als nächste Hürde eine weitere finanzielle Sorge, weil höhere Bildung in der Regel sehr kostspielig ist. Die einzige Ausnahme sind stark subventionierte, meist lokal organisierte Community Colleges, für die nur geringe oder gar keine Studiengebühren fällig werden. Dafür bieten sie in der Regel nur einen »Associate Degree«. Dessen Wertigkeit liegt unterhalb eines Bachelor Degrees und ist entweder als eine direkte Vorbereitung für den Arbeitsmarkt oder als Grundlage für einen Bachelorstudiengang an einer Universität gedacht. Gut 10 Prozent aller Erwachsenen in den USA beenden ihre schulische Laufbahn mit einem solchen Associate Degree, rund 38 Prozent schaffen mindestens einen Bachelorabschluss.[8]

Universitäten in den USA verlangen allerdings hohe Studiengebühren, die selbst an staatlichen Hochschulen im Durchschnitt 18 000 US-Dollar pro Jahr betragen, bei privaten sind es durchschnittlich 35 000 US-Dollar. Die Durchschnittszahlen spiegeln allerdings nur unzureichend die Realität, denn die Bandbreite ist sehr groß, Eliteuniversitäten verlangen teilweise sehr viel höhere Summen, zu der dann noch die Kosten für Unterkunft, Verpflegung, Bücher usw. kommen. Die große Hoffnung der Eltern ist, dass ihre Kinder eines der vielen Stipendien ergattern, die von den Hochschulen selbst, aber auch von Stiftungen, Unternehmen, Organisationen oder Privatpersonen ausgelobt werden. Sie reichen von einer Pauschale mit einigen Tausend US-Dollar bis zu Vollstipendien, mit denen alle Kosten bis zum Examen abgedeckt sind.

Die Kriterien für solche Stipendien sind höchst vielfältig, vielversprechende akademische Leistungen sind nur ein Aspekt. Talentierte Sportlerinnen und Sportler werden von vielen Hochschulen mit Stipendien angelockt, um die Teams der Universitäten zu verstärken und damit zum Renommee beizutragen. Andere Angebote an Fördergeldern richten sich gezielt an bestimmte Gruppen, um diese zu unterstützen oder für Diversität an den Schulen zu sorgen. So gibt es Stipendien für amerikanische Ureinwohner ebenso wie für Afroamerikaner und Menschen bestimmter Ethnien, es gibt Stipendien speziell für Frauen, Behinderte, Angehörige von Religionsgemeinschaften, Veteranen und aktive Soldaten und viele andere mehr. Jenen, die ein Studium nicht aus eigener Tasche bezahlen können, stehen staatlich garantierte Darlehen zur Verfügung, die verzinst und nach dem Studium zurückgezahlt werden müssen. Um diese Darlehen rankt sich politischer Streit, weil sie für viele Absolventen zum Hindernis beim Start in den Beruf werden können. Außerdem gibt es immer wieder private Hochschulen mit zweifelhaftem Ruf, die anderswo abgewiesene Bewerber aufnehmen, ihnen Darlehen verschaffen und daran sehr gut verdienen. Die Abschlüsse dort sind aber keine wirkliche Investition, auf dem Arbeitsmarkt sind sie wenig wert und verhelfen nicht zu den versprochenen Jobs mit hohen Gehältern.

Ich treffe mich mit einigen Studierenden an der Georgetown University in Washington. Gegründet vom Orden der Jesuiten, ist die Hochschule bis heute in katholischer Trägerschaft und zählt für viele Fächer zu den guten und teuren Universitäten in den USA. Im nationalen Ranking steht sie auf Platz 22, ist damit nicht Elite-, aber Top-Universität.[9] Zahlreiche berühmte Personen aus den USA und dem Ausland führt sie in der Liste ihrer Absolventinnen und Absolventen: Bill Clinton und die frühere US-Außenministerin Madeleine Albright gehören dazu, ebenso der frühere portugiesische Ministerpräsident José Manuel Barroso, der jordanische König Abdullah II., der spanische König Felipe VI. und der frühere sächsische Ministerpräsident Kurt Biedenkopf. Dazu international erfolgreiche Basketballspieler, die während des Studiums das College Team verstärkten, oder Hollywoodgrößen wie Bradley Cooper.

Abigail studiert Kommunikationswissenschaften an der Georgetown University. »Die Studiengebühren für dieses Programm liegen bei 40 000 US-Dollar im Jahr, für dieses zweijährigen Programm bezahle ich also 80 000 US-Dollar«, erzählt sie. Damit liegt sie unter dem Durchschnitt für alle Fachbereiche und Abschlüsse, denn da verlangt Georgetown, Stand Frühjahr 2023, 62 000 US-Dollar. Man muss aber, außer Geld, auch sehr gute Noten mitbringen, um hier zugelassen zu werden, nicht einmal 15 Prozent aller Bewerberinnen und Bewerber bekommen eine Zulassung.

Abigail macht sich wegen des Geldes keine Sorgen, ihren Eltern ist die Ausbildung ihrer Tochter viel wert. »Ich sehe das als eine Investition in mich selbst, Georgetown wird mir helfen, meine Fähigkeiten zu schärfen. Wenn ich in die Arbeitswelt gehe, werde ich Kompetenzen haben, die mich von anderen absetzen«, ist sie sich sicher. Und damit hofft sie auf einen schnellen, erfolgreichen und vor allem gut bezahlten Einstieg in den Beruf. Die Statistik gibt ihr recht: Je höher eine Hochschule im Ranking, desto höher sind die Anfangsgehälter nach dem Examen.

Dass man mit diesen hohen Studiengebühren dafür sorgt, dass niemand mit niedrigem Einkommen den Aufstieg schafft, würde die Universität weit von sich weisen. Im Gegenteil, man fördere bewusst Talente aus unterschiedlichen Schichten, heißt es dort. Ein Beispiel ist der 20-jährige Andy, der es in das schuleigene Stipendienprogramm geschafft hat. »Ich habe großes Glück«, sagt er im Gespräch, »für mich reichen die Stipendien für die Studiengebühren, die Wohnung und die Lebenshaltungskosten.« Er ist mit seinen Eltern als Kind aus El Salvador gekommen. Ein Jurastudium, das er als Nächstes anstrebt, hätte sich die Familie nicht leisten können. Seine Leistungen in der Schule aber waren so gut, dass die Universität ihm alles bezahlt, nur damit er dort sein Examen macht. Jetzt arbeitet er neben dem Studium, obwohl er das finanziell nicht müsste. Er spart das Geld, um damit bei den Studiengebühren seiner jüngeren Geschwister helfen zu können, wenn die so weit sind.

Ein Universitätsstudium als Investition in die Zukunft, in den

USA ist das eben auch eine finanzielle Investition, die vor allem Eltern der Mittelschicht vom Tag der Geburt an beschäftigt. So wie Claude, deren Sohn gerade sein Examen gemacht hat: »Als er geboren wurde, haben wir einfach 18 Jahre in die Zukunft geblickt. Ich hatte ja eine Vorstellung davon, was ein College kosten würde, weil ich selbst studiert habe. Von da an habe ich so viel Geld, wie ich eben konnte, für ihn zur Seite gelegt.« So machen es viele Familien. Der Staat bietet steuerbegünstigte Ausbildungsfonds, man investiert in den Aktienmarkt, um von der Rendite zu profitieren. Der Rest muss dann über Darlehen finanziert werden.

Diese Darlehen sind zu einem wichtigen politischen Diskussionsthema geworden, weil sie Hochschulabgänger für Jahre mit hohen Schulden belasten, die den Start ins Berufs- und Familienleben sehr schwer machen können. Dies vor allem, weil die Einstiegsgehälter häufig sehr viel niedriger ausfallen, als man es beim Beginn des Studiums gehofft hatte. Joe Biden versprach im Wahlkampf 2020, solche Darlehen zu erlassen und neue Wege zu kostenlosen Hochschulabschlüssen zu schaffen. Der Widerstand gegen diese Pläne war und ist groß, auch in der eigenen Partei. Den Plan, allen mit Studiendarlehen bis zu 20000 US-Dollar zu erlassen, machte der Supreme Court zunichte. Durchsetzen konnte er einen einmaligen Schuldenerlass für ehemalige Studierende mit niedrigem Einkommen, die schon über 20 Jahre Raten zahlen. Darüber hinaus wurden die Einkommensgrenzen hinaufgesetzt, sodass für mehrere Tausend Menschen die tatsächlichen Raten auf null fallen.

Breite Unterstützung für einen Schuldenerlass oder kostenlose Universitäten findet die Politik nicht, weil die Mehrheit die Sorge für den eigenen Aufstieg als individuelle Aufgabe versteht, ein Schuldenerlass als ungerecht gegenüber denen verstanden wird, die für ihr Studium arbeiten oder sonst ohne Darlehen auskommen. »Wenn ein Bachelor oder ein Master nichts mehr kostet, dann ist er auch nichts wert, und die Kids strengen sich nicht an«, wird mir immer wieder gesagt. Das ist eine Haltung, die sich auch bei denen findet, die von günstigeren Studiengebühren profitieren würden und im Privaten darüber stöhnen, wie unerschwinglich ein Studium geworden ist. Auch an dieser Frage entzündet sich der Streit darüber, was es heißt, Amerikaner zu sein, und welche Rolle der Staat bei der Bewältigung des Lebens spielen darf.

»Die wichtigsten Sorgen im Alltag sind für Afroamerikaner die gleichen wie für die meisten Amerikaner: gute Bildung, Gesundheit, eine Justizreform und eine sichere Umgebung«, sagt der Politologe Professor Ravi Perry. Ich treffe ihn an der Howard University in Washington, einer 1867 gegründeten traditionsreichen Hochschule für afroamerikanische Studierende. Ravi Perry nennt explizit die Justizreform als ein Thema, das auf den Nägeln brennt. Das sagen Weiße in Umfragen nur selten, auch wenn sie mehrheitlich glauben, dass vor dem Gesetz nicht alle gleich behandelt werden und Reformen überfällig sind. Aber es brennt ihnen nicht auf den Nägeln so wie den Afroamerikanern.

Perry nennt mehrere Faktoren, die den Alltag von Schwarz und Weiß so unterschiedlich machen. Da ist das Einkommen. Es liegt im Mittel bei Afroamerikanern rund 25 Prozent unter dem von Weißen, allerdings mit abnehmender Tendenz. Der Zugang zu guten Schulen ist in vorwiegend Schwarzen Stadtteilen drastisch schlechter als in vorwiegend Weißen, was mit dem oben dargestellten System der Schulfinanzierung zusammenhängt. Schulen in Bezirken mit überwiegend armer Schwarzer Bevölkerung sind vergleichbar schlecht wie in denen mit überwiegend armer Weißer Bevölkerung oder in von armen Latinos bewohnten Stadtvierteln. Wenn es um die Frage eines Jobs geht, bekommt jemand aus einem vorwiegend Weißen Viertel aber noch immer leichter eine Zusage als jemand aus einem Schwarzen Wohngebiet. »Rassismus nach Postleitzahlen« nennt Perry das.

Afroamerikaner stellen die Hälfte aller Mordopfer in den USA, obwohl sie nur 13 Prozent der Bevölkerung ausmachen. Ein weit überproportionaler Anteil der Gefängnisinsassen ist Schwarz, und gegen Afroamerikaner werden bei einer Verurteilung im Durchschnitt erheblich höhere Strafen als gegen Weiße verhängt. Nirgendwo auf der Welt sitzen, bezogen auf die Bevölkerung, so viele Menschen im Gefängnis wie in den USA. Der Anteil der Afroamerikaner liegt dabei weit über ihrem Anteil an der Bevölkerung, nämlich bei knapp 39 Prozent, während Schwarze, wie gesagt, 13 Prozent der Bevölkerung stellen.[10] Bei jungen Männern unter 25 sind sogar 41 Prozent der Gefängnisinsassen Schwarz,[11] auch wenn der Abstand zu Weißen Insassen seit etwa 2015 abnimmt. Über die Gründe wird politisch gestritten. Vor allem die Frage nach der individuellen Verantwortung für den Weg ins Gefängnis gerät dabei leicht zum Rassismusvorwurf. Auf der anderen Seite steht die These, dass systemischer Rassismus für Lebensumstände sorgt, die Afroamerikanern Chancen auf ein Leben in ökonomischer Sicherheit erschwert und deshalb die Wahrscheinlichkeit für Konflikte mit dem Gesetz steigt. Ein wichtiger Hinweis dafür ist, dass Gewalt in sozialen Brennpunkten viel weiter verbreitet ist als in gut situierten Wohngebieten. Das gilt auch für Brennpunkte mit Weißer Bevölkerung, aber die Wahrscheinlichkeit, als Afroamerikaner in einem solchen Brennpunktbezirk zu Hause zu sein, ist größer. James Williams aus Camden in New Jersey kümmert sich um Jugendliche in einem sozialen Brennpunktgebiet seiner Stadt. In einer Dokumentation erzählt er seine eigene Geschichte dort und schildert den heutigen Alltag.[12] »Die wichtigste Quelle für Arbeit und Einkommen in Camden ist leider der Drogenhandel«, erzählt er. Drogen aber, so unterstreicht Ravi Perry, sind für die Justiz nicht gleich Drogen: »Wenn du Weißer bist, nimmst du wahrscheinlich eher Kokain als Crack, das vor allem von Schwarzen konsumiert wird. Wenn du aber mit Crack erwischt wirst, bekommst du viel höhere Strafen als für Kokain«, obwohl beides aus den gleichen Grundstoffen hergestellt wird.

»Unser Justizsystem ist eine Pipeline, die Menschen von unterfinanzierten schlechten Schulen in überfüllte Gefängnisse transportiert«, sagte Barack Obama über eine Justizreform, die er während seiner Amtszeit anstieß. Dieses Projekt war eines der wenigen Anliegen Obamas, die Donald Trump in seiner Amtszeit aufrechterhielt und vorantrieb. Es ging vor allem darum, die Ursachen zu bekämpfen, beginnend mit den Schulen. James Williams über seine Schule: »Meine alte Highschool hat im Ranking 2 Leistungspunkte von möglichen 100. Wenn man also über Chancen redet, dann gibt es keine. Viele der jungen Leute versuchen dann auf der Straße, ihren Lebensunterhalt zu verdienen, einfach, um satt zu werden.«

Die Folgen sind drastisch, so Ravi Perry, es geht schlicht ums Überleben. »Ich lebe östlich des Potomac, in einer Schwarzen Nachbarschaft. Die Lebenserwartung der Kinder, die ich da zur Schule gehen sehe, ist weitaus geringer als die der Kinder in diesem Viertel hier«, und meint den zunehmend gentrifizierten und teuer gewordenen Bezirk in Washington, in dem die Howard University beheimatet ist.

Das kann man konkret machen. Wenn ein Sohn in eine afroamerikanische Familie geboren wird, dann ist die größte Sorge, ihn unbeschadet erwachsen werden zu sehen. Jeder dritte Schwarze Junge verbringt bis zum 25. Lebensjahr eine Zeit im Gefängnis oder kommt ums Leben. 53 Prozent aller Mordopfer mit einer Schusswaffe sind afroamerikanische Männer, sie sind 14-mal so gefährdet wie Weiße Männer. Junge Schwarze Männer zwischen 15 und 34 Jahren machen gerade 2 Prozent der Bevölkerung aus, aber 37 Prozent aller Mordopfer durch Schusswaffengebrauch.[13] Auf der anderen Seite sind über 50 Prozent der verhafteten Tatverdächtigen für Mord oder Totschlag Schwarz.[14] Die Diskussion über diese Zahlen wird politisch um die Frage geführt, ob individuelle Verantwortung oder die Folge systemischen Rassismus die Ursache darstellt.

Seit Mai 2020 hat die Auseinandersetzung um Gerechtigkeit im Justizsystem und Rassismus bei der Polizei eine neue Dimension und eine neue Brisanz bekommen. »Ohne Gerechtigkeit kein Friede«, skandierten die Menschen zunächst in Minneapolis, dann in Städten des ganzen Landes. George Floyds Tod, ein Afroamerikaner erstickt unter dem Knie eines Weißen Polizeibeamten, wirkte wie der berühmte Tropfen, der ein Fass zum Überlaufen bringt. »Wir müssen Druck auf unsere Regierung und die Bürgermeister ausüben. Und hoffentlich ändern sie etwas, denn sie sehen noch nicht, dass ihr Handeln nicht ohne Konsequenzen bleibt«, sagen mir aufgebrachte Demonstranten ins Mikrofon. Genug sei genug. Schwarzes Leben sei so viel wert wie Weißes, »Black Lives Matter«. Sie fordern mehr als eine Polizeireform, weil die nichts ändere, sondern die gleichen ungerechten Strukturen mit einem neuen Namen erhalte. Ein bisschen weiße Salbe auf eine riesige Wunde. Ihre Forderung ist radikal, »defund the police«, nehmt der Polizei ihr Geld, was bedeuten soll, das Polizeisystem mit ihren lokalen Strukturen, häufig schlechter Ausbildung und rassistisch denkenden Polizisten ganz abzuschaffen und von Grund auf neu aufzusetzen. Sie fordern eine Reform der Justiz, Gesetze, die Schwarze nicht mehr härter bestrafen. Sie fordern das Ende von Alltagsdiskriminierung, dass Schwarze Schulen, Schwarze Gesundheitszentren, Schwarze Wohngebiete, Schwarze Lebenswirklichkeit so gut und so wichtig werden wie die von Weißen.

Das Land war 2020 aufgewühlt, die Politik reagierte ebenso wie Behörden und Unternehmen, die auf die Schnelle Programme für Diversität auflegten, um dem Vorwurf des Rassismus zu entgehen. »Diese Proteste, den Schmerz, sehe ich nicht nur in Virginia, sondern im ganzen Land. Jetzt ist die Zeit, den Heilungsprozess zu beginnen«, sagte der damalige demokratische Gouverneur von Virginia, Ralph Northam. So wie bei ihm schien eine Welle der Erkenntnis durch die liberalen Kreise der Republik zu gehen. Es musste etwas getan werden. Gleichzeitig schreckten Plünderungen, Brandstiftung und Straßenschlachten ab.

Viele Weiße, die eigentlich Sympathie für die Forderungen mitbrachten, wandten sich ab, weil sie sich plötzlich vor der Situation sahen, dass sich ihr Alltag verändern könnte. Es ging plötzlich nicht mehr darum, allen die gleichen Chancen und gleichen Zugang zu Jobs, Gesundheitsversorgung, guten Lebensmitteln oder Schulen im bestehenden System zu verschaffen. Jetzt stand die Realität der amerikanischen Gesellschaft insgesamt auf dem Prüfstand, und eine neue Ordnung könnte Verzicht bedeuten, könnte eigene Gewohnheiten und den eigenen Alltag auf den Kopf stellen. Vor allem Angst vor mehr Gewalt und die Sorge um die eigene Sicherheit machte sich unter der Weißen Mittelschicht breit. Das Land befand sich mitten im Wahlkampf und auf dem Höhepunkt der Corona-Pandemie. Die Verunsicherung, die sich im Land breitmachte, spiegelte sich sofort im Wahlkampf. Donald Trump fokussierte seine Kampagne auf das Thema Gewalt und Kriminalität und identifizierte Joe Biden mit einer Zukunft, die für die Weiße Mittelschicht Chaos, Einbußen und den Verlust von Sicherheit bedeutet. »Wenn Biden gewinnt, gewinnt der Mob. Dann gewinnen die Aufständischen, Brandstifter, Anarchisten und Flaggenverbrenner«, twitterte er und punktete bei den verunsicherten Weißen in den Vorstädten, allerdings ohne dass es am Ende für eine Mehrheit reichte.

Joe Biden auf der anderen Seite wollte nicht nur auf Forderungen wie eine Polizeireform eingehen, sondern versuchte erfolgreich mit einem weitergehenden Konzept afroamerikanische Wähler zu überzeugen. »Außer dass wir das Justizsystem besser und fairer machen, müssen wir Schwarze in die Position bringen, Vermögen aufzubauen.«

Dazu gehören für Biden der leichtere Zugang zu Hypothekendarlehen für Afroamerikaner und die Förderung von Unternehmensgründern mit Krediten. Denn tatsächlich ist es bis heute so, dass Start-ups von Afroamerikanern größere Hürden bei Banken überwinden müssen als Unternehmen von Weißen. Schwarze bekommen schwerer Hypotheken für den Kauf eines Hauses und zahlen oftmals höhere Zinsen, weil Banken das Verlustrisiko höher ansetzen. Besonders eklatant ist die unterschiedliche Behandlung bei Schwarzen Farmern, die für die Zwischenfinanzierung des Saatguts bis zur Ernte erheblich höhere Kreditkosten haben als ihre Weißen Kollegen, die eben auch Konkurrenten sind. Für Joe Biden ist der Ansatz, Menschen in die Position zu bringen, eigenes Vermögen aufzubauen, entscheidend für eine Veränderung der Lebensumstände und der Sicherheit im Alltag. Es geht ihm nicht um Geld allein, sondern er sieht den Auftrag ganzheitlich als langen Prozess, der mit der Bildung beginnt.

Wenn man Menschen in die Situation versetzt, im Laufe ihres Lebens Vermögen aufbauen zu können, so die These, ändert das alles. Kurzfristig sorgt Vermögen für Sicherheit im Alltag, weil nicht schon kleine unvorhergesehene Ausgaben das Leben aus der Bahn werfen. Langfristig bedeutet Vermögen in einer Generation aber auch Erbmasse für die nächste und damit bessere Startbedingungen für die Kinder. Ganz entscheidend aber ist Vermögen für die Würde, mit der jemand seinen Lebensabend gestalten kann. »Wird meine Rente reichen? Werde ich im Alter vielleicht arm sein, auch wenn ich mein ganzes Leben hart gearbeitet habe?« Das ist eine zentrale Alltagssorge, die die allermeisten Amerikanerinnen und Amerikaner umtreibt, so wie die Themen Schule und Krankheitskosten. Interessant ist, dass viele Amerikaner die Sorge um den Lebensstandard im Alter sehr viel mehr bedrückt und aktiv werden lässt, als das in Deutschland der Fall ist, obwohl die Situation amerikanischer Rentnerinnen und Rentner sehr vergleichbar ist mit der von Ruheständlern in Deutschland. Aber weil sich Amerikaner so sehr Sorgen machen, stößt man bei Gesprächen in Deutschland häufig auf die Haltung, dass »die Amerikaner ja keine staatliche Rente haben und allein für sich selbst sorgen müssen«.

Das stimmt so nicht, denn Rentenbeiträge und staatliche Rente in den USA sind in der Höhe vergleichbar mit den Bedingungen in Deutschland. Ein amerikanischer Durchschnittsverdiener kann mit etwa 45 Prozent seines letzten Einkommens rechnen, wenn er heute mit knapp 66 Jahren in Rente geht. Das offizielle Rentenalter steigt auch in den USA langsam bis auf 67, was beim Geburtsjahrgang 1960 erreicht sein wird, also etwas früher als in Deutschland. Geht man früher in Rente, gibt es Abzüge, arbeitet man länger, kann man bis 70 seine Rente weiter steigern. Zum Vergleich: Bei einem kontinuierlichen Arbeitsverlauf bekommt jemand mit heute 60 000 Euro Einkommen in Deutschland oder der gleichen Summe in US-Dollar in den USA etwa 1700 US-Dollar bzw. Euro Rente.[15] Voraussetzung ist natürlich, dass man Jobs hatte, bei denen man auch Rentenbeiträge abgeführt hat, was viele Selbstständige ohne staatliche Rente dastehen lässt, so wie das auch in Deutschland der Fall ist. Wer seinen Lebensstandard im Alter erhalten möchte, muss privat vorsorgen, das gilt in den USA ebenso wie in Deutschland. Die Bedingungen dafür sind allerdings unterschiedlich.

Die früher üblichen Betriebsrenten gibt es in den USA nur noch selten, die meisten Unternehmen haben ihre betriebliche Altersversorgung in kapitalgedeckte Pensionsfonds oder Lebensversicherungen ausgelagert. Mehrere große, an bestimmte Unternehmen gebundene Pensionsfonds, auf die Menschen gebaut hatten, sind in den letzten Jahren in Konkurs gegangen, und die Rentner gehen leer aus. Weil Amerikaner häufig den Arbeitgeber wechseln, spielen Betriebsrenten insgesamt eine kleine Rolle. Der Staat fördert private Vorsorge durch sogenannte 401K-Konten und einige andere Programme. Anders als bei der weitgehend gescheiterten Riester-Rente in Deutschland sind Amerikaner sehr viel freier, in Aktien, Fonds oder andere Sparformen zu investieren. Einlagen werden steuerlich gefördert, aber man trägt das Risiko des eigenen Investments selbst. Viele Vermögensberater und Banken bieten ihre Dienste an, anders als bei der Riester-Rente ist man daran aber nicht gebunden, sondern kann, verbunden mit einigen Regeln, auch ganz eigenständig und ohne hohe Gebühren mit Fonds, Aktien und anderen Investitionen handeln, solange das Geld zweckgebunden bleibt. Das bietet über lange Zeiträume große Chancen auf Rendite, birgt aber auch die Gefahr eines Totalverlusts, wenn man unklug investiert oder schlicht Pech hat. Realität ist aber auch, dass ein Drittel der Amerikaner bei Renteneintritt nichts gespart hat oder mit Schulden in den Ruhestand geht. Die wichtigste Sicherheit für amerikanische Rentner ist die kostenlose Krankenversicherung, die man mit dem Rentenalter bekommt, auch wenn man weiterarbeitet.

»Meine Frau und ich sind sehr sparsam. Wir haben beide gearbeitet und haben von Anfang an sehr konsequent gespart. Wir sind nicht reich, aber wir kommen gut zurecht und müssen uns keine Sorgen machen, nächste Woche etwas zu essen zu haben«, erklärt mir Jim, der früher als angestellter Arzt im Krankenhaus gearbeitet hat und mit einer staatlichen Rente, dem geförderten 401K-Konto für private Vorsorge und den Familienersparnissen ganz gut lebt. Das gilt für viele wie ihn, die als Teil der Mittelschicht ausreichend verdient haben und das notwendige Maß an Bildung und Disziplin mitbringen, eine finanzielle Lebensplanung über mehrere Jahrzehnte zu realisieren. Dieses positive Beispiel ist nicht unbedingt typisch. Typisch aber ist, dass sich Amerikaner schon sehr früh damit auseinandersetzen, wie sie ihren Lebensabend finanzieren wollen und im Idealfall vom ersten Arbeitstag an dafür sparen. Das ist nicht einfach, sagt der 50-jährige Ryan. Er habe erst jetzt angefangen, ein bisschen spät, aber er habe eben in jungen Jahren kein Geld übrig gehabt und deshalb die Vorsorge aufgeschoben. »Du musst acht unterschiedliche Investitionen haben, um sicherzustellen, dass deine Ersparnisse richtig angelegt sind«, klagt er, weil er sich damit überfordert sieht. Um Menschen wie ihn kümmert sich eine riesige Finanzindustrie mit Investmentprodukten aller Art und lebt davon sehr gut. Und alle versprechen in ihrer Werbung den besten Weg zu einem sorgenfreien Leben im Alter und verschweigen dabei oftmals die Risiken. »Das meiste ist an den Aktienmarkt gebunden, und wenn der einbricht, verlieren manche Menschen alles«, sagt Ryan und meint damit sich selbst. Er hat Angst, dass das jetzt noch mühsam angesparte Geld weg sein könnte, wenn der Aktienmarkt genau dann nachgibt, wenn er das Geld braucht. Deshalb vertraut er einem Finanzberater und zahlt eine Gebühr dafür, dass er sich nicht am Ende selbst verantwortlich machen muss, wenn es schiefgeht.

Das beschäftigt alle, ist Gesprächsthema, wohin man kommt, die Sorge um das richtige Timing, die richtige Mischung von Investitionen. Es ist die Sorge und Wirklichkeit für eine gut ausgebildete, gut verdienende Mittelschicht. Auf das ganze Land gesehen aber kann das Alter leicht eine Zeit der Armut werden. »Wenn man sich die Statistik anschaut und sieht, wie viel sie für die Rente sparen, dann ist das schrecklich. Sie sind einzig auf die staatliche Rente angewiesen und können damit überhaupt nur ihre wichtigsten Kosten abdecken«, meint Jim, der ein bisschen stolz darauf ist, dass er die Selbstdisziplin aufgebracht hat, schon früh an seine Altersvorsorge zu denken.

Die Realität des amerikanischen Alltags gibt ihm allerdings recht, was seinen pessimistischen Blick in die Zukunft angeht. In den USA kann niemand damit rechnen, dass am Ende der Staat einspringt und hilft, so wie sie in Deutschland absehbar ist, wenn die Folgen der Rentenreform aus der Regierungszeit von Gerhard Schröder auf breiter Front greifen und Altersarmut immer alltäglicher wird. Ideen wie ein Grundeinkommen oder eine Mindestrente stehen als offensichtliche Umverteilung außerhalb amerikanischer Vorstellung. Der Gedanke der individuellen Verantwortung für das eigene Schicksal bleibt ein zentrales Moment der Geschichte des Landes und wird deshalb von vielen weiterhin als Teil der amerikanischen Identität betrachtet. Versuche im linken Flügel der Demokraten, eine größere Vorsorgepflicht des Staates zu etablieren, scheitern regelmäßig und werden leicht als »sozialistisch« diffamiert und abgetan.

Die Folgen von Altersarmut bei Menschen des Mittelstandes, die ihr ganzes Leben gearbeitet habe, sind in den USA heute schon deutlich sichtbar. Dabei meine ich nicht die Extreme von Obdachlosigkeit oder Sozialhilfe mit Lebensmittelmarken. Gemeint sind die Senioren, die bis ins hohe Alter arbeiten, sei es in Restaurants, an der Kasse, in der Fabrik, weil es eben nicht reicht. Immer wieder ist es mir passiert, dass über 70-jährige Männer meine Koffer am Flughafen aufs Gepäckband legen. Ihre Rente reicht nicht, weil sie nicht sparen konnten, weil ein Schicksalsschlag die Lebensplanung aus den Angeln gehoben hat oder die eigenen Kinder nicht auf eigenen finanziellen Beinen stehen können und auf Hilfe angewiesen sind. Gründe gibt es viele und sei es schlicht, dass bei der Frage, ob man eher die Gegenwart genießen will oder für das Alter vorsorgen, die Entscheidung für die Gegenwart fiel.

»White Anxiety«

Die Angst der Weißen und das Gefühl, abgehängt zu sein

Schwarz-weiße Polizeiautos über mehrere Kilometer, dicht an dicht nebeneinander geparkt. »Mauer aus Stahl« nennt der texanische Gouverneur Greg Abbot dieses Aufgebot entlang des Rio Grande an der Grenze zu Mexiko. Für den konservativen Republikaner ist dieser Tag eine wunderbare Gelegenheit, den amerikanischen Präsidenten Joe Biden vorzuführen, ihn als hilflosen Zauderer darzustellen, der die wahren Probleme der USA nicht anpackt. Sich selbst präsentiert er bei der Gelegenheit als Macher, der die Dinge in die Hand nimmt, um Amerika und seine gesetzestreuen Bürger zu schützen, während sich die demokratisch geführte Regierung seiner Ansicht nach in Washington von den Linken in der Partei in politische Geiselhaft nehmen lässt.

Es ist September 2021, und in der Nähe der texanischen Grenzstadt Del Rio campieren etwa 15 000 Menschen unter einer Brücke, die hygienischen Verhältnisse sind katastrophal. Die meisten Migranten stammen aus Haiti, sind nach dem großen Erdbeben erst nach Südamerika geflohen und versuchen nun in die USA zu kommen. Der Fluss hat Niedrigwasser, sie können einfach durchwaten. Nun gibt es kein Weiter, zurück wollen sie nicht. Videos von Grenzbeamten auf Pferden, die einzelne Migranten zurück nach Mexiko drängen, schrecken das Land auf. Aber Abbot macht dicht und kreiert dabei symbolträchtige Bilder, die ebenfalls um die Welt gehen. Bilder, die für entsetzte Kommentare auf der einen und gleichzeitig viel Beifall auf der anderen Seite sorgen.

Ähnliche Szenen wiederholen sich seitdem immer wieder, Joe Biden gerät immer mehr unter Druck, die Grenze für Migranten dicht zu halten. Allein im Jahr 2022 versuchten mehr als 2,7 Millionen Menschen[1] über die Grenze zu Mexiko in die USA zu kommen, sei es als Asylbewerber oder indem sie heimlich den lebensgefährlichen Weg über den Fluss und durch die Wüste gingen. Das waren bis zu vier Mal so viele Migranten wie in den Jahren der Amtszeit von Donald Trump.

Joe Biden hielt lange an einigen der von Trump eingeführten Maßnahmen fest, hat an anderer Stelle die Regeln für Asylbewerber verschärft, um dem politischen Druck wegen dieser Zahlen auszuweichen. So müssen die Menschen jetzt ihren Antrag im Ausland stellen, müssen über eine App Termine bei der Einwanderungsbehörde vereinbaren, bevor sie an die Grenze kommen. Im März 2023 brannte auf der mexikanischen Seite der Grenze gegenüber der amerikanischen Stadt El Paso eine Flüchtlingsunterkunft nieder. 38 Menschen starben, weil verzweifelte Migranten Feuer legten, aus Angst vor ihrer Abschiebung und als Protest dagegen, dass die Chancen, legal oder illegal in die USA zu kommen, schwinden.

Abbot knüpft mit seiner Politik ebenso wie mit seiner Sprache beim früheren Präsidenten Donald Trump an, dessen politische Haltung er immer unterstützt hat. Eine Mauer zu Mexiko bauen zu wollen, war von Anfang an Trumps Wahlkampfschlager, der Markenkern, der entscheidend mit dazu beitrug, ihn ins Weiße Haus zu bringen. Wo immer Trump während seiner Amtszeit auftrat, skandierten Menschen »Build That Wall!«, bau diese Mauer. Während der Grenzkrise, da war Trump längst nicht mehr im Amt, fuhr er mit Greg Abbot zum Rio Grande, um »unsere so geschwächte südliche Grenze« zu besichtigen. Diesem Besuch wurde damals doppelte Symbolkraft beigemessen, vor allem weil Abbot zu dem Zeitpunkt als möglicher Präsidentschaftskandidat galt. Abbot erhielt damit den Segen des Mannes, der da noch immer die Republikanische Partei fest im Griff, sich selbst aber nach der Niederlage noch nicht für eine zweite Amtszeit ins Spiel gebracht hatte. Der Gouverneur empfahl sich als derjenige, der die USA schützt und dafür sorgt, dass die amerikanischen Werte erhalten bleiben und die Entscheidung darüber, wer hier leben darf, weiterhin in der Hand der amerikanischen Behörden bleibt.

Gut 750 Kilometer Grenzbefestigungen wurden während Trumps Amtszeit an der Grenze zu Mexiko gebaut, so gut wie nirgends als Mauer, sondern meist als sechs bis zehn Meter hoher Stahlzaun. Über 700 Kilometer dieses Zauns dienten allerdings dazu, vorhandene Grenzsperren zu erneuern oder zu modernisieren. Im Ergebnis hat sich mit dem gewaltigen finanziellen und kommunikativen Aufwand für die »Mauer« an der Grenze indes nicht viel geändert.

Joe Biden beendete das Projekt mit seinem Amtsantritt, musste im Oktober 2023 aber einen Rückzieher machen, so groß war der Druck auch aus der bürgerlichen Gesellschaft geworden. Damit schien Biden zugegeben zu haben, aus ideologischen Gründen ein sinnvolles Projekt Donald Trumps zerstört zu haben. Bei der konservativen Wählerschaft bleibt »Build That Wall« nach wie vor eine griffige Forderung, die alles umfasst, was sie als Schutz für ihr Amerika erwarten und verlangen, auch losgelöst von der Person Donald Trump.

»The Wall« ist der Schutzwall gegen Veränderung, gegen die Auflösung traditioneller Werte. Auch wenn es in der Sache um die Grenze zu Mexiko geht, bildet die Mauer eine Art psychologischen Schutz des ländlich geprägten Lebens gegen die Übermacht des liberalen Urbanen. Abbots Polizeiautos sind die moderne Wagenburg, mit der sich die Siedler gegen Angriffe schützen. Diese Siedler auf dem Weg nach Westen bilden im Gründungsmythos der Nation den Kern des freien und selbstbestimmten Amerika, in deren Nachfolge sich die konservative Weiße Mittelschicht auf dem Land sieht. Diese Tradition hält sie für bedroht und wählte mit Trump denjenigen, der ihnen die Wagenburg versprach und auch baute. Der Texaner Greg Abbot knüpfte daran an, errichtete auf die Schnelle Zäune, und unaufgefordert trafen Hunderttausende Dollar an Spenden dafür ein.

Unmittelbar vor der Präsidentschaftswahl 2020 verbringe ich für eine Reportage einige Zeit bei einer Familie im ländlichen Süden der USA, in einem kleinen Ort an der Grenze von Alabama zu Nordwest Florida. Ruth, Dan, seine Mutter Vivian und die drei Söhne sind glühende Verehrer des damaligen Präsidenten Donald Trump. Für sie ist der politische Quereinsteiger das Beste, was Amerika je passiert ist, womit sie meinen, dass er das Beste sei, was ihnen persönlich passieren konnte. Endlich habe das Land wieder einen Präsidenten, der den amerikanischen Patrioten nicht nur in Sonntagsreden vor sich herträgt, sondern dem Land und den Menschen, die für dieses Land stehen, Respekt, Ehre und die angemessene Bedeutung zurückgegeben habe. Mit den Einwanderern habe das nur am Rande zu tun, sagt die damals fast 90-jährige Vivian, die inzwischen verstorben ist. Die neuen Einwanderer heute spiegelten nur, was im ganzen Land passiere. Niemand respektiere mehr, was wirklich Amerika sei, wer dieses Land aufgebaut habe, welche Werte mit dem Namen verknüpft seien. Sie habe nichts gegen Einwanderer, betont Vivian immer wieder, schließlich stammten ja alle irgendwie von Einwanderern ab. Das Land benötige Arbeitskräfte, müsse wachsen. Aber Einwanderung müsse legal erfolgen und geregelt sein, über den Rio Grande zu schwimmen oder in Texas über den Zaun zu klettern, illegal zu leben und das womöglich auf Kosten des Staates, das gehe nicht. »Wenn man in unser Land kommt, sollte man irgendetwas können, nicht nur Almosen wollen.« »Was kann ich tun, um euer Land besser zu machen? Ich möchte Teil von dem werden, was ihr anbietet, sollen sie fragen«, sagt Ruth. »Und genau das tun die Einwanderer heute nicht mehr«, beklagt sich ihre Schwiegermutter. Früher seien die Menschen ins Land gekommen, weil sie so werden und leben wollten wie die Amerikaner. Sie waren gekommen, um ihr altes Leben aufzugeben, ein neues zu beginnen. Sie lernten Englisch, übernahmen die amerikanische Lebensweise, die Feiertage, den Patriotismus, den Sinn für Familie. Manche änderten sogar ihren Namen, um sich besser in ihre neue Heimat zu integrieren. »Weißt du«, sagt Vivian im Interview, bei dem sie ein blau-rotes Trump-T-Shirt trägt, »früher kamen die Menschen hierher und sagten: ›Wie schön es hier ist, hier will ich leben und werden wie ihr!‹ Heute kommen sie und sagen: ›Wie schön es hier ist, hier will ich leben und so bleiben, wie ich bin!‹«

Was der Familie aber eigentlich zu schaffen macht, ist ihre Wahrnehmung, dass ihr gültig geglaubtes und auf Dauer angelegtes Amerikabild von einem immer größer werdenden Teil der Bevölkerung nicht mehr akzeptiert wird; sie selbst würden sagen, »von einer lauten und mächtigen Minderheit«. Da steht die Familie stellvertretend für die konservative, weit überwiegend weiße, republikanische Wählerschaft im vorwiegend ländlichen Amerika, die sich seit Jahren vernachlässigt und an die Seite gedrängt fühlt. »Fremd im eigenen Land« ist so ein Satz, der immer wieder fällt. Denn ein Gefühl ist beherrschend und prägt die Diskussionen: Sie hier auf dem Land werden von denen in den großen Städten entlang der Küsten nicht mehr ernst genommen. Sie sehen ihre Werte von einer macht- und geldgierigen unheiligen Allianz aus Politik, Wirtschaft und Medien als provinziell lächerlich gemacht, sich selbst als »Hillbillys«, als Hinterwäldler, verunglimpft. »Die in den Städten sind ganz anders. Die haben andere Vorstellungen davon, was für ein Land dies ist, was Amerika bedeutet. Die Mitte, *Mainstream America,* wozu ich gehöre, denkt ganz anders. Wir unterstützen andere Dinge«, sagt Dan.

Unterschiede zwischen Stadt und Land wären nicht so schlimm und völlig normal, aber neben der Entfremdung erlebt er dies eben nicht mehr als Unterschied, sondern zunehmend als Abwertung. Vor allem die Medien vermittelten eine urbane Lebenswelt, die nicht die seine und vor allem nicht repräsentativ sei. Minderheiten und deren Anliegen würden zum alleinigen Maßstab gemacht, in den Medien fänden nur noch extreme Lebensweisen und Weltbilder statt. Auch das wäre nicht schlimm, wenn Menschen wie er nicht zum Abschaum abgestempelt werden würden: »Sie stellen sich in diesem Land über andere Amerikaner. Und dagegen wehren wir uns.«

Darin steckt viel Verbitterung, viel Enttäuschung, denn es geht an den Kern. Es geht an die eigene Position in der Gesellschaft, an die eigene Identität. Es geht an das, was einmal als unumstößlich empfunden wurde, an das, was für Dan Amerikaner-Sein ausmacht. »Wir glauben daran, dass wir das Recht auf Arbeit haben, das Recht, stolz zu sein auf das, was wir tun und haben. Wir wollen Menschen und anderen Ländern helfen, die in Not sind. Wir glauben, dass wir unsere Religion ausüben dürfen und sagen, was wir denken. Und wenn wir das wollen, auch Schusswaffen besitzen.«

Diese Menschen haben mehr und mehr das Gefühl, dass ihnen die urbane Gesellschaft alle Rechte nehmen will, ihre Freiheiten. Allem voran die Freiheit, sagen zu können, was sie für richtig halten.

Und dann kam Donald Trump. Seine Botschaft: Ihr seid die wahren Amerikaner. Ihr steht für das, was Amerika ausmacht. Ihr seid die wahre Elite dieses Landes, nicht diejenigen, die sich dafür halten: »Ich sehe die ständig, die sind keine Elite, ihr seid die Elite. Ihr seid die Super-Elite.« Sein Versprechen: Er werde den Sumpf dieser selbst ernannten Elite austrocknen und vor allem: Politisch korrekte Sprache werde er ignorieren. Denn die sei nichts als ein Instrument, die wahren Amerikaner mundtot zu machen. Dies ist auch so ein Satz, der bei vielen Gesprächen am Rande von Trumps Veranstaltungen immer wieder fiel: »Er hat keine Angst, die Wahrheit zu sagen. Er spricht unsere Sprache. Endlich einer, der ausspricht, was wir denken, was die schweigende Mehrheit denkt.« Und wenn er sagt »Make America Great Again«, dann ist das nicht nur nach außen gerichtet, sondern vor allem nach innen. Der Satz stärkte jene, die sich auf die Verliererstraße abgedrängt gesehen haben.

Auf der anderen Seite: Hillary Clinton, die im Wahlkampf 2016 mit einer einzigen Aussage die Menschen hier auf dem Land massiv vor den Kopf stieß. Trumps Anhänger seien nichts als ein »basket of deplorables«, ein Haufen bedauernswerter Menschen. Der Satz habe furchtbar viele Leute abgeschreckt, sagt Vivian. Die Demokraten, die sie früher alle gewählt hätten, seien eine Partei des Volkes gewesen, doch die hätten sich so weit wegbewegt, seien zum Spielball linker Gruppen geworden, die die Werte Amerikas zerstören wollten. Donald Trump habe in ihren Augen die Republikaner mit harter Hand zu genau dem gemacht, was ihnen gefehlt hatte, sie seien jetzt die Partei des Volkes, ihre Partei.

Dan und seine Familie sagen mit tiefer Überzeugung, dass sie nicht radikal seien, das seien andere. Sie seien immer gute Bürger der Mitte gewesen, hätten immer an die Werte Amerikas geglaubt, hätten immer hart gearbeitet, gingen zur Kirche, glaubten daran, dass Amerika ein besonderes und auserwähltes Land sei. Sie glauben an die Demokratie und die Freiheit des Einzelnen, daran, dass jeder das Recht auf Respekt und Freiheit habe. Aber dafür interessiere sich die etablierte Politik nicht, interessiere sich überhaupt nicht für sie, beschimpfe sie allenfalls als Rassisten und Homophobe. Das seien sie nicht, im Gegenteil. Sie kämen mit allen gut aus, arbeiteten ja mit Menschen aus unterschiedlichen Kulturen zusammen und hätten schwule Freunde.

Diese große Frustration unter vorwiegend Weißen Männern und Frauen des unteren Mittelstandes reichte 2016 aus, um sie in einen politischen Sieg umzumünzen. Es gab genügend von ihnen, denen Donald Trumps »ihr« gegen »die anderen« die Hoffnung vermittelte, ihre verloren gehende gesellschaftliche Position zu erhalten. Die bewusste Spaltung des Landes und der strategische Einsatz von Identitätspolitik sind bis heute politische Triebfedern geblieben. Die Frage, zu welchem Amerika man gehört und welche kulturellen Werte man damit verknüpft, prägte die Kongresswahlen 2022, entschied sie allerdings nicht.

Während der Vorwahlen für den Kongress im Frühjahr 2022 schien es noch so, als beherrsche Donald Trump die Republikanische Partei von seinem Golfklub Mar-A-Lago in Florida aus. Seine ihm loyalen Kandidatinnen und Kandidaten eroberten die Wahllisten der Republikaner, verloren dann aber bei der Wahl selbst. In der Folge büßten die Demokraten zwar knapp die Mehrheit im Repräsentantenhaus ein, bauten gleichzeitig aber ihren minimalen Vorsprung im Senat aus. Die Angst, Joe Biden werde in der zweiten Hälfte seiner Amtszeit zur machtlosen »Lame Duck«, stellte sich als grundlos heraus. Der Grund, so zeigten Wahlanalysen, war nicht die Beliebtheit des Präsidenten Biden, sondern die

Fähigkeit der Demokraten, gegen Donald Trump zu mobilisieren. Der war der eigentliche Verlierer der Zwischenwahlen und bekam den Nimbus des »Losers«, des Verrückten, der mit zweifelhafter Personalauswahl die Partei in den Ruin zu treiben droht. Gegen die Stimmung bei einem großen Teil der Kernwählerschaft drängte die Parteiführung den scheinbar unangreifbaren Ex-Präsidenten an die Seite. Sie positionierte gezielt andere Kandidatinnen und Kandidaten für einen Vorwahlkampf gegen Trump, verletzte die Konvention, dass sich ein Präsident nicht im innerparteilichen Vorwahlkampf durchsetzen muss. Erfolglos, wie es bei Redaktionsschluss dieses Buches scheint. Donald Trump führt in allen Umfragen die Kandidatenliste an, trotz der gegen ihn laufenden Strafverfahren. Das gibt ihm auch die Möglichkeit, wieder die Agenda zu bestimmen.

Aber der Vorwahlkampf ist lang, und in der Vergangenheit haben die ersten beiden Abstimmungen in Iowa und New Hampshire Überraschungen gebracht und Umfragen im Vorfeld wertlos gemacht. Barack Obama gewann im Januar 2008 überraschend in Iowa, und die gesetzt geglaubte Hillary Clinton landete nur an dritter Stelle. Am Ende war es Obama, der für die Demokraten ins Weiße Haus zog. Anders 2016, als Joe Biden in Iowa und New Hampshire überraschend verlor und später das Feld von hinten aufrollen musste.

Bei den Republikanern schien Ron DeSantis, der Gouverneur von Florida, lange Zeit Trumps aussichtsreichster Gegner für 2024. Bei Redaktionsschluss liegt er auch noch auf Platz zwei in den Umfragen, aber mit Vivek Ramaswamy schiebt sich ein politischer Newcomer an ihn ran. Dem 38-jährigen Unternehmer indischer Abstammung trauen manche die große Überraschung für 2024 zu. Ebenfalls noch im Feld sind Trumps Vizepräsident Mike Pence, der die meiste politische Erfahrung mitbringt, aber für den Kern der Trump-Anhänger nicht wählbar ist. Sie werfen ihm vor, Bidens Bestätigung im Kongress nicht verhindert zu haben. Bleibt Nikki Haley, ehemalige Gouverneurin von South Carolina und Trumps frühere Botschafterin bei der UNO.

Alles deutet darauf hin, dass auch für die Präsidentschaftswahlen 2024 der Kampf um die »richtige« amerikanische Kultur wahlentscheidend sein wird, auch für Trumps Gegenkandidaten. Auch sie sind auf die Stimmen der konservativen Kernwählerschaft angewiesen und stehen vor einem Dilemma. Sie können sich entweder gegen Donald Trump positionieren und laufen damit Gefahr, dieses riesige Wählerpotenzial zu vergraulen. Oder sie lassen sich auf Trumps Agenda ein und wirken wie ein Abklatsch des echten Trump.

Ron DeSantis wurde lange als »der nette Trump mit Manieren und Disziplin« gehandelt, als Gouverneur überholte er Trump in der Radikalität, mit der er Kulturkampfthemen in praktische Politik umsetzte. Trump selbst hat für ihn nur Spott übrig. Nikki Haley dagegen distanziert sich von ihrem früheren Chef, auch wenn sie seine konservative Agenda teilt. Sie sortiert ihn in die Kategorie »zu alt und zu unbeliebt« ein; mit ihm sei keine Wahl mehr zu gewinnen, es sei Zeit für eine neue Generation von politischer Führung, wofür sie stehe.

Vivek Ramaswamy geht einen anderen Weg, präsentiert sich als den geborenen Nachfolger Trumps, der dessen Politik fit für die Anforderungen des 21. Jahrhunderts macht. »America First 2.0« nennt er diese Politik. »Wir hungern nach Sinn und Bedeutung. Und Identität«, sagte er bei einer Rede vor Millennials in Iowa. »Es gab einmal Dinge, die diese Leere gefüllt haben, Dinge wie Glaube, Patriotismus, harte Arbeit, Familie. Diese Werte sind verschwunden.«[2] An ihre Stelle seien »Säkulare Kulte« getreten. Und bei der ersten Fernsehdebatte der republikanischen Kandidaten fasste er sein politisches Glaubensbekenntnis so zusammen, dass die einmal existierenden gemeinsamen Werte Amerikas vergessen wurden und als gemeinsame Basis wiederbelebt werden müssten: »Gott existiert, es gibt zwei Geschlechter, fossile Energieträger sind eine Bedingung für den Wohlstand der Menschheit, umgekehrter Rassismus ist Rassismus, eine offene Grenze ist keine Grenze. Eltern bestimmen über die Bildung ihrer Kinder, Kapitalismus erhebt uns aus der Armut.«[3] Damit steigt er mitten in den

Kulturkampf ein, womit er die »Revolution von 2024 gewinnen« werde.

Donald Trump und seine strategischen Vordenker in der politischen Rechten, allen voran Steve Bannon, sahen bei dessen erster Kandidatur das Potenzial von Angst und Sich-ausgegrenzt-Fühlens deutlich und nutzten es. Die eigentliche Verantwortung dafür, dass es 2016 trug und erfolgreich war, lag aber bei den Demokraten selbst, so der Historiker Mark Lilla in der *New York Times* nach der knappen, in der Wirkung aber historischen Niederlage der Demokraten und ihrer Kandidatin Hillary Clinton.[4] Sein Vorwurf lautete, dass die Demokraten von einer linksliberalen Obsession getrieben seien, »Diversity« um jeden Preis fördern zu wollen. Deshalb hätten sie sich einer Identitätspolitik verschrieben, die jenen Gruppen, die sich als gesellschaftlich unterrepräsentiert oder in einer Opferrolle sahen, Anerkennung, privilegierte Teilhabe, Zugang zu Ressourcen und Respekt im Umgang bis in die Sprache hinein versprach. Die Demokraten hätten afroamerikanische Bewegungen wie Black Lives Matter, Frauenrechtlerinnen, LGBTQ+ (Lesbian, Gay, Bisexual, Transgender, Queer-Aktivisten), Latinas und unterschiedliche ethnischen Gruppen unterstützt, dabei aber ihre alte Kernwählerschaft in der Arbeiterschaft vergessen. Auch acht Jahre später haben die Demokraten die Rückkehr zum eigentlichen Markenkern ihrer Partei nicht geschafft, sondern bleiben dem innerparteilichen Machtkampf zwischen dem linken und dem eher bürgerlichen Flügel verhaftet.

Die wichtigste Kernzielgruppe der konservativen Republikaner ist die Weiße Arbeiterschicht auf dem Land. Weiße ohne Hochschulabschluss sind landesweit betrachtet die größte Wählergruppe und stellen 44 Prozent der Wahlberechtigten. Aber die seien nicht die Einzigen, die sich angesprochen fühlen, sagt Vanessa Williams, Politologin am Brookings Institut, einem eher liberalen politischen Thinktank in Washington. Donald Trumps Unterstützer waren 2016 überwiegend weiß, kamen aber aus allen sozioökonomischen Schichten, unterstreicht sie. Das dürfe man nicht aus dem Blick verlieren, auch wenn sich das Interesse in der Öffentlichkeit und in der medialen Darstellung in vielen Fällen besonders auf die ärmeren Wähler konzentriert. Die verwunderten deshalb, weil sie mit einem Kreuz bei Trump gegen ihre eigenen ökonomischen Interessen wählen. Arme könnten von einer demokratischen Regierung mehr profitieren, weil die mehr in ein Sozialsystem investiert, das ihnen helfen würde. Damit aber werde deutlich, dass es andere, nicht ökonomische Motive sind, die diese Menschen bewegen. Die Erwartung, in der eigenen gesellschaftlichen Rolle respektiert und geschützt zu sein, spiele eine entscheidende Rolle. Sich selbst in der Abgrenzung als »wahre Amerikaner« definieren zu können, spiegele dieses Bedürfnis. Viele dieser Menschen, so haben soziologische Untersuchungen deutlich gezeigt, treffen ihre Entscheidungen häufig auf der Basis von Angst. Dafür gibt es mittlerweile einen Fachbegriff, »White Anxiety«, die »Angst der Weißen«.

Angst macht Menschen manipulierbar, lässt sie rückwärts blicken, verhindert, dass sie ein positives Bild der eigenen Zukunft entwickeln. Es gibt ein Datum, das geradezu symbolisch für »White Anxiety« steht: 2044. Spätestens dann werden die Weißen in den USA weniger als 50 Prozent der Bevölkerung ausmachen, wird die ehemalige Mehrheit, an der sich alles orientiert, zur Minderheit. Zur Minderheit im eigenen Land, würden viele von ihnen sagen.

Andere wie Donald Chaddy zucken mit den Schultern: »Da müssen sie sich schon anstrengen«, lacht er, »wir Texaner sind ganz schön viele.« Donald Chaddy lebt in McCamey, einem kleinen Straßendorf in Texas, mitten in der Wüste. Im Wesentlichen besteht McCamey aus einer Kreuzung, ein paar Tankstellen, Restaurants mit Burgern und Steaks, die so groß sind, dass sie jedes Texas-Klischee bestätigen. Er ist ein glühender Trump-Verehrer, hat ihm als Präsident vertraut, weil Trump dafür gearbeitet habe, ein Stück der alten Werte, der alten Ordnung wiederherzustellen. Wer auch immer der nächste Präsident sein wird, er muss genau dort wieder ansetzen, so Chaddy.

Menschen wie er aber werden, aufs ganze Land gesehen, immer weniger, sagt William Emmons, Chefökonom der Landesbank des Bundesstaates Missouri in St. Louis, im Interview: »Diese Gruppe der Weißen Menschen des Mittelstands wird kleiner – sowohl was ihre Größe angeht als auch ihre wirtschaftliche Situation im Vergleich zu anderen. Ihre finanzielle Lage verschlechtert sich, sie verlieren ihre Position beim Einkommen und besonders in Bezug auf ihr Vermögen.

Emmons hat im Auftrag der Landesbank untersucht, wo die verschiedenen Bevölkerungsgruppen heute ökonomisch stehen, welche Veränderungen es gab und welche Rolle das gesellschaftliche Umfeld dabei spielt.[5] Besonders aufgefallen ist ihm, dass sich verschiedene Gruppen in den USA seit der Wirtschaftskrise 2009 unterschiedlich erholt und entwickelt haben. »Bei Menschen ohne Hochschulabschluss wird der ökonomische Abstand zwischen Weißen einerseits und Schwarzen und Hispanics andererseits immer kleiner. So wie insgesamt der gesellschaftliche Abstand kleiner wird.«

Die soziale Schichtung in der unteren und mittleren Mittelschicht sei in den vergangenen Jahrzehnten grundsätzlich gleich geblieben, sagt Emmons, aber es sei nur noch eine Frage der Zeit, bis sich das ändere. Bisher war es so, dass selbst mit höheren Abschlüssen Afroamerikaner im Mittel nicht die Einkommen von Weißen erreichen. So verdienen bis heute Schwarze und Hispanics mit einem einfachen Hochschulabschluss im Durchschnitt immer noch weniger und haben weniger Vermögen als Weiße ohne jede weiterführende Ausbildung. Aber genau diese Lücke schließt sich mit wachsender Geschwindigkeit.

2016 verdiente ein Weißer mit einem Highschool-Diplom, aber ohne weiterführenden Abschluss im Mittel 35 000 US-Dollar im Jahr. Ein Afroamerikaner mit einem Abschluss eines Community Colleges, einem sogenannten Associate Degree, 30 000 US-Dollar[6]. Bis 2021 war diese Lücke bereits auf weniger als 1000 US-Dollar geschrumpft, im Mittel waren es 46 300 US-Dollar für Weiße und 45 800 US-Dollar für Schwarze.[7]

Automatisierung und die Verlagerung von Produktion ins Ausland, noch einmal angeheizt durch die Rezession 2009, hat die besser bezahlten handwerklichen Jobs verschwinden lassen. Viele von denen, die damals ihren Arbeitsplatz verloren, haben wieder einen Job, aber meist erheblich niedriger bezahlt. William Emmons: »Die Weiße Arbeiterschicht sieht, dass sich die Welt verändert hat, der Wettbewerb auf dem Arbeitsmarkt ist härter geworden. Durch die Globalisierung hat sich auch die Art der Jobs verändert. Das trifft Menschen mit einfachem Schulabschluss am stärksten, weil es die typischen Mittelklassejobs immer weniger gibt.« Dieser Prozess ist auf dem Land sehr viel deutlicher spürbar als in den Städten.

In den besser bezahlten Dienstleistungsbereichen bei Banken, Versicherungen oder unterem Management vieler Unternehmen verlangt man heute zumindest den Abschluss eines Community Colleges. Da die sehr günstig und manchmal kostenlos sind, finden zunehmend auch ambitionierte ärmere Afroamerikaner und Hispanics dort ihre Chance und anschließend gut bezahlte Jobs. Wer von den Weißen diese Chance nicht ergreift, bleibt heute finanziell zurück. Präsident Joe Biden hatte versucht, die Community Colleges national kostenlos anzubieten, um die sozialen Milieus durchlässiger zu machen, war aber am Widerstand auch der Konservativen in der eigenen Partei gescheitert. Aber immerhin 19 Bundesstaaten bieten diesen Einstieg in eine akademische Ausbildung mittlerweile ohne Kosten für die Studierenden an.

Man muss sich immer wieder vor Augen führen, dass sich Amerikaner sehr viel stärker als Deutsche um sich selbst kümmern müssen. »Reicht unsere Krankenversicherung, oder werden wir bei einem Unfall arm?«, »Wie bezahlen wir die Schule oder Universität unserer Kinder?«, »Was können wir für das Alter zurücklegen? Wie legen wir es an, damit es auch bleibt?« Das sind alltägliche Gesprächsthemen in vielen Familien.

Hinzu kommt die Erfahrung, dass schon eine einzige Krankheit zu sozialem Abstieg führen kann. Das gilt für alle Bevölkerungsgruppen, aber die Weiße untere Mittelschicht sieht sich mehrfach bedroht. Als erste Generation in der Nachkriegsgeschichte hat sie konkrete Angst, dass es ihren Kindern weniger gut gehen könnte als ihnen selbst. Parallel dazu erleben sie, dass sie ihren angestammten privilegierten Platz in der Gesellschaft verlieren, sowohl ökonomisch als auch in Bezug auf das Sozialprestige. Das Abstiegserleben geht sogar noch tiefer, zeigen William Emmons' Studien: »Es gibt sogar Anzeichen, dass die Lebenserwartung bei ärmeren Weißen bereits vor der Corona-Pandemie zu sinken begonnen hat. Die Geburtenrate fällt bei allen Weißen, aber besonders in dieser Gruppe der unteren Mittelschicht ist dies deutlich sichtbar.« Es geht abwärts bei Wohneigentum und der Eherate, also der Zahl der Familien mit zwei Erwachsenen. Besonders auffällig ist ein deutlicher Rückgang bei der Selbsteinschätzung von Mitgliedern der Weißen Arbeiterschicht hinsichtlich ihrer Gesundheit.

Es sei wichtig, sagt William Emmons, neben der wirtschaftlichen Situation auch die Frage zu untersuchen, wie gut es den Menschen nach ihrer eigenen Einschätzung geht, also nach dem subjektiven Wohlbefinden zu fragen. Da zeigt sich eine überraschende Entwicklung. Dass die Lebenserwartung sinkt, ist für ein Industrieland in Friedenszeiten ungewöhnlich. Die Opioidkrise, verursacht durch den Missbrauch hoch dosierter Schmerzmittel, grassiert in erster Linie unter der Weißen Mittelschicht auf dem Land und trägt dazu bei. Über zwei Millionen Amerikaner sind süchtig, 40 000 sterben jährlich an einer Überdosis. »Wenn man sich nicht so sicher fühlt, ob die Zukunft gut aussieht, klammert man sich stärker an seinen Status. Und eine Weiße Person in den Vereinigten Staaten zu sein, war immer vorteilhaft«, so Emmons. Fällt dieser Statusvorteil weg, ist der Reiz groß, denjenigen zu folgen, die diesen Status wiederherzustellen versprechen. Die Flucht in die Sucht, mit der die Schmerzen betäubt werden, ist eine weitere Alternative.

Am Beispiel seiner eigenen Familie schilderte der Autor J. D. Vance 2016 in seinem Bestseller »The Hillbilly Elegy. A Memoir of a Family and Culture in Crisis«[8] den Überlebenskampf der Weißen Unterschicht. Vance wächst in Middletown, Ohio, einer Kleinstadt im sogenannten Rust Belt, dem früheren Zentrum der Kohle- und Stahlindustrie, auf. Die Familie aus den Hügeln und Bergen der Appalachen ist hierher in den industriellen Norden gezogen, um Geld zu verdienen. Als Vance geboren wird, ist von Middletowns einst blühender Industrie nicht mehr viel übrig, der Traum vom sozialen Aufstieg geplatzt. Seine Mutter ist medikamentenabhängig, er wächst meist bei den Großeltern auf, der Großvater ist Alkoholiker, familiäre Gewalt an der Tagesordnung. Das alles beschreibt Vance als Leben gepaart mit evangelikaler Frömmigkeit und einem simplen Patriotismus, in dem die Vereinigten Staaten als Nation verehrt werden.

J. D. Vance ist einer der ganz wenigen, die beide Welten kennen, die der »Hillbillys«, der Hinterwäldler in den schon langen verlassenen Orten, und die eines erfolgreichen Juristen mit Studium an der Eliteuniversität Yale. Seine Erinnerungen, die sich wie eine Sozialreportage lesen, galten nach der Wahl Donald Trumps zum US-Präsidenten als Folie, um das Milieu seiner Kernwählerschaft zu verstehen, Hinweise zu finden, warum die Weiße Arbeiterklasse einem rechtskonservativen Heilsversprecher vertraut.

Der soziale Abstieg begann mit dem wirtschaftlichen Niedergang dieser Region. Industrie zog ab, Kohle und Stahl, von denen der »Rust Belt« gelebt hatte, verloren an Bedeutung, lukrative Jobs verschwanden in Billiglohnländer.

J. D. Vance beschreibt eindrucksvoll, dass die zwei Welten seines Lebens so gut wie nichts miteinander zu tun haben. Man spricht anders in der Welt des Trailerparks von Middletown, Ohio, man kleidet sich anders, man geht anders mit Konflikten um. Vor allem kommuniziert und lebt man mit sehr unterschiedlichen subtilen Codes, die die Zugehörigkeit zu einem bestimmten Milieu dokumentieren, alles von der Kleidung bis zu den Tischmanieren. Man interessiert sich für andere Themen, für die in der anderen, der urbanen Welt hat man nichts übrig, man macht sie sogar verantwortlich für das eigene Elend.

Nach der Veröffentlichung von »Hillbilly Elegy« ergriff J. D.

Vance Partei für die Menschen, die im Mittelpunkt seiner Autobiografie stehen. CNN heuerte ihn als politischen Kommentator an, und er galt als derjenige, der die amerikanische Weiße Arbeiterklasse am besten versteht und erklären kann. Gleichzeitig positionierte er sich zunächst gegen Donald Trump: »Ich kann Trump nicht ausstehen, ich denke, er ist übel und führt die Weiße Arbeiterklasse an einen sehr dunklen Ort«, sagte er, nannte ihn sogar »Amerikas Hitler«. Dabei machte er nie einen Hehl aus seiner Nähe zum rechten Flügel der Republikaner, unterstützte Forderungen nach freiem Waffenbesitz, weniger Einwanderung und einer Politik, die Amerika in den Mittelpunkt stellt. Vance arbeitete schon früh in seiner Karriere als Jurist für Peter Thiel, den deutschstämmigen kalifornischen Investor und Milliardär. Der verstand sich seit je als nationalkonservativer Republikaner und unterstützte republikanische Kandidaten des rechten Flügels und, anders als Vance, seit 2016 auch Donald Trump. Vance nannte Thiel einen derjenigen, die ihn am meisten beeinflusst hätten.

J. D. Vance ändert seine Position später, entschuldigte sich für seine Angriffe gegen Donald Trump und erklärte, Trump mache die amerikanische Arbeiterklasse wieder stark und vertrete deren Interessen. Vor allem habe Trump die Republikaner als Partei wieder auf das richtige Gleis geführt, sagte er dem damaligen *Fox-News*-Moderator Tucker Carlson: »Es geht um die Zukunft der Republikanischen Partei. Bleiben wir die alte Partei, die dumme Kriege im Ausland begann, die Arbeitsplätze nach China verlagerte und die wirklichen kulturellen Werte der Amerikaner nicht verteidigte? Oder werden wir eine Partei, die für die eigenen Wähler kämpft, die Arbeitsplätze in der amerikanischen Industrie schützt und Widerstand gegen die dämlichen ausländischen Abenteuer leistet?«

Trump reagierte auf Vances »Mea Culpa« und unterstützte ihn im Wahlkampf, als Vance 2022 für einen der beiden Senatorensitze für Ohio in Washington kandidierte und gewann. Schon im Vorwahlkampf gingen seine Zustimmungswerte steil nach oben, nachdem er Trumps Segen bekommen hatte. Im eigentlichen

Rennen siegte er knapp gegen seinen demokratischen Gegenkandidaten Tim Ryan, der lange in den Umfragen geführt hatte. Für Trump war Vance einer der wenigen echten Erfolge bei den Midterms.

J. D. Vances Sieg in Ohio, einem der wichtigen Swing States, in denen mitentschieden wird, wer am Ende Präsident wird, ist ein starkes Signal an die republikanischen Kandidaten. Zeigt er doch, mit welchen Themen und welcher Grundhaltung man Wahlen gewinnen kann. Im »Rust Belt« geht es dabei immer um die Zukunft der Schwerindustrie, die Zukunft von kohlenstoffbasierter Energie und um Arbeitsplätze. In einer so von Zukunftsangst geprägten Umgebung ist zu erwarten, dass im 2024er-Wahlkampf wieder die Themen des amerikanischen Kulturkampfes die Bühne bestimmen werden.

Bis vor wenigen Jahren noch bedeutete Einwanderung Assimilation, sagt Pat Buchanan, der frühere Kommunikationschef Ronald Reagans, selbst Präsidentschaftskandidat und später konservativer Buchautor und Kommentator. Wer einwandert, orientiert sich an der Welt der Weißen und passt sich ihr an: »Wir hatten früher einen Schmelztiegel. Sie lernten amerikanische Literatur und Sprache. Amerikanische Geschichte und amerikanische Helden. Amerikanische Feiertage. Wir alle hatten weitgehend die gleichen jüdisch-christlichen Werte. Und so hatten wir eine Nation, ein Land, ein Volk. Und das war eine große Leistung.«[9]

Das hat sich verändert. Die Gesellschaft zerfällt in zahlreiche Einzelgruppen, die jede für sich ihre eigenen Rechte, ihre eigene Kultur, ihre eigene Sprache pflegen möchte und darf. Das aber gefährdet die Rolle der Weißen als Maßstab für das, was »amerikanisch« ist – und steigert die Angst vor dem Fremden.

Bryan Brence, der ein kleines Familienunternehmen in Texas führt, formuliert das so: »Viele Unternehmen leiden wegen der Immigration. Da wird so viel schwarz bezahlt, da steigen am Ende die Kosten für alle. Unsere Schulen sind überfüllt, wir müssen immer mehr Steuergelder hineingeben, mehr Lehrer bezahlen. Und es betrifft auch die Ausgaben für Gesundheit, Versicherungen werden immer teurer. Wenn wir das jetzt nicht in den Griff bekommen, können wir uns irgendwann als Land überhaupt nichts mehr leisten.«

Bryan Brence lebt in Crane, einem kleinen Ort in Texas. Hier wird Öl gefördert, Jobs gibt es genügend. Illegale Immigration, Menschen, die mit öffentlichen Mitteln versorgt werden müssten, spielen hier keine große Rolle. Und doch übertragen viele ihre Sorgen um die Zukunft auf Einwanderer.

So auch Mark Paul, der frühere Bürgermeister von Crane: »Die Einwanderung ist eine Last für unsere Arbeiter und nimmt unseren Bürgern die Jobs weg.«

Deshalb erwartet er, so wie Rosalinda Spinoza in Del Rio, dass das Thema bei der Wahl eine große Rolle spielt: »Ich bin Einwohnerin von Texas, und ich liebe dieses Land. Unsere Grenzen zu sichern, ist aber nicht nur für Texaner, das ist für alle wichtig. Es ist unser Land, und wir müssen uns um unser Land kümmern.«

Was also machte Donald Trump 2016 und 2020 so attraktiv für diese Bevölkerungsgruppe? Er ist bei Weitem nicht der Erste, der Immigration zum Wahlkampfthema machte. Aber weshalb war er so erfolgreich damit? »Die USA haben eine lange Tradition der Angst vor Ausländern, der Angst vor dem Fremden. Donald Trump ist es gelungen, diese Haltung sehr viel direkter anzubohren als andere republikanische Kandidaten«, sagt Vanessa Williams von der Brookings Institution. Das gehe bis in die Sprache hinein: »Er ist viel unverblümter in seinen Aussagen über ethnische Minderheiten. Er ist viel direkter in dem, was er ankündigt. Eine Mauer zu bauen, zu sagen, dass Mexiko nicht seine Besten schickt, dass das Vergewaltiger seien – alles sehr, sehr direkte Statements.«

Genau das aber ist es, was bei Trumps Anhängern ankommt, auch bei denen, die früher demokratisch gewählt haben. Trump ist bis heute nicht nur inhaltlich geradeheraus, sondern spricht zudem eine sehr einfache Sprache, vor allem Hauptsätze – und die sind meist kurz. Das empfinden die Menschen als erfrischend, als ehrlich – selbst wenn manches als Lüge daherkommt.

Trump setzte sich immer ganz bewusst von der Sprache der etablierten Politik ab. Damit untermauerte er rhetorisch das zweite Feindbild seiner politischen Markenwelt: die selbstgefällige Allianz aus etablierter Politik, Medien und Industrie in den Städten an den Küsten. Diese Eliten, so Trump, haben die Arbeitsplätze ins Ausland verschoben, schützen alle möglichen Minderheiten und machen sich lustig über die Hinterwäldler. Die Medien sorgen dafür, dass nur deren Positionen Verbreitung finden. »Manchmal, wenn die Dinge nicht so gut laufen, suchen die Menschen einen Feind. Man kann sagen, die Unternehmen haben zu viel Macht, deshalb findest du keinen Job. Der Wohlstand fließt an die Reichen. Die Ungleichheit hat deine Chancen im Leben zerstört. Oder du sagst, die Einwanderer nehmen dir die Jobs weg«, so noch einmal Vanessa Williams. Und das wollen sie 2024 wieder hören, wollen wieder einen, der das Zeug hat, ihr Held zu werden, der für sie gegen die arroganten Feinde kämpft.

Sie tun alles, um eine Mauer um sich und ihre Seelen zu bauen, die sie vor der Bedrohung von außen schützt.

Donald Trump ist es gelungen, seine überwiegend konservative Weiße Wählerschaft der Unter- und Mittelschicht auf dem Land davon zu überzeugen, dass ihre Identität allem Anschein nach in Gefahr ist. Zu seiner Methode gehört es, das Land in »wir« und »andere« zu spalten und dabei gezielt Grenzen zu ziehen und in höchstem Maße symbolträchtig eine sprachliche und reale Mauer zu den »anderen« hochzuziehen. Die anderen, das sind die Einwanderer aus Mexiko und Südamerika, die in einer »Karawane« die Grenze überrollen und die USA mit Gewalt und Drogen überschwemmen. Die anderen, das sind die Politiker und Wirtschaftsbosse in Washington und den großen Städten der Küsten, die keine Beziehung zum wahren Kern Amerikas mehr haben, nur für sich sorgen und die Menschen vergessen. Die anderen, das sind vor allem die Medien, die Trump »Mainstream« nennt, deren Nachrichten »fake« sind, erfunden, um die wahren Amerikaner unsichtbar zu machen, ihnen ihre Stimme zu nehmen, sie umzuerziehen. »Die«, das sind dieselben Medien, die nur noch eine

»woke« Weltsicht verbreiten. Den ursprünglich emanzipatorischen, antirassistischen Begriff für »politische Wachheit« definiert er um zu einer Methode der Diskriminierung, die versucht, durch »Cancel Culture« die Kultur der wahren Amerikaner auszulöschen. »Wir«, das sind die wenigen aufrecht gebliebenen Medien, das sind vor allem die eigenen Medien wie sein damaliger Twitter-Account, sein eigenes soziales Netzwerk »True Social«, auf dem »endlich die Wahrheit« gesagt wird, auf dem es nicht mehr die Zensur eines staatlich kontrollierten Mainstreams gibt. Dass Twitter, heute X, und Facebook damals Trumps Accounts sperrten, ist der endgültige Beweis für Zensur und unterdrückte Wahrheit.

Donald Trump hat das Auseinanderdriften der amerikanischen Gesellschaft nicht erfunden, er hat es vorgefunden und systematisch genutzt.

Mark Lilla unterstreicht, dass es Trump gelungen sei, die Linie entlang der Identitätsbegriffe *race*, Herkunft, Nationalität, Geschlecht oder Glaube zu ziehen und sie zu Kategorien der Selbstidentifikation zu machen. Es bedeute plötzlich wieder etwas, Weiß zu sein, Hautfarbe spiele bei der politischen Positionierung wieder eine Rolle.

Wenn die Demokraten zukünftig Wahlen gewinnen wollten, müssten sie aufhören, gruppenspezifische Interessen in den Mittelpunkt zu stellen. Sie sollten sich auf ihre alte Stärke besinnen und für ein gemeinsames Wertegebäude kämpfen, unter dem sich alle Gruppen gemeinsam und mit gleichen Rechten wiederfinden.

2024 wird dadurch geprägt sein, dass Biden seine großen politischen Projekte bislang nur schleppend und verstümmelt umsetzen konnte. Ein großes Infrastrukturprogramm brachte er noch mit republikanischer Zustimmung durch den Kongress. Damit wurde Geld frei, um die Strom- und Gasnetze zu stabilisieren, auch ländliche Gebiete mit Breitbandinternet zu versorgen, baufällig gewordene Brücken zu erneuern und Straßen zu sanieren. Außerdem sollte die amerikanische Bahn neue Strecken erschließen, um ein attraktives öffentliches Verkehrsmittel auf kürzeren Strecken als Alternative zum Auto oder Flugzeug zu schaffen. Das

Geld war da, bis Ergebnisse zu sehen sind, dauert es zu lange, um nach einer Amtszeit entscheidend eine Wahl zu beeinflussen. Das vor allem dem eigenen linken Flügel versprochene Sozialpaket mit verlässlicherer Krankenversicherung, garantiertem Mutterschutz oder kostenlosem Studium wurde zuerst durch innerparteilichen Widerstand bis zur Unkenntlichkeit reduziert und versandete dann fast vollständig. Etwas besser erging es dem groß angelegten Projekt für mehr Klimaschutz und massive Investitionen in erneuerbare Energien, verbunden mit einer systematischen Neuausrichtung der Wirtschaft, das er aber immerhin realisieren kann. Es läuft unter dem Namen »Anti-Inflationsgesetz«, ist aber vor allem eine massive Subvention für den ökologischen Umbau der Wirtschaft. Das zeigt tatsächlich Wirkung, weil sich überall im Land – auch europäische – Unternehmen ansiedeln, um mit Zukunftstechnologie zu verdienen, und dabei viele Arbeitsplätze schaffen. Das steht sicher auf Bidens Habenseite. Im Wahlkampf aber wird ihm immer wieder eine Frage an die Wähler vorgehalten werden: »Geht es dir heute besser als vor vier Jahren?« Das ist der von Ronald Reagan geprägte Lackmustest für präsidiale Amtsinhaber im Kampf um die Wiederwahl. Wer immer am Ende für die Republikaner ins Rennen ums Weiße Haus gehen wird, sie oder er wird vor allem auf Krisen und Unerledigtes verweisen. Die Inflation hat vielen Menschen Einschränkungen abverlangt. Auch wenn die sich seit Sommer 2023 abschwächt, sind die Ängste vor dem ökonomischen Abstieg nicht vergessen. Außergewöhnlich hohe Benzinpreise machte das Autofahren, das Symbol für Freiheit schlechthin, für viele unerschwinglich. Der chaotische Abzug aus Afghanistan gilt als Schmach und Schande für ein stolzes Amerika, das damit Ansehen in der Welt verloren hat. Das Engagement der USA für die Ukraine hält die Mehrheit für richtig, aber das Land ist auch kriegsmüde. Dieser Konflikt mit Russland bringt die Amerikaner nicht zusammen, ist kein Anlass für eine nationale Wagenburg, im Gegenteil. Einige republikanische Abgeordnete im Kongress nutzen den sich hinschleppenden Krieg, um das Engagement der USA infrage zu stellen. »America First« bekommt damit neue Sprengkraft. Sie blockieren Geld für Waffenlieferungen, um damit Einsparungen bei Sozialprogrammen zu erpressen.

Biden ist es nicht gelungen, einen neuen gemeinsamen Stolz für die Nation aufzubauen und die gespaltene Gesellschaft unter diesem zu versöhnen. Im Gegenteil, immer mehr Menschen sehen das Land international ins Hintertreffen und damit in die Defensive geraten. China droht wirtschaftlich und technologisch vorbeizuziehen, die Rolle der USA als Führungsmacht ist nicht mehr unangefochten. Das spiegelt sich in den Umfragewerten für die Leistung des Präsidenten, die im kommenden Wahlkampf zur massiven Hypothek für ihn werden kann.

Im Herbst 2021 kippte die Bewertung des Präsidenten in der Öffentlichkeit. Diejenigen, die seine Amtsführung für schlecht halten, waren nun in der Mehrheit. Seitdem liegt der Wert der Zustimmung zu Bidens Präsidentschaft bei rund 40 Prozent, der der Ablehnung bei um die 52 Prozent.[10] Als er kurz vor der Entscheidung stand, noch einmal zu kandidieren, wollten weniger als die Hälfte der eigenen Anhänger, dass er eine zweite Amtszeit anstrebt.[11] Dabei zeigten sich große Unterschiede hinsichtlich der unterschiedlichen Wählergruppen: Von den Weißen Amerikanern sprachen sich nur 22 Prozent für seine erneute Kandidatur aus, bei den Schwarzen hingegen waren 45 Prozent dafür. Unter den Hispanics erreichte dieser Wert nur 20 Prozent. In den Städten kam Biden auf 34 Prozent Unterstützung, in den Vorstädten und auf dem Land war sie auf 20 Prozent gefallen.[12]

Gerade die schlechten Werte bei den Weißen und den Menschen auf dem Land unterstreicht, dass sich gegenüber 2016 und 2020 in der Grundhaltung nicht viel verändert hat und die Wahl 2024 erneut von der Angst der Weißen vor dem sozialen Abstieg entschieden werden wird.

Wokeness und »Black Lives Matter«

Die neue Bürgerrechtsbewegung sucht nicht die Integration

Es sind markante Wendepunkte der Geschichte, die in Erinnerung bleiben und anhand derer man sich später erklärt, warum jetzt alles anders ist. Häufig aber erfasst man deren langfristige Bedeutung nicht sofort, sondern sie entwickeln ihre Wucht erst mit der Zeit. Der Tod des Afroamerikaners George Floyd am 25. Mai 2020 gehört in diese Kategorie. Es begann mit einem scheinbar normalen Polizeieinsatz, weil ein Ladenbesitzer um Hilfe rief. Ein Kunde soll versucht haben, mit einem gefälschten 20-Dollar-Schein zu bezahlen; der Kunde ist George Floyd. Es passiert, was jeden Tag überall in den USA passiert: Vier Polizisten versuchen den Mann festzunehmen, einer von ihnen hält ihn am Boden fest, kniet mehr als neun Minuten auf seinem Hals. George Floyd stirbt, erstickt unter dem Gewicht des Polizisten. Der Polizist ist Derek Chauvin, der später wegen Mordes verurteilt wird. Das unterscheidet diesen Fall von vielen anderen.

Etwa 1000 Menschen kommen in den USA pro Jahr bei Polizeieinsätzen ums Leben, 28 Prozent davon sind Afroamerikaner, ihr Anteil ist doppelt so hoch wie ihr Anteil an der Gesamtbevölkerung. Selten gibt es Zeugen, die beteiligten Polizisten werden fast immer entlastet, der Tod als Kollateralschaden ihrer Arbeit für Sicherheit, Recht und Ordnung in Kauf genommen.

Doch im Fall von George Floyd entwickelten sich die Dinge anders: Dutzende Menschen kamen im Laufe des Einsatzes hinzu, manche redeten auf Derek Chauvin ein, wiesen auf Floyds Atemnot hin, doch der Polizist reagierte nicht. Menschen filmten die Szene mit ihren Smartphones, es gibt ein Video, das die gesamten neun Minuten zeigt, Floyds Verzweiflung, als er keine Luft mehr bekam, das »I can't breathe«, »ich bekomme keine Luft«, das er mit letzter Kraft ausstieß. Daraus wird später einer der Slogans der Protestbewegung gegen Polizeigewalt gegenüber Schwarzen. Das nur schwer erträgliche Video geht viral über soziale Medien, wird in Auszügen von den Fernsehkanälen wiederholt, innerhalb von Stunden gehen Menschen in Minneapolis auf die Straße, um zu protestieren. »I can't breathe« steht später auf den riesigen Wandbildern von George Floyd, die nicht nur in Minneapolis, sondern im ganzen Land entstehen. »I can't breathe« steht auf Plakaten und T-Shirts, mit denen die Wut in die Welt getragen wird. Der Satz steht nicht mehr nur für die Atemnot eines einzelnen Mannes, sondern für das Gefühl einer ganzen Bevölkerungsgruppe und ihr Gefühl, dass ihr schon lange die Luft zum Atmen verweigert wird.

Eine Welle von Empörung und Solidarität bewegt sich durch die Vereinigten Staaten, auch wenn es zunächst in Minneapolis und dann in anderen Städten des Landes nicht nur zu Protesten, sondern auch zu gewalttätigen Ausschreitungen kommt. Inhalt der Proteste ist die überbordende Polizeibrutalität gegenüber Afroamerikanern. Seit Jahren wird der Polizei der Vorwurf gemacht, mit rassistischen Vorurteilen zu handeln und Schwarze unter den Generalverdacht zu stellen, kriminell und gewaltbereit zu sein. Je länger die Proteste andauern, desto mehr rückt der Begriff von »Systemic Racism« in den Mittelpunkt, »systemischer Rassismus«. Gemeint ist damit, dass Rassismus sich nicht auf individuelles Fehlverhalten, auf aktive Diskriminierung beschränkt, sondern zu einem Teil eines gesellschaftlichen, rechtlichen und sozialen Systems herangewachsen ist. Dies diskriminiere verschiedene Gruppen der Gesellschaft selbst dann, wenn jeder Einzelne mit bester Absicht handelt und Rassismus persönlich ablehnt. Der Vorwurf lautet, dass über Jahrhunderte hinweg Weiße Männer mit ihrer Macht, ihrem politischen Handlungsmonopol und systematisch aufgebauten Netzwerken dafür gesorgt haben, dass diese Macht durch Gesetze und Regeln erhalten bleibt. Opfer dieser

Politik sind nicht nur Afroamerikaner, sondern auch unterprivilegierte Gruppen wie Frauen, Homo- und Transsexuelle, Behinderte, Einwanderer und viele andere. Bei den Protesten geht es aber zunächst um Afroamerikaner, die Diskussion erweitert sich erst in den folgenden Monaten auf andere Gruppen, wird Teil des politischen Kulturkampfes, der auch jetzt wieder den Präsidentschaftswahlkampf prägt.

Viele Weiße lernen zum ersten Mal einen Begriff kennen, der zunächst für das Selbstbewusstsein der Afroamerikaner steht und dann zum politischen Kampfbegriff der populistischen Rechten wird: »Woke«. Sprachlich ist »woke« afroamerikanischer Slang für »awake«, also wach oder wachsam sein.[1]

Seine Ursprünge reichen bis in die Bewegungen für die Gleichberechtigung der Schwarzen in den 1930er-Jahren zurück. Als Begriff, der als Synonym für eine Identität als Minderheit und den Kampf gegen Diskriminierung und Rassismus steht, erlebte er in den 2000er-Jahren seine Wiedergeburt. Die Soulsängerin Erykah Baduh machte ihn 2008 zum zentralen Element ihres Hits »Master Teacher«[2] und kurze Zeit später zum Twitter-Hashtag beim Einsatz für russische Feministinnen. Damit ging »woke« viral und erweiterte seine Bedeutung über den Hautfarbenrassismus hinaus. »Woke« stand nun für Diversität, Inklusion, Empathie und erfasste gleichzeitig die Identität als Schwarze, Latino, Native American und andere *races*, Frau, LGBTQ+, bestimmte Ethnien, Herkunft und anderes mehr.

Wachsam zu sein, um Rassismus gegen die eigenen oder anderen unterrepräsentierten Identitäten zu bekämpfen, dafür steht der Begriff auf der einen Seite. Von der politischen Rechten wird »woke« zunächst spöttisch genutzt, um politische Correctness verächtlich zu machen und die Forderung nach einem korrekten Sprachgebrauch für Gender-, *race* oder sexuelle Identitäten zu verunglimpfen. Im nächsten Schritt definierte die Rechte »woke« als Synonym für »linke Ideologie« und »Politik, die sich gegen Weiße richtet«, sprich: antiweißen Rassismus.

Ron DeSantis, der Gouverneur von Florida und republikanischer Kandidat für die Präsidentschaftswahl 2024, verwendet den Begriff konsequent, um seine politische Agenda zu stützen und sich konservativ zu profilieren. »Wir müssen das Woke in unseren Schulen bekämpfen. Wir müssen das Woke in unseren Unternehmen bekämpfen. Wir dürfen niemals gegenüber der woken Ideologie kapitulieren. Und ich sage euch, der Staat Florida ist der Staat, in dem das Woke sterben wird«,[3] hieß es in seiner Wahlkampfrede für die Gouverneurswahl. Er gewann mit großem Vorsprung.

»Taktisch ist er mit dieser Haltung als Republikaner auf dem richtigen Weg«, sagt der politische Meinungsforscher John Gramlich vom Pew Research Center. »Sexuelle Identität und historische Schuld wegen der Sklaverei sind die zwei Themen, die die Anhänger der beiden Parteien dramatisch spalten. Das spiegelt sich dann in den Forderungen, was im Lehrplan stehen soll.« Nur 9 Prozent der republikanisch wählenden Eltern wollen, dass ihren Kindern in der Schule gesagt wird, das Geschlecht eines Menschen könne sich von dem der Geburt unterscheiden, 44 Prozent bestehen darauf, klar zum Ausdruck zu bringen, dass das Geschlecht, das man bei der Geburt hat, unveränderlich ein Leben lang gilt.[4] 46 Prozent wollen, dass überhaupt nicht über das Thema gesprochen wird. Unter demokratischen Eltern wollen dagegen 70 Prozent, dass darüber in der Schule gesprochen wird, 49 Prozent fordern, wechselnder sexueller Identität mit Offenheit zu begegnen. 21 Prozent bestehen auf einer klaren Zuordnung des Geschlechts und stehen damit auf der Seite der konservativen Eltern.

Ein vergleichbares Bild ergibt sich beim Thema »Erbsünde Sklaverei«. Die weit überwiegende Mehrheit der Republikaner ist der Auffassung, dass Sklaverei ein dunkles, aber längst überwundenes Kapitel der amerikanischen Geschichte ist, das keine Auswirkungen auf die Situation von Afroamerikanern in der Gegenwart hat. Das wollen 66 Prozent der republikanischen Eltern auch so in der Schule gelehrt sehen, 9 Prozent verlangen, dass über das Thema überhaupt nicht gesprochen wird.[5] Lediglich 24 Prozent von ihnen sehen das anders und wollen, dass im Geschichtsunterricht die gesellschaftlichen Folgen der Sklaverei thematisiert werden. Bei den Demokraten ist es genau umgekehrt, denn Letzteres verlangen 70 Prozent der demokratischen Eltern, während nur 23 Prozent von ihnen das Kapitel Sklaverei für abgeschlossen halten und ihre Kinder das auch so beigebracht bekommen sollen. Diese Ergebnisse spiegeln sich mittlerweile in der Gesetzgebung Floridas.

Ron DeSantis setzte mithilfe der republikanischen Mehrheit im Kongress von Florida das »Stop W.O.K.E.«-Gesetz durch, ein Akronym für »Wrongs to Our Kids and Employees«, übersetzt »Schaden für unsere Kinder und Angestellten«. Damit verbietet er verbindliche Trainings am Arbeitsplatz, mit denen Toleranz und ein diskriminierungsfreies Miteinander eingeübt werden. Dies könne Menschen »schuldig« und »seelischen Schmerz« fühlen lassen, so die Begründung. Das Gesetz solle »woke Indoktrination« in Floridas Schulen und Unternehmen bekämpfen. Es verbiete Vorschriften, die manche Gruppen persönliche Verantwortung für historisches Fehlverhalten empfinden lasse, nur weil sie einer bestimmten *race*, Geschlecht oder nationalen Herkunft angehören.

DeSantis sorgte dafür, dass in Schulen kein Geschichtsbild aus Schwarzer Perspektive unterrichtet werden darf, Lehrer in der Unterstufe dürfen das Wort »gay«, »schwul«, nicht gegenüber Schülern äußern. Unternehmen wie Disney, die sich gegen die neuen Gesetze wehren, bestraft er, indem er Steuerprivilegien beseitigt. DeSantis nutzt »woke«, um deutlich zu machen, dass er sich für seine Wähler einsetzt und keine Angst hat, es selbst mit mächtigsten Gegnern aufzunehmen. »Wir werden es nicht erlauben, dass Floridas Steuern dafür ausgegeben werden, Kindern beizubringen, ihr Land oder sich gegenseitig zu hassen. Wir haben auch die Verantwortung, dafür zu sorgen, dass Eltern die Mittel haben, ihre Rechte geltend zu machen, wenn es um die Durchsetzung staatlicher Standards geht.«[6]

Floridas Schulbehörden setzten das Gesetz sofort um. Für das

Schuljahr 2022/23 wurden 40 Prozent der von Verlagen angebotenen Schulbücher nicht zugelassen, weil sie mit ihren Inhalten gegen die Auflagen verstießen. Dabei ging es nicht nur um Geschichtsbücher, sondern in großem Umfang auch um Mathematik. Eines zum Beispiel wird abgelehnt, weil Polynome Funktionen anhand von Statistiken zu rassistischen Vorurteilen in der amerikanischen Bevölkerung erklärt werden. Erst als diese Inhalte gestrichen wurden, konnten die Bücher für den Unterricht zugelassen werden.[7]

Gegen DeSantis' Gesetzesinitiativen liefen mehrere Organisationen Sturm und klagten, in Teilen erfolgreich. Sie bedrohten das Recht auf freie Meinungsäußerung, insbesondere von afroamerikanischen Lehrern, die eine größere Nähe zu den verbotenen Konzepten hätten. Zudem verhindere DeSantis, dass tief liegende Gründe für Ungleichbehandlung angegangen und beseitigt würden.

Politisch hielt das DeSantis nicht auf, sein Druck ist bis heute erfolgreich, weil ihm die Realität folgt. Die Kommission zur Entwicklung des Lehrplans zu »Afrika-Studien für Leistungskurse« passte das Curriculum Zug um Zug den politischen Forderungen an, wie eine Analyse der *Washington Post* zeigt.[8] Im Februar 2022 hieß das Lernziel noch, zu erkennen, wie afroamerikanische Gemeinden »systemisch marginalisiert« werden. In einer neuen Fassung im April wurde »marginalisiert« gestrichen, Begriffe wie »diskriminiert«, »unterdrückt«, »Ungleichheit«, »Rassismus« und »einflusslos« blieben stehen. Im Dezember wurde daraus, dass es systemische Ungleichheit gebe, »von der überdurchschnittlich viele Afroamerikaner betroffen sind«. In der endgültigen Fassung von Februar 2023 taucht das Wort »systemisch« nicht mehr auf. Man habe sich keinem Druck gebeugt, sagt die Kommission, aber der Begriff sei politisch aufgeladen worden, könne missbraucht werden, und man wolle, dass der Kurs in allen 50 Bundesstaaten angeboten wird.

Aber es bleibt nicht bei »systemisch«. Das Wort »Womanism«, ein Begriff für den speziellen afroamerikanischen Feminismus, stand in der ersten Fassung noch 14-mal, verschwand jedoch bis zur Endfassung. So erging es auch »Bewegung für Schwarzes Leben« (von 6-mal auf 0), »Intersektionalität« (von 19 auf 1), der Beschreibung von sich überlagernden Gründen für Diskriminierung, also zum Beispiel wegen Geschlecht, Alter und *race*. Ebenso verschwand »Entschädigung« fast ganz (15 auf 1), »hohe Gefängnisrate von Schwarzen« (15 auf 1). Dafür wird nun Martin Luther King häufiger erwähnt (9 auf 17), und der frühere Schwarze General und Außenminister Colin Powell wurde neu als positives Beispiel aufgenommen.

Ungeachtet dessen gilt vielen das Schulsystem selbst als wichtiges Beispiel für systemischen Rassismus. Seine Finanzierung über lokale Immobiliensteuern sorgt dafür, dass in reichen Vierteln gute Schulen die Regel sind und in armen Vierteln die Chancen auf sozialen Aufstieg durch Bildung gering sind.[9] Das Strafrecht benachteilige Schwarze und Hispanics, das Gesundheitssystem sei so organisiert und finanziert, dass Minderheiten unterversorgt werden, und geht so weit, dass gesunde Lebensmittel in Vierteln mit einem hohen afroamerikanischen Anteil schwerer zu bekommen sind als in vorwiegend Weißen Bezirken.

Den Einwand, bei den geschilderten Ungleichheiten in der amerikanischen Gesellschaft spiele die Zugehörigkeit zu einer sozialen Klasse eine viel größere Rolle als die Zugehörigkeit zu einer bestimmten *race*, lassen die Aktivisten nicht gelten, allein die Frage danach beweise die Ignoranz gegenüber der Realität des Alltagsrassismus. Der diskriminierenden Brutalität der Polizei, so wie sie in Minneapolis die Unruhen ausgelöst habe, fielen Afroamerikaner und Latinos zum Opfer, weil die Regeln für die Überprüfung von Verdächtigen diese Menschen eher in den Fokus geraten lassen als Weiße. Dass in den USA immer an einem Dienstag gewählt wird, gilt als weiteres Beispiel für ein Weißes Herrschaftsinstrument. Es benachteilige diejenigen, die es sich nicht leisten können, für Stunden von ihrem schlecht bezahlten Arbeitsplatz fernzubleiben, um sich in eine Schlange vor dem Wahllokal zu stellen. Das träfe eben auch den überwiegenden Teil der Afroamerikaner, die einfache Jobs haben. Verbesserungen der letzten Jahre, zum Beispiel durch Briefwahl und Frühwahltage an einem Sonntag, würden systematisch zurückgefahren.

Unmittelbar nach dem Tod von George Floyd und der breiten Empörung in der Bevölkerung, deutete sich der semantische Wandel von »Woke« noch nicht an. »Black Lives Matter«, die Organisation, unter deren Namen sich der Protest versammelt, erfuhr unmittelbar zu Beginn sehr viel Solidarität auch von Weißen, sogar von konservativen Weißen, die verstehen, dass der Prozess der Gleichberechtigung mit den Bürgerrechtsgesetzen und praktischen Regeln für Gleichbehandlung bei Weitem noch nicht abgeschlossen ist. Viele machten sich in jenen Tagen die These zu eigen, dass die Vereinigten Staaten von Amerika im täglichen Leben kein homogenes Land sind, sondern in den USA viele Amerikas existieren, die gespaltenen Staaten von Amerika eben. Ein schlechtes Gewissen und Schuldbewusstsein spielten eine Rolle damals, als auch viele Medien die Situation des Schwarzen Amerikas auf der Agenda ganz oben platzierten.

Mit einem Mal zerbröckelte Barack Obamas Absolution, mit der seine nationale politische Karriere 2004 begann. Er richte sich, so sagte er seinerzeit auf dem Wahlparteitag der Demokraten, an alle, die das Land spalten wollten, an die politischen Spin-Doktoren und negativen Wahlkämpfer: »Ich sage denen heute Abend, es gibt kein liberales und kein konservatives Amerika – es gibt nur die Vereinigten Staaten von Amerika. Es gibt kein Schwarzes Amerika und kein Weißes Amerika und kein Latino-Amerika und kein asiatisches Amerika – es gibt nur die Vereinigten Staaten von Amerika.«[10] Das war ein Vorgeschmack auf die spätere »Hope«-Kampagne Obamas, eher die Beschreibung einer Hoffnung als der Realität. In Minneapolis aber wurde überdeutlich, dass mit George Floyds gewaltsamem Tod sogar die Hoffnung zerbrochen ist.

In den Tagen danach brennt die Stadt, im tatsächlichen Sinn des Wortes. In der ersten gewalttätigen Nacht geht eine Polizeistation in Flammen auf, in der nächsten zerstören Demonstranten

Geschäfte, Banken, Verwaltungsgebäude, mehrere Straßenzüge brennen, die Feuerwehren müssen bis zum nächsten Morgen löschen. Ich verbringe mehrere Tage in der Stadt, sehe die Gewalt in der Nacht, spreche mit den Demonstranten in den Protestzügen am Tag, begleite Menschen, die schon am frühen Morgen kommen, um beim Aufräumen zu helfen, und versuchen, wieder Frieden in die Stadt zu bringen. Es sind Hunderte, Männer und Frauen, weiß, schwarz, Latinos, Asiaten. Die meisten jung und aus der Innenstadt, Studierende, junge Professionals, für die das Leben in der Stadt ihre Kultur ist. »Das ist unsere Stadt, und die lassen wir nicht kaputt machen. Was kaputt ist, bleibt so, wenn man es nicht sofort beseitigt«, sagen sie, wenn sie, mit Eimern und Bürsten bewaffnet, frische Graffitis von den Wänden reiben. Andere tragen von Feuer, Rauch und Löschwasser zerstörte Büromöbel und Ladeneinrichtungen auf einen Parkplatz, damit die Müllabfuhr sie entsorgen kann. Dazwischen immer noch Feuerwehren, die letzte Brandherde löschen. Die Sonne scheint, aber trotz der Aktivität herrscht eine gespenstische Ruhe.

Für Frieden ist es noch zu früh. »No Justice, no Peace« ist einer der skandierten Slogans. »Defund the Police« ein anderer, ohne Gerechtigkeit wird es keinen Frieden geben, und »Nehmt der Polizei das Geld weg«. »Hast du jemals einen Polizisten auf dem Hals eines Weißen knien sehen?«, fragt Michael im Gespräch, während er mitdemonstriert. »Das passiert nur uns Schwarzen.« Das ist zwar so nicht richtig, weil es vielerorts durchaus zur erlaubten Polizeitaktik gehört, einen Festgenommenen mit dem Knie zu fixieren. Das aber ändert nichts an der Wahrnehmung und der Realität, dass Afroamerikaner von der Polizei anders behandelt werden als Weiße. Manche nehmen das als Beleg dafür, dass Afroamerikaner überdurchschnittlich häufig kriminell werden, andere als Beweis für einen institutionalisierten Rassismus, der mit der Polizeigewalt nur die Spitze eines riesigen Eisbergs zeigt.

Tatsache ist, dass Afroamerikaner weitaus häufiger bei Straßenkontrollen angehalten werden als Weiße. Bei gleichen Vergehen werden mehr und längere Gefängnisstrafen gegen Schwarze verhängt, es wird seltener eine Freilassung gegen Kaution gewährt. Selbst bei einfachen Kontrollen zeigen sich signifikante Unterschiede bis in die Sprache hinein. Analysen von Dialogen, die von Körperkameras aufgezeichnet werden, zeigen, dass Weiße meist mit mehr Respekt rechnen können als Schwarze. Es ist wahrscheinlicher, dass sie mit »Madam« oder »Sir« angesprochen werden, Schwarze dagegen hören häufiger »Man«, »Bro« oder »Sis«. Weiße hingegen werden von Polizisten häufiger mit Nachnamen angesprochen, mit Mr und Ms, und werden seltener aufgefordert, die Hände am Lenkrad zu halten. Dabei macht es keinen Unterschied, ob die Polizisten schwarz oder weiß sind.

Afroamerikaner erzählen übereinstimmend, dass Polizeiautos umdrehen und sie verfolgen, wenn sie ihnen nachts auf leeren Straßen entgegenkommen, Weißen passiert das selten. »The Talk« nennen Afroamerikaner das fast ritualisierte Gespräch, das sie mit ihren jugendlichen Kindern führen, um ihnen beizubringen, wie man eine Polizeikontrolle überlebt. Das müsse ein Ende haben, sagen viele Afroamerikaner und sind frustriert, dass man immer noch über diese Dinge diskutieren muss, 60 Jahre nach dem Civil Rights Act, dem Gesetz, das 1964 nach langem Kampf zumindest für rechtliche Gleichstellung aller Amerikaner sorgte und »Diskriminierung aufgrund von Rasse, Hautfarbe, Religion, Geschlecht oder nationaler Herkunft« verbot.

Rassismus steht auch 2024 wieder auf der Tagesordnung des Wahlkampfes um die Präsidentschaft. Dass es gleiche Rechte für alle geben muss, darüber herrscht Einigkeit. Aber was das in der Praxis bedeutet, ist ideologisch aufgeladen. Afroamerikanische Gruppen erheben seit vielen Jahren Forderungen nach finanzieller Wiedergutmachung für die Nachkommen von Sklaven und bekommen dafür Unterstützung von einigen Demokraten im Kongress. Die »Affirmative Action«, eine Art Quotenregelung für die Zulassung zu Universitäten oder den öffentlichen Dienst, stand nach Klagen stellvertretend bei der Harvard University auf dem Prüfstand. Der Supreme Court urteilte im Juni 2023, dass die Hochschule afroamerikanische Bewerber nicht mehr gegenüber anderen Ethnien mit besseren Noten bevorzugen darf. Geklagt hatten 20 000 Studierende, darunter eine große Zahl asiatischstämmiger Amerikaner. »Studierende müssen auf der Basis ihrer Erfahrungen als Individuum behandelt werden – und nicht auf der Basis ihrer ethnischen Herkunft. Viel zu lange haben Universitäten das genaue Gegenteil gemacht«, so der Vorsitzende Richter John Roberts. Die erfolgreichen Kläger werten das Urteil als »Neuanfang, die Wiederauferstehung der Prinzipien des amerikanischen Traums«. Auf der anderen Seite mehren sich Forderungen nach »positiver Diskriminierung«, um Minderheiten bessere Chancen zu verschaffen.

»Was haben wir denn wirklich erreicht?«, fragen Demonstranten in Minneapolis beim Blick auf die Ruinen der Brandnacht. Geschäfte, auch kleine, von afroamerikanischen Familien geführte, sind geplündert, die Besitzer verzweifelt, weil sie in dieser Nacht alles verloren haben. Häuser sind mit Graffitis verschmiert, Geldautomaten mit schwerem Werkzeug aus den Wänden gerissen. Die Polizei sagt später, dass organisierte gewalttätige politische Gruppen ebenso von weit her in die Stadt gekommen seien, wie Kriminelle, um im Schutz friedlicher Proteste zu stehlen und zu zerstören. Tatsächlich kann man in der Nacht schwarz vermummte Gruppen von Demonstranten sehen, die Molotowcocktails mitgebracht haben. Wut entsteht auf allen Seiten und wird sofort politisch. Der Ruf nach Sicherheit für die Bürger und der gewalttätige Aufschrei gegen die Polizeibrutalität bestimmen die brisante Lage.

Bei den Demonstranten auf der Straße sorgt die Feuernacht für Diskussionen über die richtige Strategie und die Rechtfertigung von Gewalt. »Ich war damit nicht so ganz einverstanden, aber ich kann die Leute verstehen«, sagt Lucas. »Diese Polizeigewalt gegen uns muss aufhören. Unsere Leute sitzen später im Gefängnis, aber die anderen, die Polizisten, werden freigelassen. Darum sind wir hier, das muss aufhören.« Mike demonstriert mit, will aber mit Gewalt nichts zu tun haben: »Das sind nicht wir, wir sind friedliche Demonstranten. Die Kräfte von draußen machen unseren

Protest gewalttätig.« Tagsüber stehen den Demonstranten bewaffnete Staatspolizisten gegenüber, Männer und Frauen mit kurzen Ärmeln, aber deutlich sichtbaren kugelsicheren Westen, das Gewehr im Anschlag. In Reih und Glied warten sie, schauen nach vorn, niemand spricht. »No Justice, No Peace«, skandieren die mehreren Tausend im Protestzug, unter ihnen auch viele Weiße und Latinos. »Man muss für das kämpfen, woran man glaubt, für das kämpfen, was richtig ist«, sagt Marilyn. Die Frau neben ihr stimmt zu und glaubt doch nicht an den Erfolg: »Wie auch immer wir protestieren, es wird doch nichts ändern. Die hören nicht auf unsere Sorgen und unser Leid.« »Wir müssen trotzdem weitermachen«, antwortet ihre Freundin. »Erst die Pandemie«, bei der ja besonders viele Afroamerikaner betroffen waren, »und dann die Proteste, da kann nicht einfach alles wieder sein wie vorher«. Neil stimmt ihr zu: »Ich glaube auch, dass wir zu lange still waren. Ein friedlicher Protest wie dieser ist ja gut, aber auch das, was in der Nacht passiert, muss wohl sein. Ich unterstütze das nicht mit ganzem Herzen und kann da nicht mitmachen, aber ich verstehe, warum sie es tun. Das ist all diese Wut und die Frustration.« Seine Freundin aber glaubt, dass Gewalt in eine Sackgasse führt: »Nein, da muss es einen besseren Weg geben, seine Wut zu zeigen«, sagt sie, »einen besseren Weg.«

»Black Lives Matter« bekam durch die Wut über den Tod von George Floyd neue Energie und wurde nach längerer Unsichtbarkeit wieder zum Sprachrohr und Kristallisationspunkt einer sozialen Bewegung. Gegründet wurde »Black Lives Matter« rund zehn Jahre zuvor, nachdem ein Nachbarschaftswachmann freigesprochen wurde, der den unbewaffneten Afroamerikaner Trayvon Martin in Florida erschossen hatte. Seitdem protestierte »Black Lives Matter« immer wieder bei Polizeigewalt gegen Afroamerikaner und People of Color und löste sogar international Resonanz aus. »Unsere Mission ist es, die Weiße Vorherrschaft zu beseitigen und lokale Stärke zu entwickeln, um eingreifen zu können, wenn vom Staat oder von Bürgerwehren Gewalt gegen Schwarze ausgeübt wird. Indem wir dieser Gewalt entgegentreten, schaffen wir

Raum für Schwarze Visionen und Innovationen, Schwarzes Glück steht für uns im Mittelpunkt. Damit verbessern wir unmittelbar unser Leben«,[11] heißt es im Mission Statement der »Black Lives Matter Global Network Foundation«.[12]

Der Tod von George Floyd löste im ganzen Land Empörung aus, eine »Genug ist Genug«-Stimmung machte sich breit, in vielen Städten gab es Demonstrationen und Unruhen, aber auch demonstrative Solidarität, vor allem unter Jugendlichen. 67 Prozent der Erwachsenen, sogar 70 Prozent der Teenager unterstützten »Black Lives Matter«, fand das Pew Research Center im Juni heraus, also einen Monat nach dem Beginn der Unruhen.[13] Es überrascht nicht, dass die Zustimmung mit 86 Prozent unter Afroamerikanern und Hispanics signifikant höher war als unter Weißen. Aber auch die Weißen zeigten sich empört und meinten, dass sich etwas ändern müsse und »Black Lives Matter« dabei eine Rolle spiele. 60 Prozent der Weißen stimmten dieser Auffassung im Juni zu, unmittelbar nach dem Mord und zu Beginn der Proteste. Bis September veränderte sich das Bild, die Unterstützung nahm ab und verwandelte sich teilweise in Ablehnung. Insgesamt waren es nur noch 55 Prozent der Erwachsenen, die sich stark oder zumindest tendenziell hinter »Black Lives Matter« stellten. Bei den Afroamerikanern wuchs der Anteil der Unterstützer noch etwas, bei den Weißen sank er auf 45 Prozent.

In den vier Monaten nach George Floyds Tod wurde in einem Teil der öffentlichen Wahrnehmung aus der Bürgerrechtsbewegung für soziale Gerechtigkeit und gegen rassistische Gewalt eine, die die Rechte und die Stellung der Weißen Bevölkerung infrage stellte. Vor allem aber waren es die Ausschreitungen in mehreren Städten der USA, die für diesen Umschwung sorgten. Die Forderung von »Black Lives Matter«, der Polizei ihre Geldmittel zu nehmen und sie teilweise aufzulösen, löste Angst aus. Die öffentliche Sicherheit und der Schutz vor Verbrechen schienen gefährdet. Vor allem in den wohlhabenden Vorstädten mit ehemals großer Sympathie für die Forderungen nach mehr Gerechtigkeit bröckelte die Unterstützung drastisch. Die Polizei wird dort nicht als Bedrohung empfunden, sondern als Garant für persönliche Sicherheit und den Schutz des Eigentums.

Donald Trump und viele republikanische Kandidatinnen und Kandidaten für den Kongress schürten diese Angst und framten »Black Lives Matter« als kriminelle Gefahr und ihre Forderungen als Bedrohung von Recht und Ordnung. Ihre Zielgruppe war und ist der überwiegend Weiße Mittelstand, der es durch Arbeit geschafft hat, den Traum vom Leben in einem der schönen Suburbs mit Basketballkörben am Garagentor und guten Schulen für die Kinder zu verwirklichen. Die sahen sich nun als mögliche Opfer und den Lohn ihrer Arbeit in Flammen aufgehen, wie bei den Protesten in den Städten.

»Black Lives Matter« geriet damit zwischen die politischen Fronten und mitten in den Präsidentschaftswahlkampf.

Bei den Weißen, die den Republikanern nahestehen, ging die Zustimmung bis zum Beginn der heißen Wahlkampfphase drastisch zurück, von 37 Prozent im Juni auf 16 Prozent im September. Die Anhänger der Demokraten aber hielten an ihrer Unterstützung für »Black Lives Matter« weitgehend fest, sie sank nur minimal, von 92 Prozent im Juni auf 88 Prozent im September. Sich aufseiten der Protestbewegungen und den Forderungen von »Black Lives Matter« zu positionieren, hieß in der Folge, sich auch parteipolitisch zu positionieren.

Im ersten Moment aber ging ein Ruck durch das Land, der Tod von George Floyd schien als Katalysator dafür zu sorgen, dass die amerikanische Mehrheitsgesellschaft ernsthaft einen Wandel will.

Die Forderungen nach einer Polizeireform und einer gerechteren Gesellschaft erreichten den Mainstream. Mindestens 62 der größten 500 Unternehmen in den USA posteten nach dem Beginn der Proteste etwas zu »Black Lives Matter« und dem Wunsch nach einer gerechteren Gesellschaft in den sozialen Netzwerken[14] und machten es zu einem Teil ihrer Unternehmenskommunikation. Große Konsumentenmarken integrierten im Sommer 2020 »Black Lives Matter« und die Proteste in ihre Werbung, unter anderem Nike, McDonald's und Procter & Gamble. »Tu nicht so, als gäbe es kein Problem in Amerika«, schreibt Nike in Weiß auf schwarzem Grund zu Klaviermusik, »ignoriere Rassismus nicht!« Niemand solle mehr schweigen, jeder sich als Teil der Lösung verstehen, so der Sportartikelhersteller.

McDonald's nannte in einem Video die bekannt gewordenen afroamerikanischen Opfer von Polizeigewalt und bezeichnete sie als »einen/eine von uns, die wir in jedem Kunden, jedem Mitarbeitenden sehen«. Die Fast-Food-Kette ging so weit, sich mit »allen Opfern systemischer Unterdrückung und Gewalt« solidarisch zu erklären. Systemischer Rassismus galt bis dahin als Kampfbegriff und war für viele in der Weißen Community tabu. Nun war er in der Welt der Werbung angekommen.

Procter & Gamble rief seine Kunden im Werbespot auf, bei den Protesten mitzumarschieren, Geld zu spenden und sich aktiv gegen Rassismus einzusetzen. Der Konsumgüterriese mit Marken wie Oral B, Head & Shoulders, Pampers, Duracell, Gillette und vielen anderen mehr zeigte zunächst schwarze Haut in Nahaufnahme. Darauf in weißer Schrift: »Was sollen wir tun, wenn man uns immer und immer wieder sagt, dass unsere Leben nicht zählen.« In schwarzer Schrift auf weißer Haut heißt es dann: »In Amerika Weiß zu sein, bedeutet, nicht betonen zu müssen, dass das eigene Leben zählt.« Aber nur wenn das eigene Leben auch als bedeutsam gilt, habe man Macht – auch dies war auf weißer Haut zu lesen. Der Appell an die Weißen in Amerika lautete, dass es nicht mehr ausreiche, selbst kein Rassist zu sein, jetzt müsse man aktiv antirassistisch handeln und seine Macht als Weißer nutzen. Jeder habe die Wahl, ob er Verantwortung übernehme oder nicht.

Der Werbedienstleister Unruly untersuchte die Wirkung der Werbespots, die ja als Statement der eigenen Position und der Solidarität gedacht waren.[15] »Was als Erstes auffällt, ist, dass ›Inspiration‹ das stärkste Gefühl ist, das Konsumenten empfinden, wenn sie die Spots sehen«, hieß es in der Untersuchung. Bei den genannten Spots fühlte sich jeweils jeder Vierte inspiriert, sagte das Unternehmen nach der Auswertung der Zielgruppen. Weiter hieß es: »Wir wissen, dass es Unternehmen nicht darum geht, ihr Produkt zu vermarkten, wenn sie ›Inspiration‹ in ihrer Werbung einsetzen. Meistens wird sie genutzt, um einen Wert zu promoten oder etwas zu kommunizieren, wofür die Marke steht. In diesem Fall die ›Black Lives Matter‹-Bewegung.« Viele Unternehmen versuchten in dieser Phase, ihre Marke mit den Themen Antirassismus und gerechte Gesellschaft aufzuladen und sich zum Teil der Bewegung zu machen. Diversität wurde zum wichtigen Einstellungskriterium bei Unternehmen, bis politisch der Vorwurf umgekehrten Rassismus aufkam und sich immer mehr Weiße von den populistisch-konservativen Vorhersagen bestätigt fühlten.

Im Vorwahlkampf für die Präsidentschaft 2024 ist es wieder still geworden um das Thema Diversität. Die Regeln für inklusiven Umgang miteinander, die Konsequenz, mit der rassistische oder sexistische Äußerungen und Diskriminierung geahndet werden, sind weitgehend geblieben, aber man redet in den Unternehmen nicht mehr öffentlich darüber. Die Gefahr, zwischen die politischen Stühle zu geraten, ist groß geworden, niemand will Teil eines Shitstorms der einen oder anderen Seite werden oder gar Opfer einer Boykott-Kampagne.

Innerhalb der afroamerikanischen Community indes ist ein heftiger Streit darüber ausgebrochen, welche gesellschaftlichen Konsequenzen der eingeschlagene Kampf gegen Rassismus haben soll und wird. Dabei stehen auf der einen Seite diejenigen, die eine grundlegende Veränderung der gesellschaftlichen Ordnung im Sinne der Identitätspolitik fordern.[16] Auf der anderen Seite kritisieren Afroamerikaner, dass einerseits Mitglieder der Schwarzen Elite die Rassismusdebatte für ihre eigenen Interessen missbrauchen und andererseits Schwarzen suggeriert wird, sie trügen keinerlei persönliche Verantwortung für ihre soziale und gesellschaftliche Situation.

In der politischen Diskussion um Rassismus wird die aktuelle Phase der gesellschaftlichen Entwicklung »Third Wave Anti-Racism« genannt, die dritte Welle des Antirassismus. Mit der ersten Welle wird der Kampf gegen Sklaverei und Rassentrennung beschrieben, die zweite umfasst den Kampf um rechtliche Gleichstellung nach der Bürgerrechtsbewegung. In der dritten Welle geht es darum, Stereotype abzubauen und Raum zu schaffen für die Entwicklung einer eigenen Identität als Mitglied einer Gruppe, in diesem Fall als Afroamerikanerin oder Afroamerikaner. Parallel dazu läuft der Kampf um gesellschaftliche Gleichstellung in den Bereichen Feminismus und unterschiedliche sexuelle Identitäten. Noch vor dem Tod George Floyds erschien 2019 das Buch *How to Be an Antiracist* des US-amerikanischen Historikers Ibrahim X. Kendi.[17] Die *New York Times* führte es insgesamt rund 50 Wochen auf der Bestsellerliste. In der Werbung wird die NYT mit dem Satz »eines der mutigsten Bücher über Rassismus im westlichen Denken« zitiert und *Time Magazine* nimmt es auf ihre Liste der »must read«-Bücher, eines, das man gelesen haben muss. Der Verkauf des Buches explodierte während der Proteste nach dem Tod von George Floyd. Viele Bücher wurden in der Zeit über Rassismus und Gleichstellung geschrieben, Kendis aber kann stellvertretend für sie stehen, um den Konflikt zu verdeutlichen.

Rassismus ist für Kendi ein Herrschaftssystem, mit dem seit Jahrhunderten die Privilegien einer herrschenden Gruppe manifestiert werden. Dies spiegelt sich in den Gesetzen der Weißen Gesellschaft ebenso wie in den geschriebenen und ungeschriebenen Regeln, nach denen über Erfolg oder Misserfolg entschieden wird. So belegt er anhand von Statistiken und historischen Exkursen, dass beispielsweise die Zugangstests der Universitäten Schwarze benachteiligen, weil die Fragen eine Weiße Erfahrungswelt spiegeln, die Schwarzen häufig verwehrt oder zumindest nicht geläufig ist. Auch bestimmte Sekundärtugenden hält er für das Konstrukt einer Weißen Gesellschaft, die damit ihre Werteordnung festigt und den Zugang für diejenigen erschwert, die nicht mit diesem Verhaltensmuster aufgewachsen sind. Im autobiografischen Teil seines Buches schildert er, dass er selbst früher Schwarze dafür verantwortlich gemacht habe, an gesellschaftlichen Konventionen zu scheitern. Er habe beispielsweise als Schüler in einer Rede zum Gedenken an Martin Luther King mehr Anstrengung gefordert: »Ich hatte viele der überparteilichen, interrassischen

Mainstream-Ideen konsumiert, dass mit der Schwarzen Jugend etwas nicht stimmt, dass Schwarze Jugendliche Bildung nicht schätzten, dass der Hip-Hop Schwarzer Jugendlicher ihren Verstand ruiniere und sie sexuell anrege und gefährlich mache. Diese Schwarze Jugend bekam zu viele Babys. Dass Schwarze Jugendliche ›Super-Raubtiere‹ (›superpredators‹) waren. Dass wir diese Menschen, die eine Bedrohung für die Gesellschaft darstellten, massenhaft einsperren mussten.«[18] Diese Verachtung gegenüber der Hip-Hop-Generation sei stark verbreitet bei denen, die durch die Bürgerrechtsära geprägt seien. Deren Perspektive: Das Erbe des Übervaters Martin Luther King werde von ihnen in den Dreck gezogen, die Chancen, die für sie erkämpft wurden, nutzten sie nicht. Diese Haltung aber ist für Kendi inzwischen »rassistisch«, weil sie die Afroamerikaner abwertet, die keinen sozialen Aufstieg geschafft haben. Die Mainstreamhaltung, auch der erfolgreichen Schwarzen Mittelschicht, mache die Schwarze Unterschicht selbst für die strukturellen Hindernisse in ihrem Leben verantwortlich.

In der Konsequenz gibt es für Kendi nur den Gegensatz von »Rassismus« und »Antirassismus«. Die Vorstellung, sich tolerant und nichtrassistisch zu verhalten, existiert in seinem Narrativ nicht. Den bei den Protesten 2020 häufig genannten Slogan »Weißes Schweigen ist Gewalt« würde er unterschreiben, denn nur ein aktives Eintreten gegen Rassismus und die durch ihn verursachten Strukturen hält er für ein akzeptables Verhalten. »Affirmative Action« ist für ihn gute, weil antirassistische Politik. Bildung und die dahinterliegenden rassistischen Strukturen sind in seinen Augen der Kern des Problems. Dabei reicht es ihm nicht, Schulen besser auszustatten oder Eingangstest zu verändern. Eine antirassistische Zukunft benötige ein Umdenken über Identität und ihre Bedeutung. Dahinter steht die Vorstellung, dass unterschiedliche Lebenswelten zu unterschiedlichen Leistungen führen, die für sich genommen nicht besser oder schlechter sind, nur unterschiedlich. Was wäre, wenn die Klugheit eines schlecht testenden Schwarzen Kindes in einer armen Schwarzen Umgebung nur eine andere, nicht eine unterlegene Klugheit gegenüber einem Weißen

Kind in wohlhabender Weißer Umgebung mit guter Schule und guten Testergebnissen darstellt? Müsste man nicht Wissen immer in Bezug auf die jeweilige Umwelt und deren Bedürfnisse testen?

Das alles müsse fortlaufend im Blick behalten werden, um Rassismus dauerhaft zu beseitigen. So fordert Kendi in einem Artikel für die Onlinezeitung *Politico* ein »Ministerium für Antirassismus«, das alle Gesetzesvorhaben daraufhin überprüft, ob sie bewusst oder unbewusst rassistische Elemente erhalten.[19] Dazu solle die Verfassung durch einen weiteren Zusatzartikel ergänzt werden, der zwei antirassistische Prinzipien mit Verfassungsrang umfasst: Erstens: *Race*-Ungerechtigkeit ist ein Beweis für rassistische Politik, und zweitens: Die verschiedenen *Race*-Gruppen sind gleichberechtigt. Diese Änderung würde rassistische Ungerechtigkeiten über einem bestimmten Schwellenwert sowie rassistische Ideen von Beamten für verfassungswidrig erklären.

Einer von Kendis entschiedensten Kritikern ist der afroamerikanische Linguist und Publizist John McWhorter, Professor an der Columbia University in New York. »›Antirassismus der Dritten Welle‹ schadet Schwarzen Menschen«, so sagt er in seinem Buch *Woke Racism.*[20] »›Third Wave Anti-Racism‹ besteht darauf, dass es ›rassistisch‹ ist, wenn Schwarze Jungen unter denjenigen überrepräsentiert sind, die wegen Gewalt suspendiert oder von Schulen verwiesen werden. ›Third Wave Anti-Racism‹ besteht darauf, dass es ›rassistisch‹ ist, wenn Schwarze Kinder in den New Yorker Schulen unterrepräsentiert sind, die hohe Leistungen bei einem standardisierten Zulassungstest verlangen, und fordert, dass wir den Test abschaffen, anstatt Schwarze Schüler auf Ressourcen zu verweisen (von denen viele kostenlos sind), um für die Tests zu üben.«

Im Untertitel nennt er sein Buch »Wie eine neue Religion das Schwarze Amerika betrügt«, und mit Betrug meint er einen Betrug um die Zukunft, weil das Bewusstsein für Eigenverantwortung negiert wird. Das Problem sei, dass gut gemeinter Antirassismus nicht nur eine progressive Ideologie geworden sei, sondern religiöse Züge angenommen habe. Die Religion des Antirassismus lasse nicht zu, etwas zu hinterfragen, erlaube nicht, Positionen zu diskutieren, sondern verlange einzig ein Glaubensbekenntnis. »Schulverwaltungen im ganzen Land zwingen Lehrer, Zeit zu verschwenden, indem sie ›Antirassismus-Stunden‹ in die Curricula einbinden, die nicht mehr Sinn machen als das, was während der chinesischen Kulturrevolution eingeführt wurde.« Und dann fügt er hinzu: »Wussten Sie eigentlich, dass Objektivität, pünktlich sein oder korrekt schreiben zu können ›eine weiße Sache‹ sind?« Er will nicht akzeptieren, dass fehlende Kompatibilität mit den Anforderungen des Arbeitsmarktes als Folge von Rassismus entschuldigt wird, statt zu verlangen, den Anforderungen gerecht zu werden.

McWhorter kritisiert, dass die Diskussion um Identität und Rassismus grundsätzlich zu dem Schluss komme, dass Schwarze keine Schuld an ihrem Schicksal trügen. »Es gibt immer eine glaubhafte soziohistorische Erklärung dafür, was uns weiterhin quält, und der Rassismus in der Vergangenheit ist normalerweise der Schuldige. Aber ich möchte eine Frage stellen: Was genau ist das Ziel, diese Botschaft als zentral für alle legitimen zukünftigen Aussagen und Meinungen über *race* zu behandeln? Das heißt: Warum sollten wir uns so sehr darum kümmern, ob sie – gemeint sind Nicht-Schwarze – wissen, dass es nicht unsere Schuld ist?«[21] Man dürfe sich nichts vormachen, so McWhorter weiter, es gehe häufig genug darum, die »*race*-Karte« zu spielen, sich mit dem Rassismusvorwurf Vorteile zu verschaffen. Außerdem sei der Hinweis auf Gesetze, die zum Beispiel den Besitz »schwarzer« Drogen härter bestrafe als den Besitz »weißer« Drogen, kein Beweis. Im Gegenteil, die afroamerikanischen Abgeordneten hätten mit der gleichen Begeisterung solche Regeln befürwortet wie die Weißen.[22]

Er leugnet nicht, dass es drastische Unterschiede in der Lebenswirklichkeit von Menschen in der amerikanischen Gesellschaft gibt, nur hält er es für kontraproduktiv, sie unter dem Gesichtspunkt »Rassismus« anzugehen. Für Latinos oder arme Weiße treffe es genauso zu, dass sie unter schlechteren Bedingungen leben, schlechter medizinisch versorgt sind, in schlechtere Schulen gehen. Es gehe darum, die Probleme anzugehen, ohne ideologischen Überbau, der den Erfolg der Maßnahmen verhindere.

McWhorter verlangt ebenfalls eine Reform des Bildungswesens, will eine gezielte Förderung unterversorgter Regionen. Der »Krieg gegen Drogen« müsse beendet werden, weil durch die Illegalität Schwarzmärkte entstehen, auf denen mehr Geld als mit legaler Arbeit verdient wird. Stattdessen sollten kostenlose Berufsausbildungen die Regel werden, statt jedes berufliche Fortkommen von einem Hochschulabschluss abhängig zu machen. Vor allem sollten sich solche Ausbildungsgänge an den Bedürfnissen des Marktes ausrichten. Was in der Vergangenheit war, dürfe bei den Programmen der Gegenwart keine Rolle spielen, sondern die Verantwortung des Einzelnen müsse zum entscheidenden Faktor werden. Ideologien, wie sie von Ibrahim X. Kendi oder vielen Vertretern der »Black Lives Matter«-Bewegung verbreitet werden, würden nur Entschuldigungen für eigenes Versagen liefern, aber keine Lösungen. Das Ziel müsse sein, dass »der Tag komme, an dem weder Schwarze Menschen noch irgendwer sonst sich darum kümmern, ob andere verstehen, dass alles nicht unsere Schuld ist. Wir wären einfach zu beschäftigt damit, zu leben.«

John McWhorter verweist auch darauf, dass Kendis Rassismusbegriff zu Angst und Ablehnung bei weiten Teilen der Weißen Bevölkerung führt, nicht nur bei Anhängern eines konservativen Populismus, für den ein Kandidat wie Ron DeSantis steht. Er berichtet aus seinem eigenen akademischen Umfeld, wo sich Professoren nicht mehr trauten, öffentlich eine Meinung in die wissenschaftliche Diskussion einzubringen, die nicht mit »woker« Ideologie konform geht. In einer Umfrage unter 450 Professoren sagen weit über die Hälfte, dass sie Angst um ihre Reputation oder sogar um ihren Job hätten, wenn sie sich öffentlich kritisch zu »progressiver Orthodoxie« äußerten.[23] Das bezieht sich nicht nur auf den Rassismusvorwurf in Sachen Hautfarbe, sondern gleichermaßen auf den Vorwurf »rassistischer Gewalt«, wenn es um Gendergerechtigkeit oder sexuelle Orientierung geht.

Diese Angst aber, durch Rassismusvorwürfe in seiner Weißen Identität gefährdet zu sein, selbst zum Opfer eines umgekehrten Rassismus zu werden, ist der Ansatzpunkt von Politikern wie Ron DeSantis, die dies für ihre politische Strategie nutzen. Der Wahlkampf 2024 ist schon jetzt von der nächsten Phase des Kulturkrieges durchdrungen. Der Kampf um systemischen Rassismus und die Frage, was Amerika ausmacht, schiebt sich dabei ganz nach vorn.

Amerikanischer Tribalismus

»Culture Wars« und rivalisierende Stämme

Wenn Trump morgen zum bewaffneten Aufstand ruft, dann holen hier alle ihre Waffen raus und gehen hin. Meine Meinung behalte ich schön für mich selbst, ich hätte Angst, offen zu sagen, was ich über Politik denke«, erzählt Kathy, die im Süden von Virginia wohnt. »Mann«, fügt sie noch hinzu, »die wählen doch alle gegen sich selbst, als würden die Hähnchen für Colonel Sanders von Kentucky Fried Chicken stimmen. Aber von Trump und seinen Leuten bekommen sie die Erlaubnis, andere zu diskriminieren und kleinzureden. Er unterstützt ihre ›Der Süden steht wieder auf‹-Theologie, darum wollen sie ihn oder einen wie ihn auch 2024 wieder als Präsidenten.« Schließlich sagt Kathy noch: »Ich hätte nie gedacht, dass ich mal in einem solchen Umfeld lebe, es ist nicht mehr schön hier.«

»Ich fühle mich nicht mehr wohl im eigenen Land«, sagt Dan, der auch im Süden, an der Grenze von Alabama zu Nordflorida, lebt, »Amerika ist mir fremd geworden.« Dann erzählt er von den anderen, den Linken in den Städten, die keinen Respekt mehr vor dem wahren Amerika hätten, keinen Respekt mehr vor hart arbeitenden Menschen wie ihm. Wenn jemand nicht mit denen übereinstimme, dann werde er persönlich angegriffen. Wer eine anderslautende Meinung als sie habe, werde sofort als rechtsradikal oder sogar rassistisch abgestempelt. »Alles wird ›rassistisch‹ genannt, alles nennen sie ›Hassbotschaft‹, und damit hast du verloren.« Aber sie seien nicht rassistisch, viele ihrer besten Freunde gehörten zu Minderheiten, trotzdem würden er und seine Familie sich nicht mehr trauen, offen auszusprechen, was sie denken.

Kathy und Dan haben beide in ihrem Alltag und ihrer Umgebung das gleiche Gefühl, nicht mehr frei zu sein, nicht mehr offen aussprechen zu dürfen, was sie denken. Politisch sind sie sehr weit voneinander entfernt, dabei gibt es in beider Leben so viel, worüber sie sich einig werden könnten. Die beiden sind fast gleich alt, stammen aus dem Süden der USA, aus einfachen ländlichen Verhältnissen. Beide haben sich hochgearbeitet, die Highschool geschafft, sind zur selben Universität gegangen. Beide leben in einem der konservativen Südstaaten, im sogenannten Bible Belt, wo evangelikale Christen und Kirchen das Leben bestimmen. Irgendwann sind sie in entgegengesetzte Richtungen abgebogen, sie in die Verwaltung einer Universität, er als Lehrer an eine Kleinstadtschule.

Heute gehören Kathy und Dan zu unterschiedlichen gesellschaftlichen Gruppen, die sich nichts zu sagen haben und sich zunehmend unversöhnlich gegenüberstehen. Kathy glaubt, dass sich ihr Land, dass sich die Vereinigten Staaten verändert haben und weiter verändern müssen. Sie ist nicht politisch aktiv, aber setzt sich dafür ein, dass es ein Recht auf Abtreibung geben muss, dass Menschen mit gleichem Geschlecht selbstverständlich heiraten und Kinder aufziehen können. Sie möchte, dass Menschen einwandern dürfen und dass die Regierung dafür sorgt, dass Flüchtlinge einen menschenwürdigen Start in sicherer Umgebung bekommen. Donald Trumps Mauer an der Grenze zu Mexiko hat sie immer abgelehnt, eines freien Landes unwürdig. Sie tritt dafür ein, dass Rassismus keine Chance hat, dass in Schulen auch die Geschichte der Afroamerikaner gelehrt und die Schuld Amerikas an Sklaverei und Diskriminierung anerkannt wird. Deshalb unterstützt sie »Black Lives Matter«, die 2013 gegründete und seit dem Tod von George Floyd 2020 wiedererstarkte afroamerikanische Bürgerrechtsbewegung. Kathy lebt auf dem Land im Süden, da versteht sie, wenn Menschen eine Waffe haben, aber sie möchte, dass Gewehre und Pistolen registriert werden, dass man genauer schaut, wer etwas kauft. »Obama Care«, die von Präsident Barack Obama eingeführte Krankenkasse für alle, findet sie gut, weil damit Millionen Amerikaner vor Armut durch Krankheit geschützt wurden. Sie möchte bessere Sozialversicherungen, staatliche Unterstützung für Arme, mehr Bildungsprogramme und Absicherung im Alter. Dass Präsident Biden in Klimaschutz investiert, findet sie richtig.

Dan hat andere Wünsche und Überzeugungen. Er ist glücklich, dass der Supreme Court Abtreibungen schwieriger gemacht hat, denn für ihn sei Abtreibung Mord, sagt er. Jeder Mensch habe Verantwortung für sein Handeln, auch für den Sex, auf den man sich einlässt. Wenn Gott daraus ein Kind werden lässt, gehöre zur Verantwortung auch, dieses Kind zu bekommen und aufzuziehen. Dass jeder seine Sexualität leben kann, hetero- oder homosexuell, das findet er selbstverständlich. Aber eine Familie, das sei eben doch ein Paar aus Mann und Frau mit ihren Kindern, so solle es bleiben, und deshalb ist er gegen gleichgeschlechtliche Ehen. Amerika habe sich in den letzten Jahren sehr verändert, findet Dan, und das habe dem Land nicht gutgetan. Er ist für Einwanderung, aber die Demokraten ließen zu viele Menschen ungeprüft ins Land, die Kriminalität mitbringen und den USA mehr auf der Tasche liegen als sie etwas dazu beitragen, das Land zu verbessern. Deshalb findet er Donald Trumps Projekt einer Mauer entlang der mexikanischen Grenze eine gute Idee. Selbstverständlich möchte er, dass alle Menschen die gleichen Rechte und Chancen haben, Diskriminierung wegen Hautfarbe oder Herkunft dürfe es nicht geben, das sei schlicht unamerikanisch. Deshalb lehnt er auch radikale Gruppen ab, die eine Ideologie der »white supremacy« vertreten, die Überlegenheit Weißer Menschen gegenüber anderen. Gleichzeitig ist er wütend über manche Forderungen von »Black Lives Matter«. Die Bürgerrechtsbewegung wolle keine Gleichberechtigung, kein Zusammenleben in einem gemeinsamen Amerika. Sie wollten das gewachsene und mit dem Blut zahlloser patriotischer Amerikaner aufgebaute Land wieder niederreißen, so wie die Denkmäler während der Proteste, wollten die Werte von Freiheit, Demokratie, Selbstbestimmung und Sorge für sich selbst zerstören. Vor allem lehnt er ab, dass die Geschichte seiner USA neu und aus afroamerikanischer Perspektive erzählt wird, lehnt es als Geschichtslehrer ab, seinen Schülern beizubringen, dass es eine

Erbschuld für die Sklaverei der Vorfahren gibt, die auch auf sie übergeht. Sklaverei war schlimm und Unrecht, so die Überzeugung, aber auch das habe man doch überwunden und für Gerechtigkeit gesorgt.

Sicherheit und Ordnung sind ihm wichtig, das Land gehöre den rechtschaffenen, hart arbeitenden Menschen, die es mit ihren Steuern finanzieren. Deshalb müsse die Polizei gestärkt werden, die Forderung von »Black Lives Matter«, der Polizei das Geld zu nehmen und sie neu zu organisieren, lehnt er entschieden ab. Das nehme den staatstreuen Bürgern die Sicherheit, während es die Verbrecher schütze. Dass man eine Waffe besitzen darf, hält Dan ebenfalls für selbstverständlich, das gehört für ihn zu den verbrieften Rechten jedes amerikanischen Bürgers und steht gleichberechtigt neben den Grundrechten auf freie Meinungsäußerung und freie Religionsausübung. Die vielen Sozialprogramme, die von Demokraten gefordert werden, hält er für überflüssig, damit werde eine Grundlage des »Amerikaner-Seins« untergraben, nämlich für sich selbst verantwortlich zu sein und den Staat aus den Angelegenheiten der Menschen herauszuhalten. Im Gespräch gibt Dan zu, dass mehrere in seiner Familie eine »Obama Care«-Krankenversicherung haben. Ohne diese Versicherung wären sie zwar schutzlos, aber am Prinzip der Staatsferne ändere das nichts.

Man kann die gesellschaftlichen Streitthemen mit einer Checkliste durchgehen und wird Dan fast immer auf der einen »richtigen« Seite finden, ebenso wie Kathy auf der anderen »richtigen« Seite.

Die beiden sind typisch für Dutzende Menschen aus verschiedenen politischen Lagern, mit denen ich bei meinen Recherchen in den USA gesprochen habe. Je nachdem, wie man politisch denkt und welchem Lager man sich zugehörig fühlt, sortiert sich die Haltung zu den Themen, die den politischen Konflikt ausmachen und gleichzeitig das beschreiben, was die Kultur der Vereinigten Staaten jeweils ausmacht. »Das ist nicht mehr Amerika!« oder »Sie machen Amerika kaputt!« sind dann die Sätze, in denen sich die gesamte moralische Empörung äußert, dass die anderen nicht erkennen, was die nationale Identität des eigenen Landes ausmacht. Egal auf welcher Seite sie stehen, Menschen äußern in Umfragen eine klare Meinung auch zu Themen, die ihnen persönlich nicht wichtig sind, von denen sie aber glauben, dass sie zum Kanon ihrer Gruppe gehören. Ein Beispiel: Zu den Forderungen bei liberalen Demokraten gehört, während eines Studiums aufgelaufene Schulden für Studiengebühren zu erlassen. Menschen, die sich dieser Gruppe zugehörig fühlen, stimmen in der Regel zu, auch wenn sie weder betroffen sind noch sich mit der Frage ausführlich beschäftigt haben.

Das sei völlig normal und entspreche unserer Natur, sagt der Psychologe Joshua Greene von der Harvard Universität, der die neurologischen Ursachen des Gruppen- oder »Stammesverhaltens« von Menschen untersucht hat.[1] Je näher wir zusammenrücken, je mehr wir miteinander gesellschaftliche Räume teilen müssen und vor allem je mehr unser Status durch Konkurrenz bedroht sei, so Greene, desto mehr machen wir moralische Fragen zur Waffe, um uns zu behaupten. »Unsere Gehirne wurden in der Evolution für ein Leben in Stammesverbänden programmiert, um mit einer ausgewählten Gruppe Menschen (›wir‹) auszukommen und alle anderen (›die‹) zu bekämpfen. Aber die moderne Welt hat die Stämme dieser Welt in geteilte Lebensräume geworfen, in denen Interessenkonflikte entstehen, Werte aufeinanderprallen und sich gleichzeitig ungekannte Möglichkeiten auftun.« Unsere Gehirne funktionierten in der Gruppe vor allem auf einer emotionalen Basis, um unserem Stamm zu dienen, der uns Schutz biete t. Was innerhalb der Gruppe funktioniert, um für Gleichklang und soziale Harmonie zu sorgen, wird zur Quelle für Streit und Kampf, wenn man auf andere Gruppen treffe, die Gut und Böse, Richtig und Falsch moralisch anders definierten. Hier hätten die aktuellen Konflikte und Ismen ihre Wurzel, seien es Rassismus, Antisemitismus, Sexismus oder Homophobie, im Extrem bis hin zu heiligen Kriegen und Genoziden. Je kleiner die Welt gefühlt werde, desto deutlicher und drängender würden die moralischen

Linien, die uns trennen. Man kämpfe mit den anderen ebenso über Steuerfragen wie über gleichgeschlechtliche Ehe und Klimawandel und könne sich kaum noch vorstellen, dass man gemeinsame Lösungen findet. Je größer und grundsätzlicher der Konflikt wird, desto mehr wird er mit im weitesten Sinne moralisch besetzten Themen geführt.

Das beschreibt sehr deutlich die politische Situation in den Vereinigten Staaten vor den Präsidentschaftswahlen 2024. Der Meinungsforscher John Gramlich vom Pew Research Center in Washington zeigt sich denn auch sehr besorgt darüber, ob die Anhänger der beiden Parteien sich jemals wieder auf gemeinsame Ziele und gemeinsame Werte für das Land und die Nation einigen können. Zwei Entwicklungen sind ihm bei den Studien des Instituts besonders aufgefallen: Wenn man früher Menschen nach ihrer Identität fragte, seien vor allem Religion und Zugehörigkeit zu einer Ethnie oder *race* genannt worden. Heute sei die Nähe zu einer politischen Richtung oder Partei als selbst genanntes Identitätsmerkmal hinzugekommen. Dabei definierten sich die Befragten weniger darüber, was sie sind, sondern darüber, was sie nicht sind. »Nicht nur Wahlkämpfe, auch politischer Streit wird immer persönlicher«, sagt er im Interview. »Studie auf Studie sehen wir, wie die Menschen aggressiver übereinander reden, sich gegenseitig mit schlechten Eigenschaften belegen.« So sagen 62 Prozent der befragten Republikaner, dass Demokraten »faul« seien, nur 2 Prozent glauben, dass Demokraten hart arbeiten.[2] Für »faul« halten nur 26 Prozent der Demokraten ihre republikanischen Gegenüber, dafür zu über 60 Prozent für »unmoralisch« und »unehrlich«. Republikaner sind in ihrer Abscheu gegenüber Demokraten noch radikaler: Jeweils 72 Prozent belegen Demokraten mit den Prädikaten »unmoralisch« und »unehrlich«. 83 Prozent der Demokraten halten Republikaner für »verbohrt« und nicht offen für andere Sichtweisen, das sagen auch 69 Prozent der Republikaner über die Demokraten. Absolut gleich sehen sie sich gegenseitig, wenn nach »Intelligenz« gefragt wird. Jeweils gut die Hälfte hält die Anhänger der jeweils anderen Partei für »dumm«. Das seien

Begriffe, so John Gramlich, bei denen man sich nicht mehr näherkommen kann, die jede konstruktive Diskussion im Keim ersticken und die Teilung des Landes manifestieren. Zumal die gleiche Studie zeigt, dass die jeweils gegenseitige Erwartung ist, dass die andere Partei schlecht für die Zukunft des Landes sei.

Auf dieser Basis konzipieren die Parteien und Kandidaten ihre Wahlkampfstrategie 2024. Man erzählt sich von den goldenen Zeiten, als die Parteien noch in der Lage gewesen seien, über die Grenzen hinweg im Kongress gemeinsame Lösungen zum Wohle des Landes zu finden. Das sei vorbei. Wichtige Gesetze durch den Kongress zu bringen, dauert Monate und Jahre und scheitert oft genug am Widerstand kleiner Gruppen – nicht, weil es um die Sache geht, sondern darum, den Gegner zu blockieren und ihm keinen politischen Erfolg zu gönnen. »Die streiten sich doch nur und interessieren sich nicht mehr für uns« ist ein häufig gehörter Satz, der gleich ein weiteres »wir« gegen »die« beschreibt. »Wir«, das leidende Volk, und »die«, Politiker, die nur noch ihre eigenen Interessen verfolgen. In der Politik gehe es kaum noch darum, die immer drängenderen Probleme anzupacken und zu lösen.

Anzupacken wären eine marode gewordene Infrastruktur, wachsende Armut, sinkende Lebenserwartung, weil die Gesundheitsversorgung unbezahlbar wird, der bröckelnde Bildungsstand, die Vorbereitung auf eine mögliche neue Pandemie und vieles andere mehr. Stattdessen untersuchen die Wahlkampfstrategen der Kandidatinnen und Kandidaten, mit welchen »höheren« Themen man Amerikanerinnen und Amerikaner mobilisieren, sie motivieren kann, zur Wahl zu gehen, um das eigene Wertegebäude zu schützen.

Da kommen dann die Dauerbrenner der amerikanischen Politik wieder auf den Tisch, sei es Patriotismus, Abtreibung, Waffenbesitz, gleichgeschlechtliche Ehe, Rechte von Transgender-Menschen, Einwanderung und Grenzsicherung, Sicherheit oder »saubere« Schulbücher: Themen, die verlässlich für Aufregung und emotionales Wahlverhalten sorgen. Die werden allerdings kaum für sich diskutiert, sondern in einen Themenkanon verpackt, der als Paket für die eine oder andere Seite steht. »Stehst du rechts oder links?« ist da nicht mehr die Frage, sondern »Stehst du auf der richtigen oder falschen Seite?«. Hat man sich positioniert, dann beantwortet sich automatisch, wer richtig- oder falschliegt, ob man auf der moralisch richtigen Seite steht, ob man wirklich Patriot ist, ob man Amerika schützen oder zerstören will.

Genau das wirft die Gouverneurin von Arkansas, Donald Trumps frühere Regierungssprecherin Sarah Huckabee Sanders, den Demokraten vor. In ihrer offiziellen republikanischen Antwort auf Joe Bidens Rede zur Lage der Nation 2023 spricht sie von »linkem Kulturkampf«, denn, so wörtlich, die »Trennungslinie in Amerika verläuft nicht mehr zwischen rechts und links – sie liegt zwischen normal und verrückt«.[3]

Das setzt den Ton. In der Politik vor der Präsidentschaftswahl 2024 geht es nur noch vordergründig um »Policies«, also Entscheidungen über Einzelfragen. Wahlkampf ist »Culture War«, ein Kulturkampf um Themen, die die Identität der Menschen ausmachen. Über mehr Geld für Infrastruktur, neue Straßen oder selbst Krankenkassen kann man politisch diskutieren, über Abtreibung, Sexualität, was Freiheit bedeutet, Geschichtsschreibung in Schulbüchern, Religionsfreiheit oder soziale Gleichberechtigung nicht. Vor allem die Bildungspolitik ist in vielen Teilen des Landes in den Mittelpunkt des Kulturkampfes gerückt, steht dabei stellvertretend für anderes, was Amerikaner im Vorfeld der Wahlen zwingt, die Seite zu wählen.

»Dass das so ist, halten beide Parteien für taktisch vorteilhaft im Hinblick auf ihre eigenen Ziele«, so John Gramlich. »Die Republikaner sind davon überzeugt, dass sie mit diesen Themen ihre Kernwählerschaft mobilisieren können und sie davon abhalten, sich von Erfolgen der Biden-Regierung oder guten wirtschaftlichen Entwicklungen ablenken zu lassen. Die Demokraten glauben, dass sich in Wahrheit viel weniger Menschen vom Kulturkampf anstecken lassen und die Republikaner sich deshalb verrennen.«

Ich treffe Karina Lipsman, eine Republikanerin aus dem Norden Virginias, dem Speckgürtel der Hauptstadt Washington. 2022 stellte ihre Partei sie als Kandidatin für das Repräsentantenhaus auf, im innerparteilichen Vorwahlkampf setzte sie sich gegen weit konservativere Gegenkandidaten durch. Sie wusste von Anfang an, dass sie kaum eine Chance hat, denn Virginias Bezirk 8 ist die stärkste demokratische Hochburg im gesamten Süden der USA. Die Einwohner sind überwiegend weiß, wohlhabend und arbeiten zu einem großen Teil für die Regierung in Washington oder für nationale Unternehmen der Rüstungs- oder IT-Branche. So wie Karina Lipsman auch, die als kleines Kind mit ihren Eltern aus der Ukraine kam, in einem sozialen Brennpunkt von Baltimore aufwächst, Amerikanerin wird, Highschool und Universität schafft und schließlich sehr erfolgreich für ein Rüstungsunternehmen arbeitet. »Ich denke konservativ«, sagt sie, »Menschen sollen Verantwortung für sich selbst übernehmen, der Staat sich nicht einmischen. Ich stehe für Freiheit und Patriotismus und möchte, dass Einwanderer zu einem Teil Amerikas werden, ihr neues Land so lieben, dass sie es auch verteidigen.« Sie ist in Fragen der Steuer- und Finanzpolitik konservativ, stellt sich gegen die sozialen Ausgabenprogramme der Regierung Biden und positioniert sich gegen dessen Einwanderungspolitik.

Aber sie eckt in ihrer Partei auch an, weil sie ihrer republikanischen Klientel zu vermitteln versucht, dass das Recht auf Abtreibung etwas mit dem Selbstbestimmungsrecht für Frauen zu tun hat, dass Klimaschutz notwendig und eine Chance für Amerikas Industrie ist. Ihre Hoffnung ist, damit konservativere Demokraten auf ihre Seite zu ziehen. »Ich stimme dir vollkommen zu, und du hast die richtige Haltung«, sagen ihr diese Demokraten, die sie im Wahlkampf auf der Straße trifft, »aber nie im Leben könnte ich es übers Herz bringen, republikanisch zu wählen.« Das tun sie dann auch nicht, und Karinas republikanische Klientel bleibt zu Hause, geht nicht zur Wahl, »weil du keine echte Republikanerin bist«. Die Erwartung sei, auf einer Checkliste alle Positionen abhaken zu können, die als »republikanisch« gelten, eine differenzierte Haltung sei nicht gefragt. Karina Lipsman verliert, bekommt knapp

25 Prozent der Stimmen, unwesentlich mehr als die republikanischen Kandidaten in den beiden Wahlen zuvor.

Gleich in der Nachbarschaft zu Karinas Wahlkreis: Im Landkreis Loudoun County im Norden Virginias könnte eigentlich alles in Ordnung sein. Nach den letzten Volkszählungsdaten im Jahr 2020 ist der Kreis mit seinen 420 000 Einwohnern der reichste in den Vereinigten Staaten. Hier, im Speckgürtel der Hauptstadt Washington, liegt das mittlere Haushaltseinkommen bei über 140 000 Dollar im Jahr, seit 1980 hat sich die Bevölkerung fast verzehnfacht, seit dem Jahr 2000 mehr als verdoppelt. Wichtige Technologieunternehmen des Landes siedeln sich hier mit ihren Hauptquartieren oder Technologiezentren an und schaffen Tausende Arbeitsplätze: Amazon, Verizon, Northrop Grumman, Raytheon Technologies und viele mehr. Schätzungsweise 70 Prozent des weltweiten Internetverkehrs fließt durch die 60 riesigen Datenzentren im Landkreis, von denen die meisten mit Amazon verknüpft sind. In Loudoun County lebt man in hübschen Vorortsiedlungen oder mondänen Apartmenthäusern und genießt die Ruhe des weiten Landes mit seinen grünen Hügeln nach einem anstrengenden Arbeitstag in einem der Hightech-Unternehmen, den Regierungsbüros, den Lobbyzentren der großen Konzerne und Interessenvertretungen oder einer der vielen Hundert Anwaltskanzleien in Washington. Trotz des Homeoffice-Booms nach der Corona-Pandemie quält sich jeden Morgen ein endloser Strom von Pendlern mit Autos oder der U-Bahn in die Stadt und abends wieder zurück in die weite Landschaft mit ihren weißen Pferdekoppeln und schmucken Farmhäusern, die die Vorstadtsiedlungen umkreisen.

In Loudoun County wurde laut und heftig über Schulpolitik gestritten, so wie im ganzen Land. Aber kaum irgendwo bekommt das so viel nationale Aufmerksamkeit wie hier im Umfeld der Hauptstadt. Nationale Fernsehsender übertrugen 2021 Sitzungen des Education Boards, des gewählten Aufsichtsgremiums der Schulverwaltung. Anträge auf Abberufung wurden gestellt, es wurde geschrien, die Diskussionen verliefen so chaotisch, dass manche abgebrochen wurden, die Polizei brachte Besucher wegen Hausfriedensbruchs aus dem Saal, und sogar Verhaftungen gab es. Es bildeten sich Komitees, die sich gegenseitig bekämpften und Tausende Dollar an Spenden einsammelten, um mithilfe von Anwälten und PR-Aktionen Stimmen und Sitze zu erobern, die Macht im Gremium verleihen. Der Druck auf Politiker und Lehrer gehörte für beide Seiten zum Werkzeugkasten, in Loudoun County hat man seit Langem Ressourcen und Erfahrung mit politischen oder juristischen Winkelzügen.

Es ging um »Critical Race Theory« im Unterricht, einer eher wissenschaftlichen Geschichtstheorie, die amerikanische Geschichte aus dem Blickwinkel der Sklaverei und Rassentrennung betrachtet. Ihre zentrale These lautet, dass auch nach der Sklavenbefreiung und den Bürgerrechtsgesetzen in den USA ein »systemischer Rassismus« herrscht, der Afroamerikaner benachteiligt, auch wenn die Gesetze scheinbar für Gleichberechtigung gesorgt haben. Besonders emotional verlief die Debatte über den Umgang mit Transgender-Schülern im Schulalltag, vom korrekten Namen und Pronomen über Sportunterricht bis zur Nutzung der Toiletten.

Höhepunkt einer Sitzung des Education Boards war der Auftritt des Sportlehrers Tanner Cross. Niemals, so sprach er in aller Ruhe und abgelesen ins Mikrofon, werde er biologische Mädchen als Jungen ansprechen oder biologische Jungen als Mädchen. Jubel und Buhrufe im Publikum, aber Cross sprach weiter. So etwas zu unterstützen, sei gegen seine religiösen Überzeugungen: »Damit belügt man ein Kind, das ist Kindesmissbrauch und eine Sünde gegenüber unserem Gott.« Genau das aber verlangte eine damals verabschiedete Vorschrift der Schulverwaltung aus der Kreisstadt Leesburg, die das Board mit 7:2 genehmigte. Schülerinnen und Schüler mussten fortan von Lehrern mit ihrem bevorzugten Personalpronomen angesprochen werden, unabhängig vom biologischen Geschlecht. Transgender-Jungen und -Mädchen ebenso wie Schüler ohne binäre Geschlechtsidentität dürfen danach am Sportunterricht und anderen Aktivitäten teilnehmen,

»die mit der sexuellen Identität des individuellen Schülers übereinstimmt, unabhängig von Namen und Geschlecht, die in den Schulakten verzeichnet sind«. Viele Schulen im Land verabschiedeten solche Verordnungen, klärten dabei die Nutzung von Toiletten oder ob das von Schülern als Identität angegebene Geschlecht gegenüber den Eltern genannt werden darf.

Sportlehrer Tanner Cross weigerte sich auch, Eltern die sexuelle Selbstdefinition ihrer Kinder zu verheimlichen, also zum Beispiel im Unterricht einen anderen Vornamen zu nutzen als im Elterngespräch. Er werde nicht lügen. Cross wurde gefeuert, offiziell nicht wegen seiner Haltung, sondern weil seine Haltung für so viel Unruhe gesorgt hatte. Er verklagte die Schulbehörde, andere Lehrer schlossen sich an, und die Kündigung fand ein schnelles Ende. Der Richter zwang die Schulverwaltung, Cross wieder einzustellen, eine Berufung beim Obersten Gerichtshof von Virginia bestätigte das Urteil.

»Wir lehren keine ›Critical Race Theory‹ in unseren Schulen«, beteuert Scott Ziegler immer wieder.[4] Der damalige Leiter der Schulbehörde versucht vergeblich, aufgebrachte Eltern davon zu überzeugen, dass ihre Kinder nicht ideologisch indoktriniert werden. Das sei eine Theorie, über die Akademiker in Universitäten wissenschaftlich diskutieren, in der Schule gehe es nur darum, die Geschichte Amerikas ohne Tabus und verschlossene Augen vor den dunklen Kapiteln wie Sklaverei zu unterrichten. Eltern aber brachten heimlich aufgenommene Videos aus dem Unterricht mit, die das Gegenteil beweisen sollten. Der Vorwurf lautete, dass das Schulsystem den Weißen Schülern beibringt, sich dafür zu schämen, dass sie weiß sind, weil ihre *race* historisch Teil eines unterdrückerischen Systems war. Wenn man ihren Kindern den Stolz darauf nehme, wer sie sind und woher sie kommen, so ein zentrales Argument der Eltern, dann verletze das nicht nur ihre Identität, sondern verschaffe ihnen auch Nachteile im Leben.

Solche Szenen spielen sich mittlerweile im ganzen Land ab, Eltern ziehen vor Gerichte, die mal so und mal so entscheiden. Die Politik aber erkennt Schulpolitik als Vehikel, um die eigene Wählerbasis zu mobilisieren. Das gilt für beide Seiten, mal mit dem Ziel, eine progressive Agenda mit liberalen Kernthemen zu stützen, mal mit dem Ziel, die Angst vor einem Statusverlust in Stimmen umzuwandeln.

Der Politologe James D. Hunter unterstreicht, dass Politik nicht aus sich selbst entsteht, sondern zunächst einmal die Kultur eines Landes spiegelt, Politik sei ein Produkt dieser Kultur. Praktische Politik manifestiert sich vor allem in Gesetzesvorhaben, die mit der eigenen Mehrheit realisiert werden, die Mehrheit aber kann man nur selten mit komplexen Themen erreichen, sondern es gilt, diese mit Ideologie oder Kultur zu verknüpfen. Wahlkampf mit Themen der Kultur sind deshalb für Politiker zunächst einmal ein Werkzeug im Kampf um Ressourcen und Mehrheiten. »Die größere Geschichte dahinter aber ist, dass Kultur Politik unterfüttert, und damit wird Politik die Reflexion tieferer kultureller Überzeugungen – nicht nur Meinungen und Werte –, die weit über jenen Punkt hinausreicht, der eine Verständigung noch zulässt.«[5]

Genau das passiert in Virginia, in Loudoun County ebenso wie in Fairfax, dem Nachbarkreis, ebenfalls im Speckgürtel von Washington. Gleiches passiert überall im Land in den wohlhabenden Vorstädten mit Eltern, die sich stark für die Schulen ihrer Kinder engagieren. Hier verschieben sich die politischen Mehrheiten, vor allem unter den Weißen.

Virginia wählte in der Vergangenheit traditionell konservativ, noch in den 1990er-Jahren mussten Republikaner genauso wie Demokraten konservatives Profil zeigen, wenn sie auf Virginia zählen wollten, egal ob bei den Wahlen für die Präsidentschaft, den Kongress, das Amt des Gouverneurs, den Kongress des Bundesstaates und andere wichtige Gremien wie zum Beispiel den Education Board. Das aber änderte sich mit dem explosionsartigen Wachstum der Landkreise im Norden Virginias, die an Washington grenzen. Vor allem bestens ausgebildete IT-Spezialisten, Techniker und Manager zogen aus den Städten an den Küsten hierher, die großen Unternehmen rekrutieren ihren Nachwuchs direkt von den Universitäten. Auch die größeren Städte des Staates wuchsen, die ländlichen Gebiete verloren an Bedeutung. Die Demografie Virginias änderte sich, aus einer überwiegenden Landbevölkerung wurde eine urbane Gesellschaft, die andere, eher liberale politische Ansichten vertritt und entsprechend wählt. Seit Dwight D. Eisenhower 1952 bekamen republikanische Präsidentschaftskandidaten die Mehrheit der Stimmen aus Virginia, mit Ausnahme von John F. Kennedys Vizepräsident und Nachfolger Lyndon B. Johnson: Richard Nixon, auch als er gegen Kennedy antrat, Gerald Ford, Ronald Reagan, George H.W. Bush, Bob Dole, George W. Bush.

2008 änderte sich dies, denn Barack Obama versammelte mit Abstand die meisten Stimmen auf sich. Der demokratische Vorsprung hielt sich, Obama wurde auch in Virginia wiedergewählt, Hillary Clinton gewann 2016 gegen Donald Trump, genauso Joe Biden vier Jahre später. Bei Gouverneuren und im Kongress wechselten die Parteien, aber im 20. Jahrhundert mussten sich auch Demokraten konservativ profilieren, um in Virginia akzeptiert zu sein. Auch bei ihnen wurde das Profil mit dem Einfluss des reichen Nordens progressiver. Das aber änderte sich mit Glenn Youngkin, der seinen Wahlkampf 2021 ganz auf eine konservativ-populistische Agenda baute und dabei die Schulpolitik in den Mittelpunkt rückte. Er versprach, dass die »Critical Race Theory« niemals in Virginia gelehrt werden dürfe, und sagte den liberalen Regelungen zur sexuellen Identität von Schülern den Kampf an. Darüber hinaus stellte er sich gegen die Forderung von »Black Lives Matter«, die Polizei abzubauen, sondern machte Wahlkampf mit dem Versprechen für mehr Sicherheit und Ordnung. Damit erreicht er genau die Wählerklientel in den Vorstädten, die noch genau ein Jahr zuvor demokratisch gewählt und damit Joe Biden ins Amt verholfen hatte.

Glenn Youngkins Erfolg war durchschlagend. Er führte am Ende mit sicherem Vorsprung gegenüber seinem demokratischen Mitbewerber Terry McCauliffe und wurde neuer Gouverneur von Virginia. Besonders spannend ist der Blick auf die Zusammensetzung und geografische Verteilung seiner Wählerschaft. Zwölf

Landkreise, die genau ein Jahr vorher noch für Joe Biden gestimmt hatten, gingen jetzt an den Republikaner Youngkin. Die wohlhabenden Vorstädte von Washington und Richmond brachten den größten Umschwung: Loudoun blieb zwar demokratisch, aber Youngkin gewann 14,5 Prozentpunkte gegenüber Trumps Ergebnis ein Jahr vorher. In Fairfax waren es 12,1 Prozentpunkte. In Stafford County, auch einem der wohlhabenden Vorstadtkreise von Washington, lag Joe Biden 2020 noch 3 Prozent vor Donald Trump, Youngkin gewann mit elf Prozentpunkten Vorsprung. In den Landkreisen mit über 85 Prozent Weißer Bevölkerung legte Youngkin durchweg zu, aber auch in den besser situierten Vorstädten mit überdurchschnittlich hohem Anteil an Afroamerikanern steigerte er den republikanischen Stimmenanteil teilweise zweistellig gegenüber dem Trump-Ergebnis.

Diese Wahl und insbesondere Glenn Youngkins Wahlkampf mit Themen zu Kultur und Identität entwickelte sich zur Blaupause für die Kongresswahlen 2022. Der Vorwahlkampf unter den republikanischen Kandidatinnen und Kandidaten drehte sich bereits schwerpunktmäßig um »Critical Race Theory«, Transgender, gleichgeschlechtliche Ehe, Abtreibung und Waffenbesitz. Alle Wähler werden gezwungen, sich hier zu positionieren und eine Haltung zu der Frage zu entwickeln, was es heißt, Amerikaner zu sein, und welchem »Stamm« man angehört.

Alles deutet darauf hin, dass auch der eigentliche Präsidentschaftswahlkampf ab September 2024 auf dieser Schiene ausgetragen wird. Glenn Youngkin stieg schon bei den Zwischenwahlen auf Bundesebene in den Wahlkampf ein, hielt Reden überall dort, wo Schulpolitik Wahlkampfthema war. Damit schien er sich für ein nationales Amt zu empfehlen, es wurde sofort spekuliert, ob er 2024 Präsident werden will und seinen Bekanntheitsgrad rechtzeitig erhöht. Aber er kandidierte innerparteilich nicht gegen die großen Kontrahenten Donald Trump und Ron DeSantis und gilt jetzt als ein Hoffnungsträger für 2028.

Es gibt in den USA keine Parteizugehörigkeit in unserem Sinne, also mit Parteibuch und Mitgliedsbeiträgen. Gleichwohl bekennen Anhänger, dass sie sich einer politischen Gruppe zugehörig fühlen, und nur selten findet man Gesprächspartner, die sich bei den genannten fundamentalen Themen mal auf der einen, mal auf der anderen Seite positionieren. Vielmehr scheint es so, als buche man mit der politischen Richtung immer ein ganzes Haltungspaket. Einem anderen politischen Lager zugehörig zu sein, hat so nichts mehr mit einer anderen Meinung zu tun, über die man diskutieren oder auch streiten könnte. Die anderen sind diejenigen, die alles zerstören oder verhindern wollen, was einem selbst heilig ist. Die anderen sind unmoralisch, vor allem sind sie unamerikanisch. Die politischen Kämpfe um das, was Amerika ausmacht, was die Grundlage seiner Kultur darstellt, geht so tief, dass man nicht mehr von »Meinungsverschiedenheit« sprechen kann. Es geht um das Recht, als Gruppe die nationale Identität der Vereinigten Staaten definieren zu können und damit den eigenen Status zu sichern.

Der Politiksoziologe Nikos Sotirakopoulos nennt das Phänomen »neuen Tribalismus«, angelehnt an ein »Stammesverhalten«, das die jeweils andere Gruppe als »feindlich« betrachtet.[6] Die »Kulturkriege«, von denen die amerikanische Politik so sehr geprägt wird, dass sie entscheidenden Einfluss auf den Ausgang der Präsidentschaftswahl 2024 haben dürften, sind demnach nur möglich, weil Gruppendenken und kollektive Ideologien jegliches individuelle politische Denken ablösen. Das bezieht sich aber nicht nur auf die politische Haltung, sondern auch auf andere Merkmale der Identifikation. »Man sieht sich nicht mehr als Individuum, sondern in erster Linie als Mitglied einer Gruppe mit sich widersprechenden Interessen, basiert auf zufälligen Charakteristika, zum Beispiel Geschlecht oder *race*.« Als Gruppe gehört man auch einer bestimmten Religion an, lebt urban oder ländlich, hat eine bestimmte Schulbildung und ein bestimmtes Einkommen. Diese Identifikation ist stark emotional besetzt und dient nicht nur dazu, das eigene Leben zu prägen, sondern verlangt auch, dass die anderen diese Zuschreibung übernehmen. Dabei geht es nach seiner Analyse nicht allein um die Größe der Gruppe, sondern darum, lauter als die andere darauf zu verweisen, dass man durch das feindliche Verhalten der anderen, vermeintlich dominanten, Gruppe benachteiligt werde. »Hier kommt Tribalismus ins Spiel, wenn die Gruppe die Linse liefert, durch die man sich selbst, andere und die Realität insgesamt betrachtet.«

Dieser gruppenbezogene Blickwinkel, der zwischen »uns« und »denen« unterscheidet, prägt das Leben in den USA derzeit bis in die Popkultur hinein. Bis Ende August hatten es 2023 (was ungewöhnlich ist) drei Countrymusic-Songs auf Platz eins der *Billboard*-Charts geschafft. Zwei davon erzählen von der Wut von Menschen auf dem Land gegenüber Angriffen auf ihren Lebensstil durch sogenannte selbst ernannte Eliten in den Städten.

»Rich Men North of Richmond« heißt der Überraschungserfolg von Oliver Anthony aus Virginia. Als erster Country-Newcomer überhaupt schaffte er es im August direkt auf Platz eins der *Billboard*-Charts, nachdem Millionen seinen Song gehört und gestreamt hatten. »North of Richmond«, das ist Washington, DC, gerade mal einhundert Kilometer von der alten Hauptstadt des Südens entfernt. Voller Wut schreit Anthony seine Anklagen förmlich heraus: Er arbeite bis zum Umfallen, aber nichts bleibe übrig, weil der Staat ihm mit seinen Steuern alles nehme, um andere durchzufüttern. Er kümmere sich um Pädophile statt um die Sorgen der Bergleute. Und: »Diese reichen Männer nördlich von Richmond, Gott weiß, dass sie alles unter Kontrolle haben wollen. Sie wollen wissen, was du denkst, wissen, was du tust.«[7] »Der Song hat mich im Innersten berührt«, gestand Anthonys Co-Manager Draven Riffe im Interview mit dem *Billboard Magazine*.[8] »Unserer Meinung nach hat Gott entschieden, durch Olivers Musik zu allen Amerikanern zu sprechen, überall auf der Welt«, eine besonders typische Aussage, wenn es um »wir« gegen »die« geht. Der Besitz der Wahrheit und des Rechts ist durch eine göttliche Instanz legitimiert und unangreifbar.

Country-Music-Star Jason Aldean war zuvor mit »Try That In A Small Town« auf Platz eins geklettert. Gewalt gegen unschuldige Bürger, Respektlosigkeit gegenüber der Polizei, auf der Flagge herumtrampeln und sie verbrennen, das sei die Realität bei den Urbanen. »Aber versuch das mal in einer Kleinstadt …« Da nämlich werde man das selbst regeln. »Hier kümmern wir uns um unsere Leute, und wenn du die Grenze überschreitest, wirst du das schnell merken.«[9] Das offizielle Video zeigt Szenen von gewalttätigen Protesten, die man mit »Black Lives Matter«-Demonstrationen identifizieren könnte, obwohl die Zusammenhänge nicht erkennbar sind. Rassismusvorwürfe wurden laut, demokratische Politiker griffen Aldean an, Republikaner verteidigten ihn, vermuteten woke Cancelversuche, Aufregung entlang der bekannten Linien. Wieder Stadt gegen Land, Schwarz gegen Weiß, neues Amerika gegen Tradition. Wegen der Vorwürfe nahm Country Music Television das Video vorsichtshalber aus dem Programm, bis es leicht verändert wurde.

Reflexartig reagierten Politik und die zerrissenen Gruppen auf den Hype, denn Identifikation ist das Werkzeug, um aus Stammesverhalten politisches Kapital schlagen zu können. Donald Trump hatte das in seinem Wahlkampf und seiner Amtsführung bestens verstanden und umgesetzt. »Er ist einer von uns«, sagen mir immer wieder Besucher von Wahlkampfreden des früheren Präsidenten, was auf den ersten Blick höchst unwahrscheinlich erscheint: ein New Yorker Milliardär mit zweifelhaften moralischen Ansichten, dessen Wirtschaftspolitik vor allem den Reichen im Land dient, nicht seiner Kernwählerschaft. Und doch gelingt es ihm, Projektionsfläche für die Bedürfnisse insbesondere der Weißen Arbeiterschaft zu sein und erfolgreich Identifikation anzubieten.

Tatsächlich ist er diesen Menschen auf einer gefühlsmäßigen Ebene sehr ähnlich, es beginnt damit, dass er spricht wie sie. Seine Reden sind auf der einen Seite geschliffen und erfüllen alle Regeln klassischer Rhetorik und die Kriterien von Demagogie.[10] Auf der anderen Seite ist seine Sprache sehr einfach, besteht fast nur aus gut verständlichen Hauptsätzen oder Satzfragmenten, eine Sprechweise, mit der sich seine Klientel gut identifizieren kann. Sein Geschmack, die Art, sich zu kleiden und Fast Food zu mögen, seine Weigerung, sich politisch korrekt zu verhalten und sich »elitären« Normen unterzuordnen, macht ihn ebenso attraktiv wie die ständigen Angriffe in den liberalen Medien, denen er ausgesetzt ist, Angriffe, weil er nicht präsidial genug, tolerant genug, feministisch genug, gebildet genug sei. Das macht ihn zu einem von ihnen. »Und weißt du«, fügen die Besucher seiner Reden hinzu, »er hat uns nie angelogen.« Das erscheint verwunderlich, wenn die *Washington Post* mehr als 30 000 Lügen und falsche Angaben während seiner Amtszeit identifiziert, aber sie meinen etwas anderes: »Er tut, was er sagt. Er hat eine Mauer versprochen, und er baut sie. Er hat versprochen, die ›Fake News Medien‹ zu bekämpfen, und er tut es. China hat er kritisiert, weil es unsere Arbeitsplätze vernichtet, und als Präsident hat er China mit Zöllen bekämpft und Europa bestraft, weil sie unsere Autos nicht auf ihren Markt lassen. Er hat keine Angst zu sagen, was er denkt, und keine Angst zu tun, was er sagt.« Trump ist es gelungen, die Weiße Arbeiterschicht zu einem »Stamm« zusammenzuschweißen und sie auf die gleichen Werte und vor allem das gleiche Ziel einzuschwören, nämlich »Amerika zurückzuerobern«.

Wenn Trump in die Menge ruft, dass man gemeinsam Amerika wieder groß machen will, dann setzen alle die gleiche rote Kappe auf, die auch er auf der Bühne trägt. »MAGA« steht darauf, »Make America Great Again«, worunter sie verstehen, dass er ihr Amerika und damit sie selbst wieder großartig und geachtet machen wird. Wer auch immer für die Republikaner 2024 Präsident oder Präsidentin werden will, muss dies unterschreiben und die Stammesriten beherrschen, um mit Trumps Anhängerschaft gemeinsam in den Kampf ziehen zu können.

Der Begriff »Culture Wars« in der politischen Diskussion stammt von dem Politologen James Davidson Hunter, heute Direktor des Instituts für Kulturforschung an der Universität von Virginia. Vor mehr als 30 Jahren beschrieb er in einem bis heute diskutierten Buch die kulturelle Veränderung der Vereinigten Staaten nach dem Zweiten Weltkrieg.[11] »Die Kämpfe um Familie, Kunst, Bildung, Recht und Politik verstehen« untertitelte er es damals und entlehnte den Begriff des »Culture War« dem deutschen »Kulturkampf« Otto von Bismarcks mit der katholischen Kirche. Dessen Ziel bestand darin, den politischen Einfluss Roms und der Bischöfe im Deutschen Kaiserreich zu beenden, indem er Kirche und Staat voneinander trennte. Einen ähnlich tiefgreifenden Prozess beobachtete Hunter in den 1960er-Jahren in den Vereinigten Staaten. Eine junge Generation wehrte sich gegen die religiös verwurzelte Werteordnung des Landes und trieb eine dort bisher ungekannte Säkularisierung der Gesellschaft voran. Geführt wurde der Konflikt insbesondere um die Themen Abtreibung, Rechte von Schwulen und Lesben sowie Religion in öffentlichen Schulen. Hunter beschrieb das als einen Krieg der Progressiven gegen die Orthodoxie, die heilige von Gott gegebene Basis, von der damals eine Mehrheit der älteren Generation noch glaubte, dass die USA darauf gründen. Damit stand alles auf dem Prüfstand, nichts von dem, was die Weiße christliche Mittelschicht als richtig, angemessen oder anständig vertrat, war mehr selbstverständlich. Im Gegenteil, mit der sexuellen Revolution der 1960er- und 1970er-Jahre gerieten sie immer mehr in die Defensive und verloren ihre Rolle als diejenigen, die definieren, was Amerika ausmacht.

Viele der Forderungen der 1968er-Revolution fanden schließlich ihren Niederschlag in Gesetzen und staatlich regulierten Institutionen. Die schrittweise Liberalisierung gleichgeschlechtlicher Sexualität gehörte ebenso dazu wie die Verbannung religiöser Symbole aus öffentlichen Schulen. Die traditionellen Werte von Ehe und Familie, Bildungsinhalte und der Glaube an die Deutungshoheit der Bibel verloren zunehmend an Bedeutung. Das Urteil des Supreme Court in Sachen »Roe v. Wade« im Jahr 1973 wurde zum entscheidenden Schlag. Das individuelle Recht auf Abtreibung bekam eine höchstrichterliche Bestätigung, die Möglichkeiten der Bundesstaaten oder Kommunen, dies wegen religiöser oder moralischer Überzeugungen einzuschränken, wurden weitgehend unterbunden.

Nicht umsonst wurde das Verfahren »Roe v. Wade« zum Symbol eines fast 50-jährigen Kulturkampfes, bei dem nun in zwei gesellschaftlichen Fragen rückabgewickelt werden soll: Zum einen geht es um die alte und neue Definition von religiöser Moral und Gesetz in Fragen von Sexualität und Familie einerseits und zum anderen um die Interpretation der Verfassung auf der Basis ihres ursprünglichen Textes und nicht der Lebensrealität einer bestimmten Zeit. Genau das aber war ja ein wichtiger Punkt des Sieges der sozialrevolutionären Bewegungen der 1960er- und 1970er-Jahre gewesen. Für die Konservativen endeten diese 50 Jahre Kampf um Rückabwicklung mit einem grandiosen Sieg, als der Supreme Court 2022 mit einer 6:3 Mehrheit das »Roe v. Wade«-Urteil für nichtig erklärte.

Die konservative Mehrheit im Gericht ging sogar über die eigentlich zu entscheidende Frage nach einer möglichen Frist für Abtreibungen hinaus und verneinte die gesamte Argumentation des Vorgängergerichts von 1973, der zufolge Abtreibung eine individuelle Angelegenheit sei, die einen Eingriff des Staates aus verfassungsrechtlichen Gründen nicht zulasse. Damit ging die Regelung des Abtreibungsrechts auf die Bundesstaaten über, die bei der Gestaltung nunmehr weitgehend freie Hand haben. Einer der Richter deutete bei der Urteilsbegründung an, dass dieses Urteil auch Einfluss auf ein anderes, über lange Zeit erkämpftes Recht haben könnte, nämlich das auf gleichgeschlechtliche Ehe. Beim Thema Schwangerschaftsabbruch handelten mehrere konservativ geführte Bundesstaaten innerhalb von Tagen und verschärften das Abtreibungsrecht dramatisch oder untersagten Schwangerschaftsabbrüche gleich ganz. Seitdem werden Strafen angedroht, sogar bei Eingriffen in einem Bundesstaat, in dem Abtreibungen weiterhin legal sind. Beim Thema gleichgeschlechtliche Ehe gelang es der Regierung Biden noch im letzten Moment, bevor die Demokraten die Mehrheit im Repräsentantenhaus verloren, sie in einem Bundesgesetz zu legalisieren.

Die intensive politische Begleitung und Unterstützung der »Pro Life«-Bewegung durch konservative Politiker und Regierungen unterstreicht, dass bei diesem Thema Kultur und Politik miteinander verschwimmen. James D. Hunter sah darin eine Linie zu den gesellschaftlichen Veränderungen in der zweiten Hälfte des 20. Jahrhunderts, die die alten führenden Kräfte massiv in die Defensive gedrängt hatten. Die aber hätten allen Grund, den Kulturkampf aus ihrer Position fortzusetzen, unterstrich er in einem Interview 2021,[12] 30 Jahre nach Erscheinen seines Buches über »Culture Wars« in den USA, inmitten einer neuen Diskussion über Kulturkriege, die die Politik beherrschen und als dramatische Gefahr für den Bestand der amerikanischen Demokratie gesehen werden. Seit den politischen, kulturellen und sexuellen Protesten der 1960er-Jahre hätten sich konservative Christen zunehmend in der Defensive wiedergefunden, in einem verzweifelten Kampf für ihre Werte in Sachen Familie und Sexualität. Die politisch besonders aktiven evangelikalen Protestanten seien zu einer »kognitiven Minderheit« geschrumpft, die nicht mehr in der Lage ist, das Denken in der Gesellschaft zu bestimmen. Geblieben seien sie aber eine »soziale Verhaltensmehrheit« mit massivem politischem Einfluss auf die Mitte Amerikas. Die strukturellen Veränderungen seien dagegen kontinuierlich weitergegangen, Aufklärung und ihre religionsferne Kultur vor allem von Universitäten und anderen kulturellen Institutionen weiterentwickelt worden. Dies alles seien Institutionen, die von einer progressiven Supermehrheit bestimmt würden.

»Konservative sehen dies als eine existenzielle Bedrohung«, sagt Hunter, »eine existenzielle Bedrohung für ihre Art zu leben, für die Dinge, die ihnen heilig sind. Während frühere Kulturkämpfe um Säkularisierung gingen und die Positionen theologisch abgeleitet und begründet waren, finden wir das heute nicht mehr. Man erlebt kaum noch Leute im rechten Spektrum, deren Positionen in biblischer Theologie oder kirchlicher Tradition wurzeln. Heute gründen sie vor allem in der Angst davor, ausgelöscht zu werden« und ihren Status zu verlieren. Dies sei die Angst davor, keine Rolle mehr zu spielen, keine Meinungshoheit mehr zu haben. Es gehe heute um die Frage, wie man »Amerika« definiert, wofür Amerika in Zukunft steht.

»Demokratie ist doch im Grunde die Vereinbarung, dass wir

uns nicht wegen einer Meinungsverschiedenheit umbringen, sondern sie ausdiskutieren. Das Beunruhigende ist, dass ich auf beiden Seiten Anzeichen sehe, dass man Gewalt rechtfertigt«, so Hunter. »Kulturkriege führen nicht immer zu einem Krieg mit Waffen, aber es gibt keinen Krieg mit Waffen, ohne dass es vorher einen Kulturkrieg gab. Der Kulturkampf schafft die Rechtfertigung für Gewalt.« Er verweist dann auf den Bürgerkrieg und deutliche Parallelen zur heutigen Situation. Auch der Bürgerkrieg habe nicht einfach angefangen, sondern ihm gingen 30 Jahre Kulturkampf voraus – um Sklaverei, Demokratie und die Frage, wofür die USA als Nation stehen.

Umfragen bestätigen Hunter. Ein Drittel aller US-Amerikaner hält unter bestimmten Umständen Gewalt gegen die eigene Regierung für gerechtfertigt. Dies ist das Ergebnis einer Untersuchung der *Washington Post* und der University of Maryland, die wenige Tage vor dem Sturm aufs Kapitol veröffentlicht wurde.[13] Von den befragten Demokraten stimmen der Aussage zur Gewaltbereitschaft 23 Prozent zu, von den Republikanern und Unabhängigen jeweils 40 Prozent. Eine Studie der Universität von Chicago zeigte, dass mehr als ein Drittel dieser Menschen eine Waffe im Haus hat.[14]

Die Politologin Barbara Walter hält die Gefahr eines Bürgerkrieges in den USA für eine reale Gefahr, die durch Tribalismus, Kulturkriege und neue Gruppenbildung realistisch geworden ist: »Es wird gefährlich, wenn sich die Bürger eines Landes politisch nach Hautfarbe, Religion oder ethnischer Zugehörigkeit organisieren.«[15] Die Demokratie in den USA sei geschwächt, es gebe eine Reihe von undemokratischen Entwicklungen wie Einschränkungen beim Wahlrecht. »Die Demokraten würden das gerne ändern, aber sie verfügen nicht über die notwendigen Mehrheiten dazu. Und die Republikaner wollen unsere Demokratie nicht reformieren, weil sie kein Interesse daran haben: Die Partei stützt sich heute zu fast 80 Prozent auf Weiße und überwiegend evangelikale Wähler – in einem multireligiösen und multiethnischen Land. Die Republikaner sind nicht mehr repräsentativ für das heutige

Amerika. Sie sind eher eine ethnische Interessengruppe. Und die können besonders gefährlich werden.«[16]

Ausbrüche von politischer Gewalt hat es in den vergangenen Jahren mehrfach in den USA gegeben, einer der Höhepunkte war der Sturm auf das Kapitol am 6. Januar 2021. Mehrere Tausend Menschen standen den ganzen Nachmittag auf dem Rasen vor dem Kapitol, während sich ein paar Hundert Zugang in das Parlament verschafft hatten, um Vizepräsident Mike Pence daran zu hindern, die Wahl Joe Bidens zum neuen Präsidenten zu zertifizieren.

Ich sprach mit vielen dieser Demonstranten, sie waren offen, freundlich und wollten über ihre Frustration reden. Eine Welt ist für sie zusammengebrochen, all die Hoffnung darauf, dass die Vereinigten Staaten wieder so werden, wie sie einmal waren, ein Land, von dem sie nicht mehr sagen müssen, dass sie es nicht mehr erkennen, weil es von Linken gekapert und übernommen wurde. »Ich fühle mich immer mehr wie ein Fremder im eigenen Land«, damit beginnen viele der Gespräche. 49 Prozent der Amerikaner sagen das von sich, unter denen, die sich selbst als »sehr konservativ« beschreiben, sogar 65 Prozent. Auf der anderen Seite haben auch fast 40 Prozent der Demokraten dieses Gefühl.[17] Auch bei den Trump-Anhängern vor dem Kapitol, die selbst nicht in das Zentrum der amerikanischen Demokratie einbrechen würden, um dort Abgeordnete zu jagen und Möbel zu zerstören, entlädt sich ihre Enttäuschung. »Das ist unser Haus, wir bezahlen dafür, wir dürfen da hinein«, sagt Vince. »Genau«, ergänzt Bruce, »die Regierung ist nicht mehr die des Volkes, wir holen uns unser Land zurück.« »Mein Herz bricht, ich glaube, wir verlieren unser Land«, klagt Elisabeth, die vier Stunden mit dem Auto nach Washington gefahren ist, um dabei zu sein. George, der mit ihr gekommen ist, spricht von Revolution: »Dieses Land wurde von wütenden Abtrünnigen aus Europa gebaut. Und es fühlt sich so an, als sei es wieder 1776.« Klar sei das beunruhigend, meint Misha, aber was solle man tun? Man müsse kämpfen und aufstehen, sonst werde einem alles genommen. Noch sei es friedlich, aber was noch passieren könne, wisse niemand, wirft Richard ein. Eine Menge Leute seien bereit, die Regierung mit Gewalt zurückzuholen. Klar, meint auch Bruce. »Es wird vielleicht Blutvergießen geben, aber das ist dann eben notwendig.«

Es hat bisher kein Blutvergießen gegeben, vielleicht auch deshalb, weil die Strafverfolgungsbehörden unter der Leitung des FBI konsequent diejenigen verfolgt haben, die an jenem 6. Januar ins Kapitol eingebrochen waren. Mehr als tausend Verfahren sind bereits abgeschlossen. Urteile und Strafbefehle reichen von kleineren Geldstrafen bis zu mehreren Jahren im Gefängnis. Allen aber hat man anscheinend den Rat mitgegeben, »den Ball flach zu halten«. Dieses konsequente Vorgehen der Behörden ist den einen Beweis für die Wehrhaftigkeit von Staat und Demokratie. Denjenigen aber, die 2021 für Donald Trump in die Hauptstadt gekommen sind, aber ist genau das der Gegenbeweis, nämlich dass die demokratische Regierung Biden in einem Staatsstreich die Macht ergriffen hat und nun den Apparat nutzt, um Gegner mundtot zu machen und die Demokratie endgültig zu zerstören. Die Wut brodelt unter der Oberfläche weiter.

Auch das Wiedererstarken der Bürgerrechtsbewegung »Black Lives Matter« als Reaktion auf den Mord an George Floyd begann mit gewalttätigen Demonstrationen, die viele für notwendig hielten, um das politische Ziel der Gleichberechtigung zu erreichen.

Als George Floyd im Mai 2020 von einem Weißen Polizisten ermordet wurde, brachen zunächst in Minneapolis und dann in vielen Teilen des Landes Proteste aus, die teilweise in Gewalt endeten. In mehreren Städten kam es zu Plünderungen, Schaufenster gingen zu Bruch, Häuser in Flammen auf. Geschäfte verbarrikadierten sich, bewaffnete Polizei und die Nationalgarde patrouillierten in den Straßen und drängten die Demonstranten ab. Ich verbrachte gleich zu Beginn der Unruhen einige Tage in Minneapolis und ging später regelmäßig zu den Demonstrationen vor dem Weißen Haus in Washington. Das war weiträumig abgesperrt, es kam immer wieder zu Zusammenstößen von Demonstranten und Polizei.[18]

Im Prozess gegen Derek Chauvin, der in Minneapolis wegen Mordes an George Floyd zu über 22 Jahren Gefängnis verurteilte ehemalige Polizist, ging es juristisch um Mord, unerlaubte Polizeigewalt und einige andere Anklagepunkte. Eine Anklage wegen eines rassistischen Hassverbrechens gab es dagegen nicht, das Thema Rassismus haben die Prozessbeteiligten bewusst aus dem Gerichtssaal gehalten. Für die afroamerikanische Community aber stand mit Derek Chauvin der Repräsentant eines in sich rassistischen Systems vor Gericht. Draußen vor dem Gerichtssaal gaben Bürgerrechtler wie Jesse Jackson oder Al Sharpton in der Tradition Martin Luther Kings Statements ab, um eine harte Strafe für Chauvin zu fordern und später den Schuldspruch zu feiern. Auch die Tochter und der Sohn Kings wurden von den Medien um Interviews gebeten. »Dieser Schuldspruch ist ein Wendepunkt für Gerechtigkeit, er ist so wichtig wie das Urteil des Obersten Gerichtshofs, dass Rassentrennung in Bussen gegen die Verfassung verstößt«, sagt Kings Tochter Bernice bei CNN. Die neuen Anführer von »Black Lives Matter« aber waren längst weiter, ihre Vorstellung von Gerechtigkeit unterschied sich von Anfang an zutiefst von dem, was Martin Luther King einst gefordert hat. Ihr Traum ist nicht mehr, »dass eines Tages die Söhne früherer Sklaven und Sklavenhalter an einem Tisch der Brüderlichkeit sitzen«, wie es in der berühmten »I Have A Dream«-Rede heißt. Oder dass »wir eines Tages aus dem Berg der Verzweiflung einen Stein der Hoffnung brechen können. Mit diesem Glauben werden wir den rasselnden Missklang unserer Nation in eine schöne Symphonie der Brüderlichkeit verwandeln«. Es geht nicht darum, einen Platz in eurer Weißen Gesellschaft zugestanden zu bekommen, so die Reaktion heute. Wir wollen keinen Platz, an dem eure Regeln gelten und eure Ideale, Traditionen und Konventionen von uns übernommen werden müssen. Wir haben unsere eigene Identität, die ihren eigenen Platz neben eurer bekommen muss. Wir wollen unsere Kultur pflegen und feiern, unsere Geschichte und unsere Geschichten erzählen, unsere Vorstellung von Schönheit und Wert hat die gleiche Bedeutung wie eure. Wir wollen nicht geduldet sein, wir wollen unseren Anteil, unseren eigenen Platz. Dafür müsst ihr euch ändern und Platz machen.

Martin Luther Kings Vision faszinierte in den 1960er-Jahren viele Progressive, die mit ihm von einer Welt träumten, in der Hautfarbe keine Rolle spielt. Das Zukunftsnarrativ sieht darüber hinaus eine gerechte Gesellschaft über alle Gruppenzugehörigkeiten hinweg. »Farbenblind«, »gruppenblind« oder »hinter einem Schleier des Ignorierens« sind Schlagworte dieser Vision. Mit ihnen glaubte man, gemeinsam die Prinzipien entwickeln zu können, die die Nation und die Gesellschaft ausmachen, ohne dabei auf Hautfarbe, Ethnie, Geschlecht, Einkommen oder Religionszugehörigkeit zu achten. Irgendwann aber setzte sich die Erkenntnis durch, dass es auch Jahrzehnte später noch immer vor allem Weiße Männer sind, die in führenden Positionen sitzen und die Geschicke des Landes bestimmen. »Die gruppenblinde, unsichtbare Macht des Marktes versagte, als es darum ging, alte Ungleichheiten zu korrigieren«, schreibt die Yale-Professorin Amy Chua über die Ursprünge und Ursachen des heutigen »Tribalismus« in den USA.[19] In den 1990er-Jahren habe die politische Linke der USA begriffen, dass eine Politik der Inklusion und der Teilhabe aller an der Gesellschaft gescheitert sei. Man habe »Unterdrückung« neu definiert, weg von einer ungerechten Verteilung von Wohlstand und Zugang, hin zur Weigerung der Weißen Mehrheitsgesellschaft, andere Gruppen in ihrer Identität anzuerkennen. Die neue Forderung heißt, Zugang zu allen wichtigen Funktionen, Aufgaben und Ressourcen in der je eigenen Identität zu bekommen. Eine gemeinsame Identität als »Amerikaner« spielt damit keine Rolle mehr, sondern in den Mittelpunkt rückt die Identität der selbst definierten Gruppe. Chua zitiert die Politikphilosophin Sonia Kruks vom Oberlin College in Ohio, die sich schon lange mit Politik auf der Basis von Identität auseinandersetzt: »Was Identitätspolitik zu einem wichtigen Abschied von früheren politischen Bewegungen macht, ist ihre Forderung nach Anerkennung auf Basis genau dessen, wofür einem bisher die Anerkennung verweigert wurde: Die einzelnen Gruppen wollen als Frauen, als Schwarze, als Lesben anerkannt werden. Die Forderung ist weder die Inklusion in die Gesamtheit der Gesellschaft noch Respekt, ›obwohl man unterschiedlich ist‹. Die Forderung heißt Respekt für die Identität der Gruppe in ihrer Unterschiedlichkeit.« Das gilt in gleicher Weise für »Black Lives Matter«: Die Bewegung beschreibt die Gruppe der Afroamerikaner als weiterhin von der Mehrheitsgesellschaft unterdrückt und ausgeschlossen. Die Forderung heißt aber nicht mehr Inklusion in die Mehrheitsgesellschaft, sondern Anerkennung als Gruppe mit einem eigenen gleichwertigen Platz neben den Weißen Traditionen. Ziel ist nicht mehr eine gemeinsame nationale amerikanische oder universelle Identität, sondern eine Gesellschaft paralleler Identitäten.

Damit stehen die Afroamerikaner nicht allein. Diese Forderung machen sich auch andere Gruppen zu eigen, die sich ebenfalls unterdrückt und in ihrer Identität nicht angemessen wahrgenommen sehen. »Im heutigen Amerika fühlt sich jede Gruppe mehr oder weniger so. Weiße und Schwarze, Latinos und Asiaten, Männer und Frauen, Christen, Juden und Moslems, Hetero- und Homosexuelle, Liberale und Konservative – alle fühlen sich in ihrer Gruppe angegriffen, tyrannisiert, verurteilt oder diskriminiert.« Wenn sich Gruppen aber bedroht fühlten, ziehen sie sich in typisches »Stammesverhalten« zurück, sagt Chua, entwickeln politischen »Tribalismus«. Wenn sich Gruppen schlecht oder respektlos behandelt fühlen, dann schließen sie die Reihen, isolieren sich in der Defensive einerseits und beginnen andererseits »den anderen« zu schaden und eine »Wir-gegen-die«-Strategie zu entwerfen. In der Folge geraten die USA in eine problematische Situation, weil niemand mehr nach einem gemeinsamen Modell für die Nation suchen will, bei dem die eigene Identität hinter der des Landes zurücktritt. Das aber lässt eine Gesellschaft zurück, die aus einer Vielzahl von Gruppen und Untergruppen besteht und nicht mehr unter einer gemeinsamen Idee vereint werden kann.

Vor einer so richtungsweisenden Präsidentschaftswahl wie der kommenden spielt das eine große Rolle. Der amtierende Präsident Joe Biden und manche der Kandidatinnen und Kandidaten sprechen in öffentlichen Reden davon, das Land wieder vereinen zu wollen, und beschwören die Idee eines geeinten Amerikas, das sich auf gemeinsame Werte verständigt und in dem man Hand in Hand für eine bessere Zukunft in einer Gesellschaft aller arbeitet. Damit ignorieren sie jedoch die Realität, in der es derzeit kein Zurück aus der Zersplitterung in Einzelgruppen gibt, im Gegenteil. Die Forderung nach Teilhabe auf der Basis eigener Identität hat sich als politische Strategie durchgesetzt und immer mehr, immer kleinere und immer speziellere Gruppen und Untergruppen fordern ihren Platz in einem Amerika der parallelen Identitäten. Allein die Zahl der Definitionen von eigener sexueller Identität geht in die Dutzende, alle mit je eigenen Ansprüchen an Ansprache, Zugang, Förderung und Schutz sowie der Forderung nach Ressourcen. Dies wiederum verknüpfen viele mit dem Anspruch, nur sich selbst vertreten zu können. Ihr wichtigstes Argument ist, dass nur Mitglieder der eigenen Gruppe auch deren Identität empfinden und angemessen darstellen können.

Zielscheibe der Forderungen ist die Weiße, männliche, als unterdrückerisch empfundene Mehrheitsgesellschaft, deren Macht und Privilegien gebrochen werden müssen. Dabei gilt jeder als suspekt, der weiterhin dafür wirbt, eine gemeinsame Vision eines neuen Amerika zu entwickeln, das »farben- und gruppenblind« gleiche Rechte für alle anstrebt. Vielen Linken gilt ein solcher Vorschlag bereits als Beweis, selbst schuldig zu sein an der Unterdrückung, sagt Chua. Vor allem an den Hochschulen gelte jeder als Rassist, der nicht von vornherein eine »Weiße Vorherrschaft« als gegeben ansehe.

Auf der politischen Bühne hat sich der linke Flügel der Demokraten in den USA die Forderungen von sich als Opfer sehenden Gruppen zu eigen gemacht und eine Politik versprochen, die für die geforderte Anerkennung sorgt. Das wiederum verstört und entfremdet einen Teil der klassischen Wählerbasis der Partei, nämlich der arbeitenden Mittelschicht, die bei den Demokraten die Vertreter ihrer Anliegen suchen. Die sehen sich jetzt von ihrer Partei allein gelassen, wenn sie von anderen als »Täter« identifiziert werden und sich ihrer Zukunft, vor allem aber ihres Status beraubt sehen. Der amerikanische Comedian und Autor Bill Maher sieht die Demokraten als Partei, »die dem Weißen arbeitenden Mann das Gefühl gibt, deine Probleme existieren gar nicht, weil du ja den ganzen Tag andere herabwürdigst und deine Privilegien zählst. Du weißt aber genau, wenn dein Leben den Bach runtergeht, dann sind deine Probleme real.«[20] Alle anderen sind als Opfer anerkannt, können aus dieser Rolle heraus stolz ihre Identität entwickeln und dürfen und sollen sich und ihre Gruppe als etwas Besonderes erleben. Nur Weiße Männer und Anhänger einer konservativen, religiösen und traditionellen Vorstellung von dem, was die USA ausmachen, sollen dieses Recht nicht haben, weil sie Täter sind. Weiß und männlich zu sein darf danach nicht etwas sein, auf das man stolz ist, sondern wofür man sich schämen muss. »Ich habe es verstanden«, zitiert Chua den Satiriker Christian Lander, »als heterosexueller Weißer Mann bin ich das schlimmste Wesen auf Erden«.

»Ich mochte Trump nicht und mag ihn eigentlich immer noch nicht, aber er hat uns wieder Würde gegeben, und deshalb habe ich ihn gewählt.« Diesen Satz habe ich bei Gesprächen mit Republikanern im konservativen Landesinneren der USA immer wieder gehört. »Die Linken wollen uns nehmen, wer wir sind, sie wollen, dass es uns nicht mehr gibt, dass wir nur noch ein ›Niemand‹ sind, ›white trash‹. Trump hat dafür gesorgt, dass wir wieder wer sein dürfen, dass noch einen Wert hat, wofür wir gearbeitet und dieses Land aufgebaut haben.« So weigert sich die konservative Weiße Mittelschicht, die ihr zugedachte Rolle zu übernehmen, und macht stattdessen ebenfalls ihre vermeintlich bedrohte Identität zur Basis politischer Aktivität. In Donald Trump haben sie denjenigen gefunden, der sie darin bestärkt und unterstützt. Von einem republikanischen Präsidentschaftskandidaten erwarten sie 2024 genau das: Schutz für ihre Position und Unterstützung im Kampf gegen alle, die ihnen Stolz und Status nehmen wollen.

»Die Linken« sind aber nicht der einzige »andere Stamm«, den die konservative ländliche Wählergruppe als »feindlich und bedrohlich« ansieht. Entscheidende Gegner sind die »Eliten«, einer gegen sie gerichteten Allianz von Politik, Wirtschaft, Medien und populärer Kultur. Was diese Gruppe ausmacht, ist ihre Basis in den Städten entlang der Küsten, ihre selbstbewusste, offene und pluralistische Lebensweise und die damit verbundenen liberalen Werte. »Coastal Elites« werden sie genannt, eine relativ kleine, aber extrem einflussreiche Gruppe. Sie dominiert die Medien und deren Themen, kann in Hollywood mit Musik oder Film bestimmen, was die Menschen im Land zu hören und sehen bekommen. Sie haben prägenden Einfluss auf wichtige Schlüsselindustrien und die Wallstreet, sie bestimmen den Tech-Sektor mit seiner Bedeutung auf die gesamte Kommunikation im Land. Diese Gruppe beherrscht die Politik in Washington, und auch wenn sich Politiker aus dem Landesinneren öffentlich »gegen die in Washington« stellen, sind sie Teil dieses Milieus.

An diesen »Coastal Elites« wird deutlich, dass es bei Tribalismus nicht vornehmlich um ethnische Zugehörigkeit geht, sondern das Milieu, in dem man lebt, arbeitet und kommuniziert. Die »Coastal Elites« gehören eben nicht zu einer bestimmten *race* oder Ethnie, sondern erscheinen überdurchschnittlich divers. Was sie teilen, ist ein gemeinsamer Blick auf die Welt, selbst wenn sie in Einzelfragen unterschiedlicher Meinung sind. Sie teilen die urbane Lebensweise, den Stolz auf ihr kosmopolitisches Auftreten und universelle Werte wie Säkularismus oder Toleranz gegenüber Minderheiten oder sexuellen Identitäten. Sie unterstützen die Idee einer multikulturellen Gesellschaft, stehen für eine einwanderungsfreundliche Gesellschaft und eine progressive Politik. Chua weist darauf hin, dass »Coastal Elites« als Gruppe sehr abgegrenzt erscheinen, hauptsächlich unter ihresgleichen leben, kommunizieren oder heiraten. Sie wohnen in denselben Vororten oder Stadtteilen, ihre Kinder besuchen dieselben Schulen, sie schauen die gleichen Nachrichten in den gleichen Medien. Sie folgen gleichen Moden, sei es bei Kleidung, Ernährung, Sport oder Kunst, und treffen sich in bestimmten Restaurants und Bars. Sie sind stolz auf ihre Haltung, ihr Verhalten, ihre Netzwerke und ihre vermeintliche Avantgarde. Die anderen, das sind die, die nicht dazugehören, die »Middle Americans«, die traditionelle Werte und einen ländlichen Lebensstil pflegen und vertreten. Man weiß nicht viel über sie, interessiert sich auch nicht dafür, aber sie sind die Hillbillys, die Hinterwäldler. Auf der anderen Seite sind es diese »Middle Americans«, die als »Stamm« für ein bestimmtes Amerika einstehen und die »Coastal Elites« als Gegner empfinden, die nicht nur ihre Ehre verletzen und ihnen ihre Werte und Lebensweisen aufzwingen wollen, sondern auch gegen die patriotischen Pflichten als Amerikaner und die Interessen der Nation handeln.

Parallel zum Zerfall einer gemeinsamen kulturellen amerikanischen Basis, driftet das Land ökonomisch auseinander. Zum einen geht die Einkommensschere weiter auseinander, die USA weisen unter den G7-Industrienationen die größte ökonomische Ungleichheit auf, die im sogenannten Gini-Koeffizienten gemessen wird, den die OECD aufstellt. Er liegt in den USA fast 25 Prozent höher als in Deutschland.[21] In Einkommensvergleichen über die Jahrzehnte seit dem Zweiten Weltkrieg hinweg zeigt sich, dass die Einkommen bei den Besserverdienenden schneller gestiegen sind als bei den unteren Einkommen. Die arbeitende Mittelschicht hat dabei relativ den größten Verlust hinnehmen müssen, also genau die Gruppe, die am stärksten von populistischen politischen Thesen angezogen wird. Diese Mittelschicht vereinte 1970 rund 61 Prozent des gesamten Einkommens auf sich, 2020 waren es noch 50 Prozent. Um 50 Prozent sind auch die durchschnittlichen Einkommen der Familien in der Mittelschicht über diese 50 Jahre gestiegen, bei jenen in der Oberschicht sind es 69 Prozent, bei den 2 Prozent Bestverdienenden weit mehr. In der sogenannten verlorenen Dekade von 2010 bis 2020, also nach der großen Wirtschaftskrise, fielen die Einkommen der Mittelschicht dramatisch, insbesondere bei denen, die keine oder kaum eine Ausbildung haben. Schaut man auf die Einkommensgewinne über die gesamte Zeit hinweg, zeigt sich eine weitere sehr ungleiche Verteilung. Die großen Gewinner sind die Rentner, die inflationsbereinigt und über alle sozialen Schichten hinweg heute 25 Prozent mehr Einkommen zur Verfügung haben. Ihnen folgen erwachsene Afroamerikaner mit 13 Prozent Zuwachs, während das Gesamteinkommen der Weißen nur um 6 Prozent gestiegen ist. Männer insgesamt verdienen heute 2 Prozent mehr, Frauen dagegen liegen mit 4 Prozent doppelt so hoch. Ganz unten stehen diejenigen, die einen Highschoolabschluss gemacht und dann ohne Studium einen Beruf ausgeübt haben. Sie verfügen heute über 26 Prozent weniger Kaufkraft als vor 50 Jahren. Zudem steigen die Einkommen in den Städten sehr viel schneller, was allerdings durch höhere Preise wieder aufgewogen wird.

Die Zahlen unterstreichen, woher die Abstiegsangst in der arbeitenden unteren Mittelschicht kommt, aus der bis 2020 Donald Trump und heute seine ideologischen Nachfolger ihre Kernwählerschaft für die kommenden Wahlen rekrutieren. Sie können zudem auf einen weiteren psychologisch wichtigen ökonomischen Effekt bauen, den Zerfall des »amerikanischen Traums«.

Die soziale Durchlässigkeit der amerikanischen Gesellschaft hat in den letzten Jahrzehnten kontinuierlich abgenommen, die Chance z. B. durch Bildung aus der Schicht der untersten 20 Prozent in die der obersten 20 Prozent aufzusteigen, beträgt unter 8 Prozent. In Umfragen schätzen Amerikaner diese Zahl mit 12 Prozent viel höher ein, aber die Erkenntnis setzt sich durch, dass die Realität den Mythos vom Durchmarsch durch die sozialen Schichten mithilfe eigener Leistung zerstört hat. Dies sehen vor allem die Jüngeren, von denen nur noch eine Minderheit das Einkommen ihrer Eltern erreicht. Wer in den 1950er-Jahren geboren wurde und zur Unterschicht gehörte, hatte eine 90-prozentige Chance, mit 30 Jahren mehr als die Eltern zu verdienen.[22] Bei jemandem genau in der Mitte der Gesellschaft waren es damals 81 Prozent. Nur wer in die Oberschicht geboren wurde, musste damit rechnen, weniger als die Eltern zu verdienen, nur 15 Prozent konnten sie übertreffen. Der Vergleich mit denjenigen, die zwischen 1980 und 1990 geboren wurden, jetzt also zwischen 34 und 44 Jahren alt sind, zeigt ein anderes Bild. Jemand aus der Unterschicht hat noch immer eine Chance von 79 Prozent, so aufzusteigen, dass sein Einkommen das der Eltern übersteigt. In der Mittelschicht aber sind es nur noch 45 Prozent, das heißt, dass mehr als die Hälfte den sozialen Status der Eltern nicht mehr erreicht. In der oberen Mittelschicht der Besserverdienenden ist die Entwicklung ähnlich wie früher, da schaffen es nur noch ganze 8 Prozent, mit ihren Eltern mitzuhalten.

Menschen der arbeitenden Mittelschicht machen so zwei parallele Abstiegserfahrungen. Zunächst sind es ihre Jobs im produzierenden Gewerbe, die im Zuge der Globalisierung ins Ausland verlagert wurden und verloren gingen. Geblieben sind schlechter bezahlte und mit weniger Prestige versehene Dienstleistungsjobs. Dann brach die Finanzkrise herein, die den Prozess beschleunigte, anschließend kamen die Pandemie und die Inflation. Gleichzeitig ist der gesellschaftliche Status bedroht, weil die alte Weiße Mehrheitsgesellschaft mit ihren Traditionen und Vorstellungen von Amerika an den Rand gedrängt und zum »Täter« degradiert wird. Die soziale Hierarchie wird neu geordnet, Bemühungen um mehr Diversität und Förderung von bisher benachteiligten Minderheiten untergraben den bisher als selbstverständlich geglaubten Status.

Ökonomische Frustration und die Angst vor dem Verlust kultureller Identität haben zusammen einen tiefen Graben in die amerikanische Gesellschaft gezogen, so der *New York Times*-Autor und Pulitzerpreisträger David Leonhardt.[23] Dieser verlaufe zwischen den wirtschaftlich lebendigen, selbstbewussten und weiterwachsenden Metropolregionen auf der einen und den eher traditionellen, religiös und wirtschaftlich verunsicherten Kleinstädten und ländlichen Gebieten auf der anderen Seite. Die erste Gruppe wird immer liberaler, umarmt zunehmend Diversität und wählt demokratisch. Die andere sieht sich in der Defensive, wird immer konservativer und wählt republikanisch. Unter den Republikanern sind es vor allem die »MAGA«-Republikaner, die die Stimmen auf dem Land bekommen, während man dort die traditionellen, moderaten, finanzpolitisch konservativen Republikaner abschätzig »Country Club Republicans« nennt.

Eine wesentliche Entwicklung aber gibt es in dem Zusammenhang doch, denn »MAGA« wurde zwischenzeitlich nicht mehr automatisch mit Donald Trump verknüpft. Er rückte als Person in den Hintergrund. Zwei Monate vor den Kongresswahlen 2022, Donald Trump geriet zu der Zeit wegen aus dem Weißen Haus mitgenommener Dokumente und Anklagen wegen Steuerdelikten immer mehr unter Druck, sagten nur noch 29 Prozent der Republikaner, dass sie Trump als Person unterstützen, 63 Prozent nannten nun die Partei. Je höher das Einkommen, desto weniger ging es zu dem Zeitpunkt um die Person, und auf dem Land schien man am meisten enttäuscht, denn da standen nur noch 26 Prozent mehr hinter dem Mann als hinter der Partei, während es in den Städten noch 39 Prozent waren. Gleichzeitig aber sagten 46 Prozent der Republikaner, sie seien »MAGA-Republikaner«, 41 Prozent verneinten das, während sich der Rest von 13 Prozent nicht sicher war.[24] Auf dem Land stieg die Zahl der »MAGA«-Bekenner auf 52 Prozent, hier war das Delta zwischen »Trump« und »MAGA« am größten, doppelt so viele bekannten sich zu Trumps Politik wie zur Person. Darin zeigt sich, dass Donald Trumps populistische Ideologie weitertrug, auch wenn er als Person in den Hintergrund rückte und andere wie Ron DeSantis bereits in den Vordergrund drängten.

Das aber drehte sich im Sommer 2023. Da begann der innerparteiliche Wahlkampf, insgesamt 14 Kandidatinnen und Kandidaten standen auf der Liste. Gleichzeitig wurde Donald Trump als erster Präsident in der Geschichte der Vereinigten Staaten angeklagt. Vor Gericht verantworten soll er sich wegen versuchten Wahlbetrugs 2020, er soll zum Sturm auf das Kapitol aufgerufen haben, um die Bestätigung Joe Bidens als Präsident zu verhindern. Es geht um illegal gelagerte geheime Regierungsakten in Mar-A-Lago und schließlich um falsch verbuchte Schweigegeldzahlungen an eine Prostituierte. Dieser juristische Druck und die öffentliche Diskussion um seine Person schaden ihm nicht etwa, sondern stärken seine Position.

Das gleiche Umfrageinstitut registriert steigende Werte für den ehemaligen Präsidenten: Jetzt bescheinigen ihm 70 Prozent der Republikaner »sehr große Führungsqualitäten«, weitere 23 Prozent noch »große«.[25] Joe Biden dagegen kann in derselben Umfrage nur 39 Prozent seiner eigenen Parteifreunde dazu bringen, ihm »sehr große Führungsqualitäten« zuzusprechen. Auf die Frage, ob Donald Trump sich um die »Probleme von Leuten wie dir und mir« angemessen kümmere, sagen 60 Prozent der Republikaner »sehr« und weitere 24 Prozent »zum Teil«. Auf dem Land sind es die meisten, die sich von ihm vertreten fühlen.

Identität als Wahlkampfthema ist eine komplizierte und zu komplexe Angelegenheit, als dass sich daraus Slogans kreieren ließen. Aber Donald Trump und seinen Vordenkern wie Steve Bannon gelang es, jeder Gruppe und jedem »Stamm« eine bestimmte unversöhnliche Haltung zu Kulturthemen zuzuordnen. Zu Hilfe kam ihnen dabei eine Medienlandschaft, in der sich Parteilichkeit zum lukrativen Businessmodell entwickelt hat. Nachrichtenkanäle wie *Fox News*, CNN oder MSNBC tragen ebenso dazu bei, dass Menschen ihrer Informationsblase verhaftet bleiben, wie soziale Netzwerke. Beide Mediengruppen sind Echokammern der jeweiligen »Stämme« und versichern damit deren Identität.

»Noch nie war die amerikanische Gesellschaft so zerrissen wie jetzt«, ist ein oft gehörter Satz, der suggeriert, dass es einmal ein geeintes, gleichen Werten und Zielen verpflichtetes amerikanisches Volk gab. Das ist allerdings nur ein gern beschriebener Mythos, den Politiker anrufen, um eine vermeintliche Sehnsucht ihrer Wähler nach Ruhe, Frieden, Einheit und Sicherheit zu bedienen. Tatsächlich genügt schon ein oberflächlicher Blick auf die Geschichte der USA, um das Gegenteil festzustellen. Bereits die Frage, ob man die Unabhängigkeit von England erkämpfen soll, zerriss die Kolonisten und teilte sie in Lager. Der Bürgerkrieg um die Frage der Sklaverei spaltete die USA in Süd und Nord. Dem vorangegangen aber war über Jahre ein Auseinanderdriften der Lebensweisen und Zukunftsnarrative dieser beiden Welten. Die eine entwickelte sich zu einer industrialisierten kapitalistischen Gesellschaft mit einem gewaltigen Bedarf an qualifizierten Arbeitskräften für die Produktion in den Fabriken ebenso wie für die technische Entwicklung neuer Produkte und Verfahren. Die andere brauchte für die großflächige Landwirtschaft vor allem billige Arbeitskräfte. Die Muster eines sich in Lager aufgeteilten Landes finden sich immer wieder. Und stets ist die jeweilige Ideologie stärker von der Lagerzugehörigkeit bestimmt als von individuellen Überzeugungen. Die Zeit der Rassentrennung und des Kampfes um Bürgerrechte gehört ebenso dazu wie der Vietnamkrieg. Letzterer fällt zusammen mit der zunehmenden Säkularisierung der USA, mit dem Willen einer jungen Generation, sich von einer traditionellen, weitgehend religiös bestimmten Werteordnung, was Sexualität, Patriotismus, Bürgerrechte, Kunst und Kultur betrifft, unabhängig zu machen. In den 1960er- und 1970er-Jahren war es vor allem ein Generationenkonflikt, der die USA vor die Zerreißprobe stellte und scheinbar unüberbrückbare Gegensätze hervorbrachte.

Die Wahl Donald Trumps zum Präsidenten im Jahr 2016 zeigte eine ähnliche Qualität, allerdings waren die Themen andere. Doch Politik wurde wieder zu einem spaltenden Element, wie sie es 50 Jahre zuvor auch gewesen war. Die alte amerikanische Regel, »beim Essen weder über Politik noch Religion zu sprechen«, verliert in Familien und Freundeskreisen ihre Gültigkeit, weil der innere Druck so groß wird, Wut oder Begeisterung zu artikulieren. Einem erheblichen Teil der Bevölkerung gelingt es dabei nicht mehr, emotional distanziert über den Mann im Weißen Haus zu reden. Allein die Tatsache, dass jemand ihn gewählt hat oder einzelne seiner Positionen unterstützt, macht die Person für andere unerträglich. Das gilt umgekehrt ebenso, denn Menschen, die sich gegen Trump positionieren, werden von Freundeskreisen, Kollegenrunden oder sogar Familien ausgeschlossen. Eine Untersuchung des Forschungsinstituts Wakefield im Jahr nach Trumps Wahl fand heraus, dass gut jeder zehnte Amerikaner (11 Prozent) eine Liebesbeziehung wegen unterschiedlicher politischer Auffassungen aufgegeben hat.[26] Vor allem junge Menschen gehen diesen Schritt: 22 Prozent der Millennials berichten das von sich selbst,

35 Prozent von ihnen geben an, ein Paar zu kennen, das sich wegen Donald Trump getrennt hat.

Donald Trump ist auch nach seiner Niederlage präsent und hält die Republikanische Partei fest im Griff, trotz erheblichen Widerstands vonseiten des Parteiestablishments. Schon früh machte er seinen Anspruch geltend, noch einmal für die Partei als Präsidentschaftskandidat anzutreten, und prägte von Anfang an den Ton und die Inhalte der Kampagne. Er bekommt die Zustimmung nicht kampflos, muss in einen aufreibenden Vorwahlkampf gegen innerparteiliche Konkurrenten. Aber er setzt bestimmte Akzente auf die Agenda dieses Wahlkampfes, gießt reichlich Öl ins Feuer des »Culture War«. Die anderen nehmen das auf, lassen sich taktisch darauf ein, mit Fragen wie Rassismus, Abtreibungsrecht, gleichgeschlechtliche Ehe, Transgender, Geschichtsschreibung oder dem Streit um »richtige und gefährliche« Bücher in Schulbibliotheken die politische Debatte zu dominieren. Das prägt die Stimmung und die Diskussion auf sehr viel breiterer Ebene, denn es wird 2024 nicht nur eine Präsidentin oder ein Präsident gewählt. Der Kongress in Washington sowie Senate und Repräsentantenhäuser in den Bundesstaaten stehen zur Wahl. Richter, Sheriffs, Vertreter in den Schulräten kämpfen um Stimmen – es sind Tausende Kandidatinnen und Kandidaten, die jeweils eine eigene Wahlkampfstrategie entwickeln müssen. Ein großer Teil dieser Kandidatinnen und Kandidaten für politische Ämter in den USA sieht sich gezwungen, in die eine oder andere Richtung Position zu beziehen, um das eigene Wählerpotenzial mobilisieren zu können. Sie müssen Stellung nicht nur dazu beziehen, wie sie handeln, sondern wer sie sein wollen.

Gleichzeitig sind die Wählerinnen und Wähler zunehmend bereit, die Grundsätze einer freiheitlichen Demokratie infrage zu stellen und ihre Spielregeln zu verletzen, wenn es um ihre kulturellen Ängste geht. Die Lüge von der gestohlenen Wahl 2020 hat ihre Kraft nicht verloren und wird die Präsidentschaftswahl 2024 weiter prägen. Das Vertrauen in die Zuverlässigkeit, Funktionsfähigkeit und Fairness staatlicher Institutionen hat schon seit Langem gelitten, mit dem vermeintlichen Wahlbetrug verlieren viele den Glauben an die Rechtmäßigkeit demokratischer Verfahren. Selbst drei Jahre nach der Wahl glaubten noch 70 Prozent der Republikaner, dass Donald Trump der rechtmäßige Präsident ist.[27] Diese Zahl ist konstant und spiegelt die Angst konservativer, vor allem Weißer Wählerschichten, dass der Prozess des kulturellen Identitätsverlusts weitergeht. Sie haben ihren wichtigsten Beschützer verloren und fürchten, dass sich ihr Land weiter verändert und diverser wird, der Dominanz der urbanen Eliten niemand mehr Widerstand leistet und sie selbst marginalisiert werden.

Diese Sorge und der Versuch, daraus politisches Kapital zu schlagen, sind nicht neu. Pat Buchanan, Wahlkampfmanager für Richard Nixon, Berater Gerald Fords und amerikanischer Regierungssprecher unter Ronald Reagan, war selbst mehrfach angetreten, Präsident zu werden. Der heute 85-jährige Buchanan hat sich immer als »Paleokonservativer« verstanden, als sehr traditioneller Republikaner, der sich für amerikanischen Nationalismus, für christliche Ethik als Basis der Politik, gegen Einwanderung, gegen gleichgeschlechtliche Ehe und mehr Macht der Regionen gegenüber der Bundesregierung in Washington einsetzt. 1992 trat er innerparteilich gegen den amtierenden Präsidenten George H.W. Bush an. Er verlor, stellte sich im Wahlkampf hinter Bush und forderte eine neue Besinnung auf das, was amerikanische Identität ausmacht. Berühmt ist seine »Culture War«-Rede auf dem republikanischen Wahlparteitag 1992: »In dieser Wahl geht es um viel mehr, als wer was bekommt. Es geht darum, wer wir sind. Es geht darum, woran wir glauben. Es geht darum, wofür wir als Amerikaner stehen. Dies ist ein Kulturkrieg, genauso entscheidend für die Nation, die wir eines Tages sein werden, wie es der Kalte Krieg war.« Dieser Satz kann genauso auch für den amerikanischen Wahlkampf 2024 stehen, gesagt von beiden Parteien im Kampf um die Definition dessen, was Amerika als Nation und als Gesellschaft, was Amerikas Identität ausmacht.

Auf der Suche nach den eigenen Wurzeln

Der Hype der DNA-Tests

Ich bin zu 47 Prozent irisch«, legt Ruth als Erste die Fakten auf den Tisch. Die meisten ihrer Vorfahren stammen aus Irland und Schottland, Hinweise auf deutsche Vorfahren haben ebenfalls Spuren in ihren Genen hinterlassen. Es ist eine fröhliche Runde im Esszimmer von Paulette Bruch in einem kleinen Ort im Norden des US-Bundesstaates Missouri. Am Tisch sitzt neben Paulettes Ehemann und einem Onkel aus Kansas auch Ruth Skeens aus Iowa, eine Großcousine Paulettes. Gast des Abends bin ich selbst, geboren und aufgewachsen in Ostwestfalen, zu Hause zum Zeitpunkt unseres Treffens in Washington, D.C. Wir alle haben unsere DNA analysieren lassen, so wie rund 40 Millionen Amerikaner auch. Das Versprechen der einschlägigen Anbieter in ihren allabendlichen Werbespots: »Wir sagen dir, woher du kommst und wer du bist.« Ich habe mich auf die Reise nach Missouri gemacht, weil unsere DNA-Tests Ruth und Paulette als meine Cousinen vierten Grades identifiziert haben, das heißt, wir haben mindestens einen Ururgroßelternteil gemeinsam.

Nun erzählen wir Geschichten vom Leben im Mittleren Westen der USA, wo viele Deutsche im 19. und Anfang des 20. Jahrhunderts gelandet sind und meine Ururgroßcousinen jetzt mit ihren Familien leben. Und wir erzählen Geschichten aus Westfalen, denn Paulettes und Ruths Urgroßvater ist im selben kleinen ostwestfälischen Dorf geboren wie meine Mutter, das hat ein simpler Vergleich der Stammbäume ergeben. All diese Daten haben uns die Computer von Ancestry.com und 23andMe geliefert, die beiden weltweit größten Anbieter solcher privater DNA-Tests.

Jetzt ist Paulette an der Reihe und wundert sich: Wen auch immer sie aus der Verwandtschaft kennt, alle haben deutsche Wurzeln. Aber ihre Gene sagen: nur 38 Prozent deutschsprachiges Europa. Der Rest ist ziemlich verteilt in Europa, vor allem England, Irland, Skandinavien. Das Wundern verbindet uns, denn meine Herkunft entspricht auch nicht der Erwartung: geboren in Ostwestfalen, Eltern, Großeltern, Urgroßeltern, alle stammen aus derselben Region, das hat die Ahnenforschung meines Vaters zumindest für seine Seite eindeutig nachgewiesen. Wenig Gesichertes gibt es von der mütterlichen Seite zu berichten, aber allem Anschein nach hat auch dort niemand die Gegend verlassen, ist von Zugezogenen nichts bekannt. Deshalb wundere ich mich auch, dass meine Gene nur 51 Prozent deutschen Anteil haben, dazu knapp 40 Prozent England und Wales. Von englischen Vorfahren weiß ich nichts, aber es würde den roten Einschlag im Haar einiger Verwandter erklären. Gene mit Ursprung in Norwegen und Island sind reichlich vorhanden, dazu eine Spur Normandie. »Das wird Wikingerblut sein«, denke ich mir. Die restlichen 0,1 Prozent Italien schiebe ich auf einen Römer, der vor der verlorenen Schlacht am Teutoburger Wald noch genetische Spuren hinterlassen hat.

Wir drei sind also verwandt, Cousin und Cousinen vierten Grades. Wie aber unsere Fäden zusammenlaufen, wissen wir noch nicht. Bis vor wenigen Wochen wussten wir überhaupt nichts voneinander, aber da soll der Abend mit Paulettes Kochkünsten in gemütlicher Runde Licht ins Dunkel bringen.

In den USA sind solche DNA-Analysen seit Jahren ein ganz großes Thema, in den letzten Jahren sollen die Teströhrchen an Weihnachten zu Hunderttausenden auf den Gabentischen gelegen haben. Auch wenn der Hype ein wenig abgeebbt ist, weil der Markt gesättigt scheint, halten die großen Anbieter für jede Gelegenheit Sonderangebote in Geschenkpapier verpackt bereit und versuchen mit hohem Werbedruck den Verkauf ihrer Testkits weiter anzukurbeln. Rund 40 Millionen Amerikaner haben es schon gemacht: In ein Röhrchen gespuckt, es eingeschickt und nach ein paar Wochen aufgeschlüsselt bekommen, wo ihre geografischen Wurzeln liegen.

»Warum DNA-Tests so populär geworden sind? Es geht um Fragen, die wir früher nicht beantworten konnten. Woher komme ich? Wer bin ich?«, spekuliert Ruth über den Erfolg der Tests. Bei allem Bekenntnis zu den Werten der USA, in einem Land, in dem mehr als 98 Prozent der Bewohner in der einen oder anderen Form eingewandert sind, ist das Wissen über die Herkunft identitätsstiftend. Sie kamen als Eroberer vor 500 Jahren, als Siedler, Flüchtlinge, Sklaven, Abenteurer, als Suchende nach einem besseren Leben oder dem spannenden Job. Menschen haben zusammen Kinder bekommen, sind weitergewandert, haben sich mit jemandem aus einer ganz anderen Weltregion zusammengetan. Schon nach wenigen Generationen geht das Wissen über diese vielfältigen Wurzeln verloren.

So ist es auch bei Paulette und Ruth, die immerhin denselben Urgroßvater haben, jenen Mann, der aus dem Dorf meiner Mutter stammt und von dort Ende des 19. Jahrhunderts in die USA nach Illinois ausgewandert ist. Der wiederum hatte zwei Töchter, die jeweiligen Großmütter der beiden. Schon da rissen die Kontakte ab, die eine der Schwestern zog mit Mann und Familie nach Missouri, die andere nach Iowa. Das ist nicht sehr weit voneinander entfernt, war aber zu jener Zeit – es gab nur wenige private Autos – eben doch eine Weltreise. Die Genanalyse und die Computerdatenbank bringen die beiden nun zusammen, ja, sie erfahren jetzt erst von ihrer nahen Verwandtschaft.

Paulette betrieb schon früher Ahnenforschung, ganz klassisch mit der Suche in alten Kirchenbüchern und Standesämtern. Mit dem DNA-Test bekam sie plötzlich eine Liste mit Hunderten Verwandten, die alle einen solchen Test gemacht hatten und die die Datenbank auflistet. Sie war es denn auch, die Kontakt zu Ruth aufnahm, als der Computer sie als Großcousine identifizierte. »Ich habe dann gesagt: Ich will sie treffen! Und wir haben was ausgemacht, haben Familienbilder mitgebracht, um uns kennenzulernen. Wir haben uns um elf Uhr morgens in einem Restaurant getroffen und sind bis nach vier geblieben. Dort haben sie gesagt: ›Wir lassen mal niemanden in diesen Teil, ihr seid ja sehr beschäftigt.‹«

Das ist eines der Verkaufsargumente: »Finde Verwandte, von denen du noch nichts weißt.« Mir nennt die Datenbank gleich zu Beginn 280 Personen im vierten Grad, die allermeisten in den USA, davon die meisten mit Vorfahren aus Deutschland, vorwiegend aus Westfalen, aber auch aus Bayern, Niedersachsen, Hessen und dem Grenzgebiet zu Holland. Die Zahl wächst ständig, immer dann, wenn jemand den Test macht und zu meinem Gensatz in der Datenbank passt. Und wahrscheinlich werden irgendwann Verwandte in Deutschland dazukommen, wenn sich auch dort mehr Menschen testen lassen sollten. Für die Anbieter ist Deutschland ein großer und attraktiver Markt, dessen Datenschutzgesetze aber komplizierter sind.

Paulette und Ruth finden schnell heraus, was sie verbindet, und tauschen aus, was sie über ihre Großmütter wissen, die sich als Schwestern aus den Augen verloren hatten. Die heißen noch Feldmann, eben Töchter von Hermann Feldmann, dem Westfalen, der es nicht mehr aushielt und in die USA auswanderte. Sie heirateten, nahmen die Namen der Ehemänner an, und schon fand man sich nicht mehr. Nur, was hat es mit mir zu tun? Eine schnelle Recherche bei Geschwistern meiner Mutter ergibt, dass man Feldmanns Nachfahren gut kennt, sich sogar privat trifft. Aber verwandt? Davon weiß niemand etwas. Ach, sagt Ruth lapidar und klärt das Mysterium, das sei doch kein Zufall. »Euer und unser Hof lagen so nah beieinander, da ist vor hundert Jahren mal einer über den Zaun gesprungen.«

Die Familien aber verloren sich aus den Augen, bis Paulette Ruth und andere Verwandte aus der Liste einlädt. Mit großem Hallo begrüßen wir einander, aber fast ist es zu viel, plötzlich Verwandtschaft zu bekommen, sagt Ruth: »Als sie fragte, ob wir uns treffen, habe ich gesagt: ›Ach das wird interessant. Ich habe nicht einmal was zu meinem Mann gesagt, weil ich immer gerne Menschen treffe. Aber dann war es viel persönlicher, als ich es erwartet hatte. Es war so bewegend, sie zum ersten Mal zu treffen, das war fast, wie zu Brüdern oder Schwestern zu sprechen. Solche Nähe hatte ich nicht erwartet, ich bin, außer den Geschwistern, nicht mit vielen Verwandten aufgewachsen. Ich habe mich dann erst mal zurückgezogen, weil ich nicht wusste, was ich damit anfangen sollte.«

Heute sehen sie sich immer wieder mal, finden neue Gemeinsamkeiten. Beide engagieren sich in der katholischen Kirche, stehen fest im Glauben und der Frömmigkeit, die der Urgroßvater aus Ostwestfalen mitgebracht hatte. Sie gehen zusammen zum Friedhof mit den vielen deutschen Namen, auf dem auch gemeinsame Verwandte liegen. Nur politisch, da denken sie entgegengesetzt. Während Paulette davon überzeugt ist, dass Donald Trump die USA wieder auf den richtigen Kurs zurückgeführt hat, wählt Ruth demokratisch. Dass sie aber über Jahrzehnte nichts voneinander wussten, dass die eigene Familiengeschichte schon nach zwei Generationen verloren gegangen ist, treibt sie noch immer um.

Da sind Paulette und Ruth nicht allein. Die wenigsten Amerikaner haben eine einigermaßen genaue Vorstellung davon, wo ihre ethnischen Wurzeln liegen und wie sich diese über die Generationen gemischt und sie zu der Person gemacht haben, die sie heute sind. Man trifft natürlich bei jeder USA-Reise Menschen, die einem sofort berichten, dass ihre Urgroßeltern aus Deutschland kamen, dass sie schon mal die alte Heimat in einem Dorf bei Hannover oder sonst wo besucht hätten. In Wahrheit aber ist dies allenfalls anekdotisches Wissen über die Vorfahren, das nur sehr selten ein vollständiges Bild ergibt. Ahnenforschung war und ist deshalb in den USA von jeher populär, kommerzielle DNA-Tests, mit denen man etwas über die eigene Herkunft erfahren kann, wollen dafür ein zusätzliches populärwissenschaftliches Werkzeug anbieten, vor allem aber ein unterhaltsamer Spaß sein. Vermarktet werden die Tests gleich zu Beginn mit dem Versprechen, zu erfahren, »wer ich bin«.

In einem frühen Werbespot von Ancestry.com erzählte »Kyle«,

dass er immer glaubte, »Deutscher« zu sein. Deshalb trug er Lederhosen und besuchte Bierfeste. Jetzt weiß er: Er hat keine deutschen Wurzeln, sondern ist über 50 Prozent schottisch. Nun trägt er den Kilt. Oder »Kim« erfährt, dass sie zu 26 Prozent Gene mit amerikanischen Ureinwohnern teilt. Da habe sich eine neue Welt geöffnet: Sie umgibt sich jetzt mit Navajo-Töpferei.

Die kanadische Soziologin Wendy D. Roth hat die Wirkung solcher genetischer Tests untersucht.[1] Für die meisten ist es nach diesen Studien tatsächlich einfach nur interessant, aber immerhin fast 40 Prozent haben nach einem Test den Blick auf sich selbst verändert und sprechen anders über ihre Identität. Die Kuchengrafiken, auf denen die Kunden die Herkunft ihrer Vorfahren dargestellt bekommen, seien eine extreme Vereinfachung, stellt Roth ihrer Studie voraus. Aber die Kunden nähmen sie häufig sehr ernst. Wenn sie dann aber über ihre »Identität« sprächen, pickten sie sich häufig aus den Testergebnissen die Positionen heraus, die sie selbst als positiv sehen oder von denen sie glauben, dass andere sie interessant, spannend oder vorteilhaft empfinden. Sie berichtet vom Mexiko-Amerikaner »Eduardo«, der sich immer als Weißer Latino mit indigenen Vorfahren gesehen hat. Der Ancestry-Test bescheinigte ihm eine indigene Herkunft aus Mittelamerika, dazu keltische und jüdische Wurzeln. Er habe daraufhin die jüdische Identität in seine bisherige integriert, »weil ich schon immer zu Juden, jüdischen Freunden und Nachbarn aufgeblickt habe. Jetzt fühle ich mich besser, weil ich einer von ihnen bin.« Aber seine keltischen Wurzeln lehnt er ab: »Niemals würde ich für einen Kelten durchgehen, weil ich dunklere Haut habe, dick und kurz bin. Wir haben doch die Vorstellung von den Kelten, dass sie schlanke, große und starke Menschen sind. Da glauben dann alle, ich sei noch einer dieser blöden Mexikaner, die davon träumen, keltisches Blut in sich zu haben.«

Wie aber kann man überhaupt so genaue Informationen über seine Herkunft bekommen? Die populären DNA-Tests funktionieren sehr einfach und konnten sich deshalb als Geburtstagsgeschenk oder Familienprojekt etablieren. Ein Testkit kommt mit der Post, das man mit einer Speichelprobe im Röhrchen wieder zurückschickt. Im Labor werden aus den eingesandten Speichelproben in einem weitgehend automatisierten Verfahren genetische Informationen herausgefiltert. Von den drei Milliarden Basenpaaren, die unser Erbgut ausmachen, werden 600 000 analysiert, eine Auswahl derer, die sich von Mensch zu Mensch unterscheiden.

Barry Star von der Firma Ancestry.com, einer der Marktführer in den USA, erklärt, warum man aus diesen Tests Familiengeschichte herauslesen kann und wie sich die Herkunft aus einer bestimmten Weltregion darin spiegelt: »Die Menschen sind gewandert, haben sich dann in bestimmten Regionen niedergelassen. Nach einem Zufallsprinzip haben sich ihre Gene verändert, sodass es jetzt kleine Unterschiede in der DNA innerhalb dieser isolierten Gruppen gibt. Wir suchen nun Menschen mit einer langen Familiengeschichte in einer bestimmten Region, die zum Beispiel viele Generationen in Deutschland gelebt haben. Gleiches gilt für England, Frankreich, China und viele andere. So machen wir das mit 61 Weltregionen.« Diese wiederum sind in mehr als 1800 Subregionen unterteilt, für die Gruppen analysiert werden. So lässt sich dann, wie in meinem Fall, deutlich eine Wurzel im Münster- und Emsland festmachen. Bis 1850 zeigen sich Wanderbewegungen vor allem in Norddeutschland, zwischen 1850 und 1900 in die USA. Vornehmlich in den Regionen südlich von Chicago, in Illinois, Indiana und Missouri, aber auch in Iowa und Wisconsin teilen besonders viele Menschen DNA mit Referenzgruppen im Münster- und Emsland. Der Vergleich der minimalen Unterschiede in den Genen verrät dann die Herkunft der Vorfahren über mehrere Jahrhunderte hinweg. Ob man die dann für sich akzeptiert, ist eine andere Frage.

Wendy Roth berichtet von »Amy«, die als Kind in den USA adoptiert wurde. Ihre leiblichen Eltern seien Deutsche gewesen, hatten die Adoptiveltern ihr berichtet. Das sei ihr wegen des Holocaust und der deutschen Geschichte immer peinlich gewesen. Der DNA-Test zeigt tatsächlich deutsche, aber auch baskische

Wurzeln. »Amy« stellt sich von da an nur noch als »baskisch« vor. Zum »Cherry-Picking« bei den Testergebnissen passt auch, dass Menschen die wissenschaftliche Validität der DNA-Tests infrage stellen, wenn sie nicht mit der eigenen Vorstellung ihrer ethnischen Identität übereinstimmen. Das trifft insbesondere auch auf Anhänger der »White Supremacy«-Bewegung zu. Die Soziologen Aaron Panofsky von der University of California in Los Angeles und Joan Donovan von der Harvard University in Boston haben gezeigt, wie Mitglieder solcher Gruppen DNA-Testergebnisse uminterpretieren, wenn sie nicht mit der eigenen Ideologie übereinstimmen.[2] Danach teilen Mitglieder von weiß-nationalistischen Gruppen die Ergebnisse ihrer Gentests auf einer Plattform namens »Stormfront«, die als Forum für nationalistisches, antisemitisches und antimuslimisches Gedankengut dient, rassistische Beiträge verbreitet und den Holocaust leugnet. 1996 vom ehemaligen Klu-Klux-Klan-Anführer Don Black gegründet, gehört »Stormfront« zu den ältesten und einflussreichsten nationalistischen Hassseiten dieser Art.[3] Bei Weitem nicht alle Nutzer posten Testergebnisse, nach denen sie ihre Herkunft vollständig auf weiß-europäische Wurzeln zurückführen können. »Wir fragten uns«, sagt Aaron Panofsky, »was passiert, wenn Stormfront von registrierten Mitgliedern verlangt, zu 100 Prozent Weiß zu sein? Wie geht die Plattform mit denen um, deren Testergebnisse das nicht leisten?« Die Untersuchungen haben ergeben, dass in den Reaktionen auf solche Posts Trost und vor allem »repairing conversations« stehen, Uminterpretationen rangieren ebenfalls weit vorn. Bei einem Post, in dem jemand die eigene Herkunft nach einem DNA-Test mit 58 Prozent europäisch, 29 Prozent Native American und 13 Prozent Naher Osten angibt, reagieren nur 100 von 1500 Kommentatoren mit dem Vorwurf, zu wenig Weiß zu sein. Die anderen zweifeln entweder die wissenschaftliche Verlässlichkeit des Tests an, erklären, dass Menschen des Nahen Ostens schließlich auch zu »Caucasian« zählten, was in US-Formularen häufig der Begriff für »Weiß« ist. Ein bisschen »Native« seien zudem viele Weiße, deren Vorfahren aus Europa nach Amerika eingewandert seien. Die Studie nennt einen anderen Fall, in dem ein Teil der DNA ihren Ursprung im Senegal hat. Das sei kein Problem, so die Reaktion, schließlich hätten Weiße Kolonialherren dort ihre Spuren hinterlassen.

Die beiden Soziologen hinter der Studie untersuchen sowohl die sozialen Auswirkungen der Gentests auf die Probanden als auch die Manipulation von Informationen im Internet. Die Tendenz, das aus einem Informationspool herauszugreifen, was die eigene Haltung oder Vorstellung bestätigt, zeige sich hier deutlich, so das Ergebnis. »Richtigkeit« ist häufig wichtiger als »Wahrheit«, so der Schluss, den man daraus ziehen muss. Das gilt selbst dann, wenn ein Gentest einen selbst zum Teil der Gruppe macht, die man eigentlich bekämpft. Menschen gehen sehr weit und sind bereit, hoch komplizierte Beweisketten zu schmieden, um ihre Glaubenssätze zu bestätigen, zeigen psychologische Studien immer wieder. Das ist auch bei der Interpretation der DNA-Tests der Fall, zumal diese Glaubenssätze die eigene Identität betreffen.

Dies wird massive Auswirkungen auf die statistischen Daten zur Bevölkerung der USA haben, zeigen demografische Studien schon jetzt. Der DNA-Testanbieter »23andMe« hatte auf der Jahrestagung der American Society of Human Genetics (ASHG) die Frage diskutieren lassen, welche Auswirkungen die eigenen Tests auf die *race* und die ethnische Identität der Anwender hat.[4] Das Panel weist darauf hin, dass Amerikaner sehr häufig von mehreren, sehr unterschiedlichen Identitäten geprägt sind. Da ist die Zugehörigkeit zu einer *race* mit ihren sozialen, kulturellen und genetischen Attributen ein wichtiger Faktor. Hinzu kommt die ethnische Identität durch die Herkunft der Vorfahren, wobei die Testergebnisse meist moderne geopolitische Zuordnungen nennen, die weit entfernt von den Realitäten der Vorfahren sind, deren Spuren sich in der DNA finden. Und doch verändern Amerikaner zu einem erheblichen Teil ihre Angaben zu Herkunft und Identität, nachdem sie ihre Testergebnisse bekommen haben.[5] So steigt beispielsweise der Anteil derjenigen Amerikaner, die mehrere Ethnien als Herkunft angeben, nach einem Test von 54 auf knapp 66 Prozent. Bei denjenigen, die mehrere *races* angeben, steigt die Rate von 11 auf 14 Prozent. Dabei gibt es signifikante Unterschiede, je nachdem, zu welcher Gruppe jemand gehört. Vor einem DNA-Test geben zum Beispiel nur 13 Prozent der Afroamerikaner an, ihre Herkunft liege in einer Region südlich der Sahara, nach einem Test sind es 56 Prozent, also mehr als viermal so viele. Dass ein Teil ihrer Vorfahren aus Skandinavien kommt, gibt gut 2 Prozent der Afroamerikaner ohne Test an, nach einem Test sind es 19 Prozent und machen diese Herkunft, die mit großer Wahrscheinlichkeit Folge der Vergewaltigung von Sklavinnen durch ihre europäischen Besitzer ist, zum Teil der ethnischen Identität. Hispanics verorten ihre ethnische Herkunft vor einem Test zu 40 Prozent in Südeuropa, vor allem in Spanien, Portugal und Italien, nach einem Test sind es 60 Prozent. Bei Weißen ist besonders auffällig, dass vor einem Test 16 Prozent sagen, dass sie teilweise von amerikanischen Ureinwohnern abstammen, nach dem Test sinkt dieser Anteil auf gut 13 Prozent. Den eigenen Stammbaum zumindest ein kleines bisschen auf amerikanische Ureinwohner zurückzuführen, hat bei Weißen Amerikanern eine lange Tradition. Da spielen wohl die Abenteuerromane und der Wunsch, selbst Teil einer Wildwest-Romantik zu sein, eine gewisse Rolle. Die Tests aber enttäuschen häufig, widerlegen Familienmythen, bescheinigen null Prozent indigene Abstammung.

Wendy Roth zeigt denn auch, dass Weiße Amerikaner dazu neigen, aus ihren Testergebnissen die Dinge herauszufiltern und für sich anzunehmen, die sie mit etwas »Interessanterem, mehr Exotischem verbindet, als einfach nur Weiß zu sein. Das sei vielen zu langweilig.« Sie hält das aber für eine gefährliche Tendenz: »Wenn Weiße ›exotische‹ neue *race*-Identitäten für sich adoptieren, fördert das die Idee, dass *race* etwas Kostenloses ist, etwas, das jeder wählen und genießen kann, ohne dass es Konsequenzen hat. Es fördert die Vorstellung, dass die Zugehörigkeit zu einer *race* heute für jeden anderen ebenfalls ohne persönliche Auswirkung ist.« Das aber sei eben genau nicht der Fall, weil noch immer die Zugehörigkeit zu einer *race* in den USA erheblich darüber entscheidet, wie jemand lebt, welche Chancen vorhanden sind. Bei aller rechtlichen Gleichstellung hat *race* bis heute erhebliche Auswirkungen auf Bildung, Einkommen, Gesundheit und Lebenserwartung.

Noch nicht untersucht ist, ob Menschen durch Erkenntnisse über ihre ursprüngliche Herkunft ihr Selbstverständnis als Amerikaner verändern.

Es hat die USA über lange Strecken ihrer Geschichte ausgezeichnet, dass sich Menschen nach ihrer Einwanderung in erster Linie als »Amerikaner« verstehen und sich unter gemeinsamen Symbolen und Riten versammeln, auch wenn sich immer ethnische Gruppen in Stadtteilen oder Siedlungen bildeten. »Little Italy«, »Chinatown« oder deutsch geprägte Orte in Illinois oder Texas sind Beispiele dafür. In der Reihenfolge definieren sich aber die meisten als »Amerikaner mit Wurzeln in …«. Diese Wurzeln sind es, die sie als Amerikaner pflegen und feiern. So sind selbstverständlich amerikanische Flaggen bei griechischen, iranischen oder deutschen Volksfesten zu sehen. Für die Menschen der zweiten oder einer späteren Generation ist das Wissen über die Heimat der Vorfahren meist verloren gegangen und die Erinnerung an Fest- oder Gedenktagen gerät oftmals ins Folkloristische. St. Patrick's Day oder die vielen Oktoberfeste sind beste Beispiele dafür. Die Selbstverständlichkeit, mit der Menschen der ersten Einwanderergeneration nach der Ankunft in den USA in die neue amerikanische Identität geschlüpft sind, löst sich seit einiger Zeit auf, wie ich an anderer Stelle noch zeigen werde. Das hat vor allem mit der Haltung vieler aktueller Einwanderer zu tun, deren Ziel die USA als Wohnsitz für ein besseres Leben ist, die aber nicht mehr mit der Vorstellung kommen, Teil der amerikanischen Kultur und Gesellschaft zu werden. Denkbar ist, dass DNA-Tests mit Erkenntnissen über die eigenen Wurzeln die Erinnerungskultur verstärken und damit Auswirkungen auf die eigene Verortung haben.

Für Demografen und Statistiker hat die Tatsache, dass immer mehr Menschen in den USA mehrere *race* und Ethnien angeben, zur Folge, dass die Vergleichbarkeit zu früheren Erhebungen verloren geht. Das wiederum verändert die Möglichkeiten der Politik, gezielt gerechtere Strukturen zu schaffen.

Die größte Sorge aber besteht darin, dass die Erkenntnis wieder verloren geht, wonach die Zugehörigkeit zu einer *race* keine biologische Kategorie darstellt, sondern aus dem Zusammenspiel genetischer, ethnischer, kultureller und sozialer Komponenten entsteht. Die Tests unterstreichen, dass bestimmte äußere Attribute wie Haut-, Haar- und Augenfarbe von definierten Genkombinationen festgelegt und damit gefunden werden können. Auch für andere körperliche Eigenschaften machen die DNA-Tests Vorhersagen, die jeder mit der Wirklichkeit vergleichen kann. Eine Neigung zu Haarausfall oder Sommersprossen gehört beispielsweise dazu. In meiner eigenen Genanalyse findet sich die Vorhersage, die Mittelfinger seien länger als die Ringfinger; meine Muskelstruktur sei die eines Sprinters, doch trotzdem für Ausdauer ausgelegt, heißt es weiter in der Auswertung. Ermüden diese Muskeln schneller als beim Durchschnitt der Menschen, erreiche ich eine schnelle oder unterdurchschnittliche Sauerstoffsättigung des Blutes bei Belastung? Wie gut ist der Körper mit bestimmten Vitaminen oder Spurenelementen versorgt? Für all das gibt es Vorhersagen aus der DNA. Ich hätte ein Grübchen am Kinn, das ich vor allem mit Menschen indischer und persischer Herkunft teile, und mein Urin verändere seinen Geruch nach dem Genuss von Spargel, heißt es weiter. Koriander schmecke mir ebenso wie Kaffee, von dem ich aber nicht zu viel trinke.

Das sind Merkmale, die aus der Kombination bestimmter Genabschnitte herausgelesen werden können, das aufbereitete Testergebnis macht aber auch Vorhersagen über Eigenschaften, Charakterzüge und Fähigkeiten und suggeriert damit, dass diese in der DNA festgeschrieben und damit Teil der Biologie eines Menschen seien: Wie risikobereit bin ich, habe ich Angst, vor Publikum zu sprechen, oder bevorzuge ich Schokolade gegenüber Vanille in der Eisdiele? Bin ich eher introvertiert oder extrovertiert, erinnere ich mich gut an Träume? Die von den Anbietern aufbereiteten Ergebnisse zeigen zudem eine scheinbare Genauigkeit. Dass mein Körper mich um 6:34 Uhr wecke, soll der Vergleich meiner Gene mit Selbstaussagen von Kunden ebenso vorhersagbar machen wie die Frage, ob ich ein Morgen- oder Nachtmensch bin.

Das alles, so die Auseinandersetzung der American Society of Human Genetics (ASHG) mit den Folgen der kommerziellen DNA-Tests, habe Einfluss nicht nur darauf, wie Konsumenten ihre Identität beschreiben, sondern auch, wie sie andere Menschen wahrnehmen. Das wiederum, so eine Sorge, könne Folgen für die schwelende Rassismusdiskussion in den USA und die politische Auseinandersetzung um Gleichberechtigung und Identitätspolitik haben. Die Rückkehr zum Biologismus ist eine der Befürchtungen.

Der genetische Unterschied von Menschen unterschiedlicher *race* oder Ethnie liegt im Promillebereich. So weiß man heute, dass die kulturelle und soziale Prägung einen weitaus wichtigeren Einfluss auf die Identität hat als die Gene. Gleichwohl sei es wichtig, Unterschiede zwischen verschiedenen Gruppen zu kennen, um Menschen zum Beispiel medizinisch besser versorgen zu können, sagen die Forscher. DNA-Analyse könne sehr viel mehr, als nur etwas über die Herkunft zu verraten, und sie wird auch zu viel mehr genutzt. Da sind die Analysen über die eigene Gesundheit und Erbkrankheiten, die in den USA von einigen Unternehmen gleich mit angeboten werden. Krankheiten, die man an die Kinder weitergibt, ein erhöhtes Risiko, an Alzheimer oder Krebs zu erkranken, alles steht in den Genen. Manche Mediziner setzen große Hoffnung auf DNA-Tests für ihre Patienten. Besser noch als bei einer Blutuntersuchung glauben sie zukünftig Krankheiten früher und besser erkennen und behandeln zu können. Ihre Vision sind Medikamente, die individuell auf jeden Patienten zugeschnitten sind.

Dahin ist es noch ein weiter Weg, der schwieriger ist, als man in der Begeisterung nach der Entschlüsselung des menschlichen Genoms gehofft hatte. Es ist so gut wie nie ein bestimmtes Gen, das einer bestimmten Eigenschaft oder Anfälligkeit für Krankheiten zugeschrieben werden kann. »Bei Genetik geht es um viele kleine Effekte und Wahrscheinlichkeiten«, das sei wohl eine der wichtigsten Erkenntnisse, sagt Paul Cusenza, der Gründer von 23andMe.

Die Herkunft oder die Disposition für bestimmte Krankheiten oder Eigenschaften aus den Genen zu lesen, ist vor allem Statistik. Nehmen wir als Beispiel »Augenfarbe: blau«. Da schaut man, ob es Genabschnitte gibt, die bei allen Menschen mit blauen Augen gleich sind und bei denen mit grünen oder braunen anders. Und so macht man es auch bei Krankheiten, die man auf den Genen erkennen will. Nur handelt es sich dabei vor allem um Wahrscheinlichkeiten. 23andMe sagt mit 52-prozentiger Wahrscheinlichkeit voraus, dass ich blaue Augen habe. Da hat es wenig Bedeutung, wenn sie doch braun sind, aber bei der Entscheidung für oder gegen eine Operation kann es über Leben und Tod entscheiden. Je mehr Menschen ihre DNA untersuchen ließen, je mehr statistische Daten gespeichert seien, desto genauer werde auch das Ergebnis, so Cusenza: »Es ist schwer, große Zahlen zu bekommen, wenn man nur mit Forschungskliniken arbeitet. Aber wenn man die Konsumenten einbindet und Millionen von Menschen hinzuzieht? Man kann ihnen Fragen stellen: Hast du Typ-2-Diabetes oder nicht? Mit den großen Datenmengen können wir herausfinden, welche Marker mit welchen Krankheiten verknüpft sind.«

Da ist Paul Cusenza ganz offen: Mit seinem Unternehmen 23andMe, das er inzwischen wieder verkauft hat, wollte er nicht nur ein Geschäft mit denen machen, die ihre Familiengeschichte erforschen. Er wollte etwas Attraktives anbieten, um auf diesem Weg so viele Gen-Daten wie möglich zu sammeln. Sein Ziel sei von Anfang an gewesen, damit die medizinische Forschung voranzubringen und auch daran zu verdienen, indem Pharmaunternehmen die anonymisierten Datensätze für ihre Arzneimittelforschung kaufen können – was auch geschieht.

Wer mit seinem Gentest eine Gesundheitsanalyse bestellt hat, wird gebeten, freiwillig einen eigenen Beitrag für die Forschung zu leisten. Der besteht darin, Fragen zu beantworten – genau nach dem, was in der Analyse mit den Genen verknüpft wird: Augenfarbe, Vorlieben, Ess- und Trinkverhalten, Krankheiten, Beschwerden, Geschmack und vieles mehr. Wenn man bis zum Schluss mitmacht, sind das mehrere Hundert Fragen.

Ziel ist es, die Funktion einzelner Genabschnitte statistisch genauer kennenzulernen und damit die medizinische Versorgung von Patienten immer individueller zu gestalten. Man weiß seit Langem, dass gleiche Medikamente bei Männern und Frauen unterschiedlich wirken. Gleiches gilt für Menschen unterschiedlicher Ethnien. Bisher aber sind viele Medikamente auf Männer mitteleuropäischer Herkunft abgestimmt, und es liegt an den behandelnden Ärzten, ob sie für Männer und Frauen oder Menschen unterschiedlicher Herkunft unterschiedliche Präparate verschreiben. In einem diversen Land wie den USA hat das große Bedeutung, weil immer die Gefahr besteht, ohne Kenntnis der persönlichen Geschichte falsch zu behandeln oder eine falsche Ernährung zu empfehlen.

Die Körper amerikanischer Ureinwohner bestimmter Regionen verarbeiten beispielsweise Fette und Kohlehydrate anders als die von Europäern. Deshalb führt selbst eine ausgewogene europäisch geprägte Ernährung bei ihnen weit überdurchschnittlich oft zu Diabetes; Fast Food und verarbeitete Lebensmittel können sie ernsthaft krank machen. Menschen vieler Weltregionen sind überwiegend laktoseintolerant, leben aber in den USA in einem Land, dessen Supermarktregale von Milchprodukten überquellen.

Race-basierte Medizin ist seit vielen Jahren Standard in den USA, Ärzte passen Diagnosen und Therapie an die ethnische Prägung an. Vor allem in Bezug auf Afroamerikaner wird die bisherige Praxis aber zunehmend infrage gestellt, und es wird nach besseren Methoden gesucht, macht eine Studie von Stephanie Dutchen im *Harvard Medicine Magazin* deutlich.[6]

Afroamerikaner haben nach landläufiger medizinischer Erkenntnis ein höheres Risiko für Diabetes, Herzinfarkt, Schlaganfall, Asthma, Lungenentzündung, HIV und Krebs. Bluthochdruck ist weiter verbreitet, ihre Lebenserwartung ist niedriger als die von

Weißen. Nur ein Teil dieser Unterschiede aber ist biologisch begründet, der andere hat strukturelle Ursachen. Afroamerikaner sind im Durchschnitt ärmer, besuchen seltener Ärzte, weil sie sich eine angemessene medizinische Versorgung häufiger nicht leisten können. Sie wohnen häufiger unter ungesunden Bedingungen und sind schlechter ernährt, fasst das Pharmaunternehmen Pfizer die Erkenntnisse in seinem Newsletter zusammen.[7] Die Anweisungen für eine angepasste Behandlung von Afroamerikanern beachteten die sozialen Ursachen häufig nicht, so Dutchen. Stattdessen flössen häufig jahrzehntealte Stereotype ein, die teilweise noch aus der Zeit der Sklaverei stammen. So bekommen nach der Harvard Studie Afroamerikaner niedrigere Dosen an Schmerzmitteln als Weiße, weil lange gelehrt wurde, dass dunkelhäutige Menschen weniger schmerzempfindlich seien, was längst widerlegt ist. Dass Afroamerikanern seltener opioidhaltige Schmerzmittel verschrieben werden, habe mit echter Diskriminierung zu tun, die dunkle Haut mit Drogenmissbrauch assoziiert. Aber auch gut gemeinte Anpassungen verfestigten die strukturelle Diskriminierung und folgten keiner medizinischen Erkenntnis. So seien in den Algorithmen von Testgeräten die Normwerte bei Lungenfunktionstests für Afroamerikaner niedriger eingestellt, weil Afroamerikaner im Durchschnitt eine niedrigere Lungenkapazität hätten. Tatsächlich habe das keine biologischen Ursachen, sondern sei eine Folge von durchschnittlich höherer Belastung durch schlechtere Luft am Arbeitsplatz oder im Wohngebiet. Mit den angepassten Normwerten werde aber »gesund« bei Afroamerikanern anders definiert als bei Weißen, obwohl es medizinisch keinen Grund dafür gibt.

Eine genbasierte individuelle Medizin, so die Hoffnung, würde helfen, Vorurteile und Stereotype zu überwinden und jeden Menschen in seiner Individualität, seiner ganz eigenen Persönlichkeit, Biologie und seinen Lebensumständen behandeln helfen. Die Forschung dafür voranzutreiben, dazu dienen die Millionen Datensätze einschließlich der von den Kunden beantworteten Fragen. Auch hier aber wird sich die Frage stellen, welche Auswirkungen das Wissen darauf hat, wie sich Menschen selbst wahrnehmen. Hinzu kommt, dass die Tests Hinweise darauf liefern, ob jemand eine höhere Disposition für bestimmte Krankheiten besitzt. Das kann dem Arzt natürlich helfen, prophylaktisch zu behandeln und Verhaltensweisen anzupassen, gleichzeitig aber zu Nachteilen bei der Arbeitssuche oder Versicherungen führen.

Wieder mithilfe von Statistik sollen die Gene darüber Auskunft geben, ob man mit größerer Wahrscheinlichkeit bestimmte Erbkrankheiten in sich trägt. Heute ist in den vermarkteten Tests ein Alzheimer-Typus dabei, Brustkrebs, Darmkrebs und einige Dutzend sehr seltener Erkrankungen. »Der Test sagt nicht, ob du diese Krankheit hast oder bekommst, nur die Gene werden identifiziert, die dazu führen können«, sagt Jennifer Utley von 23andMe. Deshalb kommt auch immer die Warnung mit, auf keinen Fall etwas ohne ärztliche Beratung zu tun, wenn Hinweise auf ein mögliches Krankheitsrisiko auftauchen. Der Test liefert zudem Hinweise auf Dinge wie Laktoseunverträglichkeit und zeigt, auf welche Fettarten der eigene Körper schneller mit Gewichtszunahme reagiert, ob man ein Morgen- oder Abendmensch ist, nachts tief oder weniger tief schläft, welche spezifische Wirkung Alkohol hat und vieles andere mehr. »Ich war fasziniert, welche Informationen man da bekommen kann. Und dann war ich auch ein wenig skeptisch, was es bedeutet, wenn man diese Information dann in Händen hat«, sagt Tim Poe, der einen Test gemacht und sich dagegen entschieden hat, Informationen über seine Gesundheit zu bekommen. »Hatte ich Angst?«, fragt er sich und gibt gleich die Antwort. »Nein, keine Angst. Aber ich brauche das nicht und habe es nicht gemacht.« Er habe nämlich keine Antwort auf eine für ihn entscheidende Frage: »Was fange ich damit an, wenn ich weiß, dass ich mit 60-prozentiger Wahrscheinlichkeit Alzheimer bekomme, bevor ich 70 werde?« Er wolle sich als gesunden Menschen erleben und empfinden, nicht als »potenziell krank«. Das würde ihn verändern, ihm vielleicht seine Identität rauben.

Andere sehen genau darin eine große Chance. Die Schauspielerin Angelina Jolie ließ sich 2013 prophylaktisch beide Brüste amputieren, weil ein Gentest eine Mutation des BRCA1-Gens gezeigt hatte. Auf 87 Prozent hätten die Ärzte ihr Krebsrisiko geschätzt, schrieb sie in der *New York Times*. Sie erklärte die medizinische Prozedur und ging auch darauf ein, was der Eingriff für ihre Identität bedeutet: »Noch etwas Persönliches: Ich fühle mich kein bisschen weniger als Frau. Ich fühle mich gestärkt, weil ich eine starke Entscheidung getroffen habe, die in keiner Weise meine Weiblichkeit beeinträchtigt.«[8]

Die DNA ist das vielleicht privateste Wissen über uns. Sehr viel von dem, was uns ausmacht, ist darin gespeichert und damit auch lesbar. Nicht nur Körperliches, auch bestimmte psychische und charakterliche Züge lassen sich in den Genen suchen. Wer darf Zugang dazu haben? Wie kann ich sicherstellen, dass diese Informationen über mich nicht missbraucht werden?

Mediziner gehen davon aus, dass eines Tages die Genanalyse zum Standard eines Arztbesuches gehört. Die Daten sind auf der Versichertenkarte gespeichert und helfen dem Arzt, Patienten zu behandeln. Was aber, wenn diese Daten zum Beispiel an Versicherungen gelangen, die dann eine Lebensversicherung verweigern, weil die DNA eine erhöhte Wahrscheinlichkeit für Krebs zeigt? Oder wenn Arbeitgeber einen solchen Test verlangen, um Gesundheitsrisiken bei ihren Mitarbeitenden einzuschätzen?

Auf jeden Fall bedeutet die Entscheidung für mehr Wissen über sich selbst auch immer Wissen über andere Menschen, die das vielleicht nicht wollen. Die DNA von Geschwistern ist sehr ähnlich, deshalb werden sie auch in den Datenbanken der Testanbieter sofort gefunden. Die Wahrscheinlichkeit ist hoch, dass bestimmte Eigenschaften oder Dispositionen für Krankheiten gleich sind, sodass Brüder und Schwestern durch ihren eigenen Test über die genetische Disposition der jeweils anderen Bescheid wissen, verhindern lässt sich das nicht. Man erfährt etwas über die eigenen Eltern, was die vielleicht bewusst geheim gehalten haben. Menschen, die mit Samenspenden gezeugt wurden, erkennen sich als Halbgeschwister und müssen damit umgehen. In den USA treffen sich bereits Halbgeschwister anonymer Samenspender in

Gruppen, die über die Datenbanken voneinander erfahren haben. Samenspender selbst müssen damit rechnen, zukünftig über ihre DNA identifiziert zu werden. Leute finden Dinge über ihre Familiengeschichte heraus, die man nicht hören will und die für ihre Beziehungen zerstörerisch sein können.

In den USA werden zudem durch den Abgleich mit DNA-Datenbanken aus den kommerziellen Tests jahrzehntealte Kriminalfälle gelöst. Das ist kaum gesetzlich geregelt und kann Menschen verändern, ohne dass sie das wollen.

Noch einen Schritt weiter geht Malia Fullerton, Professorin für Bioethik an der University of Washington in Seattle, im Interview. Was ist mit DNA-Proben, die wir irgendwann in unserem Leben abgegeben haben? Sei es bei Untersuchungen auf Erbkrankheiten, bei der Suche nach Vorfahren oder bei einer Polizeikontrolle: »DNA ist ein Makromolekül, erstaunlich langlebig. Wir finden sie sogar in Fossilien.« Derzeit kann man in den USA nicht verfügen, dass in Laboren aufbewahrte DNA mit dem Tod vernichtet werden muss, um zu verhindern, dass damit etwas gemacht wird, das wir zu Lebzeiten als unangenehm empfunden und nicht gewollt hätten. »Wir verlieren unsere Rechte und Interessen, wenn wir sterben. Und doch können unsere engsten Familienangehörigen ein Interesse daran haben, diese Informationen zu bekommen.« Da geht es um Persönlichkeitsschutz, um den Erhalt der Identität über den Tod hinaus. In einigen Fällen aus der medizinischen Forschung großer Pharmakonzerne in den USA wird darüber hinaus aber bereits vor Gericht darüber gestritten, ob Angehörige an Gewinnen beteiligt werden müssen, wenn mit der DNA der Verstorbenen medizinische Forschung betrieben wird.

Generell steht die gesetzliche Regelung erst am Anfang. Die Labors dürfen Daten nicht weitergeben, aber jeder kann seine Rohdaten bekommen und dann zum Beispiel an den eigenen Arzt weitergeben in der Hoffnung, dass sie dort geschützt sind.

Paulette, meiner Cousine vierten Grades aus Missouri, sind bei der Ahnenforschung gleich zwei Familiengeheimnisse offenbar geworden: Ein Verwandter war ein berüchtigter Schwarzbrenner und Alkoholschmuggler während der Prohibition. Das fällt noch in die Kategorie »Anekdote«. Bei der folgenden Erkenntnis musste sie dann aber doch schlucken: »In den letzten zwei Wochen habe ich herausgefunden, dass es auf der väterlichen Seite einen Mörder in der Familie gab.« Außerdem hat der als Kind adoptierte Ehemann ihrer Tochter mithilfe des DNA-Tests seine leibliche Mutter gefunden.

Paulette und Ruth jedenfalls ist einiges klar geworden: Bei einem Besuch beim anderen Zweig ihrer Familie in Deutschland habe sie sich sofort zu Hause gefühlt, sagt Paulette. Ruth war noch nicht dort, hat aber deutsche Verwandte auf Besuch in den USA getroffen. »Einiges ist über die Generationen weitergereicht worden. Wir haben ein gemeinsames Wertesystem, das geht sehr tief, über Orte und Generationen hinweg.« Bis in die Persönlichkeit hinein, den Glauben, den Fleiß und die Abenteuerlust seien die Feldmanns in Westfalen genauso geprägt wie deren Verwandte in Missouri und Iowa, vererbt über Generationen und einen Ozean hinweg.

Mythos Cowboy

Der Traum von Freiheit und Unabhängigkeit

Es ist nicht zu übersehen, wo man jetzt ist: »Wyoming grüßt dich« steht auf riesigen bunten Schildern an der Autobahn, immer mit der Silhouette eines Rodeo-Cowboys auf einem bockenden Pferd, eine Hand am Sattel, in der anderen der Hut. Es sind nicht viele Stationen, die man im Autoradio auf dem Weg durch die karge Landschaft der offenen Prärie empfängt, die meisten spielen Countrymusic.

»I suppose, there's a better way to make a livin'
To make money so I could live in luxury
But the life behind a desk in a building
Would be like a prison sentence to me
My manners are not refined or even polished
And my speech it may be crude to most you see
I guess that I was just born a dreamer
But in my life, I relish pride and being free
My clothes are high heeled boots and a big hat
And the buckle on my belt I wear with pride
You might even find a snuff can in the pocket
of these old wore out faded
Blue Levi's
Well, I'm a cowboy
On the rodeo circuit« [1] *

* »Ich schätze, dass es bessere Möglichkeiten gibt, / Geld für den Lebensunterhalt zu verdienen, / sodass ich in Luxus leben könnte / Aber ein Leben in einem Gebäude am Schreibtisch / Wäre wie eine Gefängnisstrafe für mich / Meine Manieren sind nicht

Das ist einer der großen Hits des inzwischen verstorbenen Country-Stars Chris LeDoux. Was er da besingt, ist das Klischee des unangepassten Cowboys, dem Konventionen egal sind, der seinem eigenen Wertekodex folgt. Es ist einer dieser Cowboysongs, die jene hören, die keine Cowboys sind. Wie so viele andere Songs glorifiziert er das harte Leben auf der Ranch, den treuen, schweigsamen und ehrenhaften Mann. Und er ist einer über den Sport der Cowboys, über Rodeo und die Kerle, die sich trauen, auf wilden Pferden und Bullen zu reiten. Chris LeDoux singt über den Wilden Westen, besser: das Bild von ihm, das sich die Menschen erhalten haben, die dort leben oder dort Urlaub machen.

Kommt man als Tourist in den Westen der USA und besucht die Präriestaaten wie Montana, Texas oder eben Wyoming, dann sieht man diese Cowboys, ein paar echte, aber vor allem diejenigen, die es so gern sein möchten, sie alle Teil des Straßenbilds in den kleinen Städtchen. Man erkennt sie schon an ihrer Uniform, den Jeans, dem Hut und natürlich den Boots, den Cowboystiefeln. Jeder Besucher bringt seine eigenen Vorstellungen des »Wilden Westens« mit, geprägt durch Kinofilme, Bücher und nicht zuletzt durch die trivialisierte Version der alten Marlboro-Werbung mit dem wettergegerbten Cowboy, der sich am Lagerfeuer nach getaner Arbeit die Zigarette anzündet, die den Geschmack von Freiheit und Abenteuer verspricht.

Cody ist so eine Kleinstadt in Wyoming. Auf dem Weg dorthin führt die Straße durch die offene Prärie, alle paar Kilometer gabeln Straßen oder Schotterwege in die Graslandschaft. Dort informieren Tore aus Baumstämmen, dass es hier zu einer Ranch geht. Die Grundstücke sind so groß, dass man die Gebäude selten schon von der Straße aus sehen kann. Nicht wenige dieser Ranches sind

kultiviert, nicht mal geglättet / Meine Sprache erscheint den meisten ungehobelt / Ich schätze, dass ich als Träumer geboren wurde / Aber in meinem Leben genieße ich, stolz und frei zu sein / Meine Kleidung sind hochhackige Boots und ein großer Hut / Und die Schnalle an meinem Gürtel trage ich mit Stolz /Du wirst vielleicht sogar eine Schnupftabakdose in der Tasche dieser alten, abgetragenen blauen Levi's finden / Nun, ich bin ein Cowboy / Auf der Rodeo-Tour«

sogenannte Dude Ranches, wo man für viel Geld Urlaub machen und, wenn man will, mit den Cowboys in die Steppe reiten und bei der Arbeit helfen kann. Das ist weniger romantisch, als es die Marlboro-Werbung suggeriert, aber als amerikanische Form des Urlaubs auf dem Bauernhof sehr populär.

Cody lebt vom Mythos Cowboy und der Vorstellung des freien Westens. Gleich am Ortseingang lockt das »Museum of the American West« jedes Jahr Tausende Besucher in Ausstellungen über das alte Leben im Westen und präsentiert eine beeindruckende Sammlung der Waffen, die halfen, diesen Westen zu erobern. Gleichzeitig verfügt dieses Museum über eine der größten Sammlungen von »Western Art«, Kunstwerken mit Szenen aus dem amerikanischen Westen. Künstler wie Frederic Remington oder Charles M. Russell kamen um die Wende zum 20. Jahrhundert und malten meist sehr gegenständlich spektakuläre Landschaften und Alltagsszenen von Cowboys bei der Arbeit oder dem Leben der Ureinwohner auf der Prärie. Diese meist idealisierten Bilder füllten im vergangenen Jahrhundert Kunstausstellungen in den Städten entlang der Ostküste. Reproduktionen in Zeitschriften wie *Harper's Weekly* trugen dazu bei, im Osten ein idealisiertes Bild des Westens zu verbreiten. Bis heute faszinieren diese Klischeebilder als Ideal dieses Westens, Ausstellungen ziehen ein Massenpublikum an, und die Gemälde der großen Stars der Western-Art-Szene erzielen hohe sechsstellige Preise.[2]

»Die Wildnis ist gefährlich, aber schön – Wälder, Berge, Wüsten, Prärien. Sie bietet die Hoffnung auf eine neue soziale Ordnung, die an der offenen Grenze entsteht«, schrieb der amerikanische Soziologe Will Wright zu Beginn des 21. Jahrhunderts.[3] Der Wilde Westen steht für ihn stellvertretend als Gegenmodell zur industrialisierten Klassengesellschaft, zu der sich der amerikanische Osten entwickelt und dabei den Traum von der egalitären Gesellschaft verraten hat. Amerika als scheinbar leerer und ungezähmter Kontinent bot zunächst den unbegrenzten Raum, um die europäischen feudalen Strukturen zu überwinden. Das Bild dieses verheißenen Landes war und ist bis heute das einer freien, individualistischen und egalitären Agrargesellschaft. Der Einzelne emanzipierte sich vom »Landarbeiter für andere« in Europa zum »arbeitenden Landbesitzer« in Amerika. Eigentum und Arbeit waren identisch. Das galt im Osten für eine kurze Zeit, bis die Industrialisierung, der Aufstieg Amerikas zur führenden Wirtschaftsnation, diese idealisierte Vorstellung einer natürlichen Gesellschaftsordnung wieder zerstörte. Die Gründung großer Industriebetriebe mit ihrem hohen Kapitalbedarf, den nur wenige bereitstellen können, und dem noch größeren Bedarf an Arbeitskraft hob die agrarische Einheit auf. Die Realität in den Städten und neuen industrialisierten Zentren der Vereinigten Staaten stellt nunmehr die erneute Trennung von Kapital und Arbeit dar, die Entstehung einer Klassengesellschaft nach dem Bild des nachfeudalen Europas.

Im Osten der USA existierte das alte Grenzland der Eroberung und individualistischen Gestaltung schon in der Mitte des 19. Jahrhunderts nicht mehr, dafür entstand die »New Frontier«, das neue Grenzland im Westen mit seinen scheinbar unendlichen Weiten der Prärien, die erneute Überwindung staatlicher Bürokratie und einer vorgegebenen Ordnung. Kaum einer hatte diesen Wilden Westen gesehen, aber Reiseberichte in Zeitschriften und vor allem Bücher und Groschenheftchen mit Abenteuergeschichten fanden reißenden Absatz beim Publikum im zivilisierten Osten. Dieser »Wilde Westen« beflügelte die Sehnsucht und Fantasie des in seiner Ordnung und Bürokratie gefangenen Ostens und nährte so den Mythos von Wagemut und Abenteuer. Das bruchstückhafte Wissen über das reale Leben auf der Prärie trug dazu bei, dass dieser Westen zur Projektionsfläche für ein gutes Leben wurde. Gleichzeitig schienen Fakten diese Vorstellungen zu bestätigen. Der »Homestead Act« von 1860 zum Beispiel erlaubte es allen Siedlern, sich ein Stück Land abzustecken und als Besitzer-Landarbeiter neu zu beginnen. Der Traum von der neuen, freien individualistischen amerikanischen Gesellschaft auf dem Boden einer Natur mit unendlichen Ressourcen lebte wieder auf.

Der Mythos des ungezähmten Westens war schon bald Bühne

unzähliger Geschichten aus dieser faszinierenden Welt, die mit der Zeit ein festes Ensemble samt Kulisse entwickelten, das jeder kannte, auch wenn er seine Kleinstadt an der Ostküste nie verlassen hatte – und dieser Mythos ist bis heute lebendig: die Siedler auf dem Treck nach Westen, Indianer*[4], Rancher mit riesigen Viehherden, deren Rinder durch gefährliches Land getrieben werden müssen, sind fester Bestandteil dieser Geschichten. Dazu Duelle mit der Pistole, Banditen, Sheriffs, der Goldrausch und die Minensiedlungen, Saloons, Whiskey und natürlich Gewalt in nahezu allen Erscheinungsformen. Über allem steht der Cowboy, der dafür sorgt, dass am Ende das Gute siegt und sich eine gute und gerechte Ordnung in der zum Anarchismus einladenden Wildnis durchsetzt. Alle haben ihre festen Rollen, sind Helden oder Antihelden, Sidekicks und Gegenspieler. Jede Rolle im Westernmythos steht für bestimmte Werte, für eine klare Ethik; Gewalt ist wichtig und legitim, um diese Werte zu verteidigen, solange sie ihrerseits klaren Regeln folgt. Der Cowboy steht für diese legitime Gewalt, besiegt diejenigen, die Macht und Gewalt missbrauchen.

1890 schloss das US-Zensusbüro offiziell die »Frontier« und beendete die weitgehend ungeregelte Zeit im Gebiet jenseits der

* Die korrekte Bezeichnung für die amerikanischen Ureinwohner hat sich in der letzten Zeit wieder verändert, sodass die Begriffe »Indian« oder »American Indian« nicht nur von den Ureinwohnern selbst genutzt werden, sondern auch im nicht-nativen Sprachgebrauch gewollt sind. So heißt das von der Smithsonian Institution in Washington, D.C., geführte offizielle Museum für die Geschichte der amerikanischen Ureinwohner »National Museum of the American Indian« (NMAI). Die offizielle Selbstorganisation und Vertretung ist der »National Congress of the American Indians«. Zum korrekten Sprachgebrauch schreibt das NMAI auf die Frage, ob Indianer (Indian), amerikanischer Indianer (American Indian), Native American, indigen (Indiginous) oder Native der richtige Begriff ist, dies: »Alle diese Begriffe sind akzeptabel. Konsens besteht jedoch darüber, dass Ureinwohner gern, wann immer möglich, mit ihrem spezifischen Stammesnamen angesprochen werden möchten. In den Vereinigten Staaten wurde ›Native American‹ lange genutzt, ist aber von manchen Gruppen nicht mehr gewünscht. Die Begriffe ›American Indian‹ oder ›indigene Amerikaner‹ werden von vielen Ureinwohnern bevorzugt.« In diesem Buch benutze ich alle vier Begriffe, wie sie m. E. dem Kontext am besten entsprechen.

etablierten Staaten. Staatliche Regeln und Ordnung durch Bürokratie übernahmen die Herrschaft, und es gab danach keinen Übergang mehr von der Zivilisation zur Wildnis. Dem Mythos vom Wilden Westen tat das keinen Abbruch, im Gegenteil. Hollywood hatte noch gar nicht damit begonnen, Western zu drehen. Das dauerte noch bis 1903, als Edwin S. Porters »Der große Eisenbahnraub« in die Kinos kam und damit ein Genre etablierte, das für das amerikanische Selbstbild und den erneuerten Gründungsmythos so wichtig und einflussreich wie kein zweites werden sollte.

Zurück zu Cody und dem Gründer der Stadt, William F. Cody. Bekannt ist er vor allem unter seinem Künstlernamen »Buffalo Bill«. Er ist der Erfinder der legendären »Wild-West-Show«, mit der er ab den 1880er-Jahren durch die gesamten USA und Europa tourte und auf der Bühne alles vom »Pow Wow« mit Indianertänzen über Postkutschenüberfälle, Kämpfe zwischen Cowboys und Ureinwohnern oder die US Army beim Schutz der Siedler auf dem Weg nach Westen zeigte. Wenig davon war realistisches Abbild des Alltags im Westen, vieles historisch schlicht falsch, aber es diente dem erfolgreichen Showeffekt. Der war so effektiv, dass später viele Hollywoodwestern Muster aus Buffalo Bills Show aufnahmen. Von William Cody wird noch zu sprechen sein, denn kein Zweiter hat den Mythos des Westens und damit seine Bedeutung für die amerikanische Identität geprägt wie er.

Heute hat seine Stadt knapp 10 000 Einwohner und lebt vom Tourismus und der Cowboy-Folklore. Seit 1959 verkauft Wayne's Boot Shop auf Codys Mainstreet das, was Cowboys und vor allem Cowgirls so tragen. Oder die, die von der Prärie des Wilden Westens so überwältigt sind, dass sie wie ein Cowboy sein wollen oder zumindest so aussehen. Eric berät bei Wayne's, um den Kunden zum richtigen Outfit zu verhelfen. »Immer unten anfangen«, sagt er, »bei den Boots.« Also gilt es, erst einmal ein Paar gute Cowboystiefel auszusuchen, und er hat auch gleich ein eindrucksvolles Exemplar in der Hand. Die seien handgenäht in El Paso, Texas, erklärt Eric und damit sehr individuell. Damit könne man gut unterstreichen, dass man sich nicht einfach mit einem Massenprodukt zufriedengibt. Er zeigt ein braunes Modell, aus Kalbsleder gefertigt, der Schaft mit Ziernähten abgesteppt, dazu Ledereinsätze in Türkis und dunklem Rot. Er hat auch welche in Gelb mit stilisiertem Pferd darauf, aber das muss man mögen. »Cowboys zeigen gern Farben, bei den Boots geht das selbst bei den harten Männern«, verteidigt er die ausgefallenen Schuhe. Bei 400 US-Dollar geht es los, besonders edle tragen auch Preisschilder mit einem vierstelligen Betrag.

Weiter geht's zu den Hüten. Da sei Sorgfalt besonders wichtig, sagt Eric, denn am Hut erkennt man den Cowboy sofort und auch sehr viel über ihn. Hier müsse man sehr viel probieren, denn Gesicht, Körperform – alles muss zum Hut passen. Oder umgekehrt. Individuell wird es mit dem Hutband, das man dazukauft und das am besten aus Leder hergestellt ist, aber gern kleine Verzierungen hat.

Weiter mit dem Gürtel. »Nur gute Qualität kaufen«, sagt Eric, das sei die einzige Regel. Der Rest hänge vom Geschmack ab. Der Gürtel jedenfalls setzt dem Männerschmuck keine Grenze: »Ich habe hier welche mit eingearbeitetem Pferdehaar oder Perlen«, zeigt er ein eindrucksvolles Exemplar aus dunkelbraunem Leder mit hellen Applikationen. Am Ende aber komme es beim Gürtel sowieso auf die Gürtelschnalle an, die vermittle den ersten Eindruck, weil sie fast immer ein Motiv habe, mit dem der Träger ein Statement abgibt. Da greifen Cowboys gern zu großen, fast überdimensionalen Varianten. Das passe gut in diese Welt hier, meint Eric und zeigt seine Auswahl: Adler mit ausgestreckten Krallen im Anflug sind ein beliebtes Motiv, oder ein Bronco, der sich nicht zähmen lassen will. Populär sind auch Schnallen mit der amerikanischen Flagge, die ab 20 US-Dollar zu bekommen sind, aus besserem Material aber leicht über 100 US-Dollar kosten.

Fehlen noch zwei Dinge zur Grundausstattung. Jeans und Hemd. Die Jeans auf jeden Fall mit geradem Bein nehmen, weil sie über die Stiefel gehen sollten. Es gibt auch Männer, die die Jeans innen tragen, um das Design der Stiefel besser zur Geltung kommen zu lassen, aber das verrät den Nicht-Reiter. Und schließlich das Hemd: »Immer mit Kragen und mit Druckknöpfen aus echtem oder künstlichem Perlmutt. Die gehen gut auf, wenn man mal hängen bleibt.« Ob das Hemd dann kariert daherkommt oder doch weiß mit dunklen Applikationen, ist Geschmackssache und hängt vom Anlass ab, zu dem man es trägt. Bei der Arbeit eher dunkel, zum Auftritt beim Country and Western Fest mit Line Dance lieber hell und mit einem Lederband um den Hals, das von einem Bolostück aus Türkis oder Silber zusammengehalten wird. Damit könne man schon beeindrucken, meint Eric. Und wenn es dem echten Cowboy darauf ankommt, mit seiner Ausstattung auch die Girls zu beeindrucken, solle man Jeans und Stiefel auf jeden Fall abstauben, bevor man loszieht. Duschen habe im Übrigen auch noch nie geschadet …

»Cowboy State« ist der inoffizielle Name des Bundesstaates Wyoming, es ist der, der jedem sofort einfällt. Weniger populär ist der offizielle Name »Staat der Gleichberechtigung«. Der erinnert daran, dass hier das Frauenwahlrecht in den USA zuerst eingeführt wurde, lange bevor man Bundesstaat wurde und so früh, dass die Bundesregierung in Washington Wyoming zwingen wollte, es wieder abzuschaffen, um dem Staatenbund beitreten zu können. Dazu ist es nicht gekommen, aber heute wählt Wyoming so konservativ, dass man nicht darauf käme, es als Vorreiter für Liberalismus zu bezeichnen.

Donald Trump gewann in Wyoming 2016 und 2020 mit fast 70 Prozent der Stimmen und steigerte sich beim Versuch der Wiederwahl sogar noch. Dem abgewählten Präsidenten gelang es im Vorwahlkampf zur Kongresswahl 2022, Liz Cheney, eine seiner entschiedenen Gegnerinnen in der eigenen Partei, politisch zu vernichten. Sie stimmte nach dem Sturm auf das Kapitol am 6. Januar 2021 für die nachträgliche Amtsenthebung Trumps und arbeitete als eine der wenigen Republikaner mit im Untersuchungsausschuss, um die Ereignisse aufzuarbeiten und die Rolle des früheren Präsidenten zu ermitteln. Dafür wurde sie von ihrer Partei abgestraft, die Wählerinnen und Wähler gaben der von Donald

Trump unterstützten rechtskonservativen Gegenkandidatin Harriet Hageman in einem Erdrutschsieg 37 Prozentpunkte mehr als ihrer langjährigen Vertreterin im Repräsentantenhaus. Wyoming bestätigt das Klischee, dass Wilder Westen und Cowboyromantik mit einer konservativen Haltung einhergeht.

Es sind mehrere Bundesstaaten im Westen der USA, die zum alten »Wilden Westen« gehören, was bis zum Ende des 19. Jahrhunderts schlicht bedeutete, dass es noch keine staatlichen Strukturen gab, das Land westlich des Mississippi von den Pionieren in Besitz genommen und besiedelt werden konnte und die neuen Territorien noch nicht Teil der jungen Vereinigten Staaten waren. Als Ende dieser Übergangszeit gilt die Besiedlung Oklahomas mit europäischen Einwanderern und das Ende der sogenannten Indianerkriege um 1890. Das Image des »wilden« und damit »freien« Westens aber blieb erhalten, wurde verklärt und ein wichtiger Teil des Gründungsmythos der Vereinigten Staaten. Individualität, Unabhängigkeit vom Staat, insbesondere der zentralen Bundesregierung in Washington, Freiheit, das Recht des Stärkeren und die Ideale von Männlichkeit wurden Teil des Klischees und werden bis heute mit Inbrunst gepflegt. Patriotismus spielte ebenfalls eine große Rolle bei der Mythologisierung des freien Westens, wo die »echten Amerikaner« angeblich das leben, was Amerika ausmacht und was Amerika stark gemacht hat, was die eigentliche Identität dieser Nation darstellt, auch wenn die urbanen Ideen der großen Städte entlang der Küsten längst die Meinungsführerschaft übernommen haben. Aber genau das halten ja viele für das Problem des Landes, dass es sich nicht mehr an seine echten Wurzeln erinnert, die im Lebensstil des Westens und dem Ehrenkodex der Cowboys konserviert sind.

Der britische Sozialhistoriker Eric Hobsbawm weist darauf hin, dass es weltweit dem Cowboy vergleichbare Mythen gibt, die alle ähnlichen Mustern folgen.[5] Da sind die südamerikanischen Ilaneros in Kolumbien und Venezuela oder die mexikanischen Vaqueros, die von der Kleidung über ihre Ausrüstung mit Mustang, Lasso, Hut oder den Chaps genannten Lederschürzen den Cowboys ähneln. Gleiches, so Hobsbawm finde man in der Geschichte der ungarischen Puszta oder der andalusischen Reiter. Selbst die Berichte über den Viehtrieb des 16. Jahrhunderts von den großen Ebenen auf dem Balkan in die Handelsmetropolen Augsburg oder Venedig folgen diesem Narrativ. Kein entsprechender Mythos aber habe international einen vergleichbaren Einfluss auf Denken und Kultur gehabt wie der des Cowboys im amerikanischen Westen. Das habe vor allem mit der Verbreitung durch Bücher und später dem Western im Kino zu tun. Die »Lederstrumpf«-Erzählungen von James F. Cooper wurden verschlungen und prägten das Image und die Faszination des sagenumwobenen amerikanischen Westens. »Das ursprüngliche Image des Wilden Westens enthielt zwei Elemente: die Konfrontation von Natur und Zivilisation sowie von Freiheit und sozialen Regeln«, schreibt Hobsbawm. Die Zivilisation bedroht die unberührte Natur, die in diesem Konflikt ihre Wildheit verliert, gleichzeitig aber eine neue Rolle und eigene Form der Unabhängigkeit findet. Damit werde Amerika zum radikalen europäischen Ideal des 18. und 19. Jahrhunderts, dessen Ziel es ist, das Wilde durch Zivilisation zu zähmen. Das gelingt, indem Natur zerstört wird, »der Pflug, der die Steppe aufbricht, bedeutet das Ende von Büffel und Indianer«. Kompensiert wird diese Entwicklung mit Erzählungen über das Wilde, über die Flüchtlinge aus der Zivilisation, die nicht Reichtum, sondern das Edle in der Symbiose mit der Natur suchen. Der neue Mythos idealisiert, was in der Realität zerstört wird.

Will Wright geht sogar noch weiter. Für ihn ist der Cowboy das Symbol des Marktindividualismus in Amerika, durch die Popularität des Mythos schließlich in der ganzen Welt. »Er repräsentiert Freiheit und Gleichheit, aber er repräsentiert auch die Idee, dass der freie Markt und Gleichheit zu einem guten Gesellschaftsmodell, einer zivilen Gesellschaft führen können.«[6] Der Cowboy repräsentiert die Verpflichtung zu Ehre und Anstand, den Einsatz für Ehrlichkeit und Vertrauen. Er entstammt der Wildnis, um dabei zu helfen, eine Gesellschaft basierend auf der Marktwirtschaft zu bauen. Er steht an der mythischen Schwelle zwischen Wildnis und Gemeinschaft, zwischen ungezähmter Natur und Gesellschaft. Der Cowboy ist die Chiffre für den Übergang von der Reinheit der wilden Natur zum Privateigentum. Entscheidend ist, dass er ohne traditionellen Rang, ohne Titel, ohne Erbe auftritt. »Er ist allen gleich und respektiert die anderen, aber er ist wegen seiner persönlichen Fähigkeiten auch ein ›natürlicher Aristokrat‹.« Damit stehe, so Wright, der Cowboy gemeinsam mit dem Mythos des Wilden Westens für das, was Amerika prägt. Der Western macht den Herkunftsmythos der Marktwirtschaft nachvollziehbar. Seine Bilder vom einsamen Cowboy in der ungezähmten Natur sind in die Kultur des Marktes eingewebt. Das Genre repräsentiert mit seinen Heldengeschichten den freien Markt, gleiche Chancen für alle, Privateigentum, eine reduzierte Rolle von Staat und Bürokratie und die Sicherheit unendlichen Wachstums.

Ein besonders wichtiger Faktor ist, dass der Western als kulturelle Verbildlichung des Mythos vom Wilden Westen Gewalt als Mittel legitimiert, um Freiheit zu schaffen und zu erhalten. Der Gute im Western kämpft gegen Banditen genauso wie gegen den korrupten oder feigen Sheriff, um Recht und Ehre zu schützen. Das begründet das Recht auf Widerstand gegen die eigene Regierung. »Hier wird angenommen, dass der freie Markt (die Maximierung des Privatbesitzes) vereinbar ist mit Marktgleichheit (gleiche Chancen für alle). Es wird angenommen, dass individuelle Ungleichheit (einige sind reicher als andere) vereinbar mit Marktgleichheit ist, solange die Ungleichheit nicht auf Privilegien aufgrund von Klassenzugehörigkeit basiert.« Der Cowboy kann nur als autonomes Individuum existieren, er repräsentiert die Bedürfnisse des Marktes. Sein Mut steht für die risikobereiten Unternehmer und Erfinder, steht für Innovation, Kritik an herrschenden Bedingungen und für Veränderung. Er nimmt die Dinge selbst in die Hand und wartet nicht auf den Staat, im Gegenteil. Der Staat soll notwendige Regeln aufstellen, um Ordnung zu garantieren, ansonsten aber jedem Freiheit des Handelns gewähren, auch dem Markt.

»Der Bürokrat organisiert den industriellen Markt«, beschreibt Will Wright den Mechanismus, »aber der Cowboy legitimiert den Markt, auch wenn er ihn immer wieder stört. Der Markt braucht Regeln und Hierarchien, Akzeptanz und Unterwerfung, aber er braucht auch Kritik, Innovation, Disruption und Veränderung. Er braucht bürokratischen Gehorsam und Egoismus, privates Selbstinteresse.«

Dabei verlangt der mythische Cowboy von sich und seiner Umgebung etwas, was das Selbstverständnis der amerikanischen Gesellschaft prägend ausmacht, weil damit die Überwindung der europäischen Herkunft und Tradition zum Ausdruck kommt. Der soziale Status hat seine Wurzeln nur im Erfolg des Einzelnen, der individuellen Leistung, niemals aber in einer überkommenen, als »heilig« betrachteten Tradition oder in Privilegien auf der Basis der Zugehörigkeit zu einer bestimmten Gruppe oder staatlicher Protektion. Individuelle Freiheit, Unabhängigkeit und die Leistung des Einzelnen ersetzen ererbten Status und ökonomische Möglichkeiten. Wenn jemand mit Wurzeln in der europäischen Tradition plötzlich diese amerikanische Welt verkörpert, dann fällt das auf, wird wahrgenommen und auch heute noch gern mit dem Topos des Cowboys versehen. So nannte die *New York Times* zum Beispiel den damaligen Chef der Daimler AG Jürgen Schrempp »Schwarzwald Cowboy«, weil er mit Mut und gegen jede deutsche Konvention hart durchgriff, defizitäre Unternehmensteile schloss, sich unabhängig zeigte und marktgerecht handelte.[7]

Im Mythos des Westens im Übergang von der Natur zur Zivilisation steckt bereits das, was später »Meritokratie« heißt, eine gesellschaftliche Ordnung, in der Personen aufgrund ihrer gesellschaftlich anerkannten individuellen Leistungen und Verdienste ausgewählt werden, um führende Positionen zu besetzen. Dies entspricht dem Idealbild der amerikanischen Nation, die den Markt und die Verantwortung des Einzelnen für sein Leben zum Mantra erklärt. Darin steckt bereits vieles von dem, was Europäern schwerfällt, an der Lebenswirklichkeit von Amerikanern zu verstehen: so alltagsnahe Fragen wie die Absicherung durch Kranken- und Arbeitslosenversicherungen[8] oder die Dominanz von privatem Mäzenatentum gegenüber staatlicher Subvention in der Kultur.

Dass die real existierende Wirtschafts- und Gesellschaftsordnung der USA dem Mythos vom gleichen Ausgangspunkt nicht mehr entspricht, bedarf keiner Erläuterung. Die Entwicklung großer Städte und die Dominanz urbaner Industrien sind darin nicht vorgesehen, gleichzeitig sind es genau diese Industrien, die mit ihrer Konzentration auf den Markt der überwunden geglaubten Klassengesellschaft wieder zum Durchbruch verholfen haben. Wie schon in der ersten Phase der Siedlungsgeschichte Amerikas, so ist auch in dieser zweiten der Besitzer-Arbeiter verschwunden und die Trennung von Kapital und Arbeit erneut zur Realität geworden.

Der Mythos aber dient weiter als Gründungserzählung, mit der die Gegenwart erklärt und legitimiert wird. Die amerikanische Schriftstellerin Joyce Carol Oates erklärt die Bedeutung dieses Narrativs auch mit der Sehnsucht vieler Amerikaner nach den Werten der Gründungszeit: »So wie die tatsächlich gelebten Leben der meisten Amerikaner immer komplexer und entfremdet werden, in gewisser Weise generisch und unpersönlich, sehnen wir uns nach ›authentischen‹ Erlebnissen, und sei es in der Fantasie. Der Westen lockt verführerisch als unser mythischer Ort ebenso wie als Versuchsgelände, was vom ›American spirit‹, dem Geist Amerikas, übrig geblieben ist.«[9]

»Wir haben das Bild des Cowboys im 19. Jahrhundert im Zusammenhang mit den großen Rindertrecks aus Texas nach Montana und Wyoming entstehen sehen«, sagt Mary Robinson vom Buffalo-Bill-Museum in Cody. »Über diese großen Viehtriebe wurde im Osten viel berichtet, vor allem war man von den Männern fasziniert, die auf ihren Pferden die Rinder Tag und Nacht begleiteten.« Nur vor Ort und in ihrer Zeit hatten Cowboys ein wirklich schlechtes Image. Der auf der Ranch arbeitende Cowboy stand ganz unten auf der sozialen Leiter der »Wildwest-Gesellschaft«. Die Männer waren meist schlecht bezahlt und arm, überarbeitet und vom ewigen Staub gezeichnet, von Unfällen bedroht und von den Bürgern mit Argwohn betrachtet. Sie galten als gefährlich, als Banditen, von denen man sich fernhält. Anders als der Weiße Cowboy im Hollywoodfilm übernahmen in der Realität viele Mexikaner und Afroamerikaner diesen Job. Eric Hobsbawm unterstreicht, dass sich der Cowboy im Western, im Gegensatz zur Realität, zu einem schlanken, hochgewachsenen Arier-Typ entwickelt hat. »Die erfundene Cowboytradition ist Teil eines Aufstiegs sowohl von Segregation als auch eines Rassismus, der sich gegen die Einwanderer richtet; das stellt ein gefährliches Erbe dar.«

Die romantische Erfindung des literarischen Cowboys übernimmt zunehmend eine Funktion, die mit dem amerikanischen Selbstbild übereinstimmt: Er repräsentiert das Ideal der individuellen Freiheit, die immer weiter eingeengt wird, je mehr die alte Frontier sich schließt, mit Regeln und staatlicher Ordnung überzogen wird.

Der Westen stellt zudem das letzte Gegenmodell zur Ankunft der großen Unternehmen dar, die das einstmals wilde Land unter sich aufteilen, um daraus Profit zu schlagen. Die romantisierten Bilder von Künstlern wie Frederic Remington, Charles M. Russell oder J.K. Ralston bilden diese Entwicklung dreifach ab. Sie idealisieren Freiheit und Weite mit Gemälden von Wildpferden oder Ureinwohnersiedlungen vor dem Hintergrund unangetasteter Weite mit Büffeln, die die Fülle repräsentieren, die die Natur zu bieten hat. Dann ist da Remingtons hunderttausendfach kopierte Bronze des »Bronco Buster«, eines Cowboys, der mit der Peitsche in der Hand den Willen des wilden Pferdes bricht, um es für die Anforderungen der Zivilisation zu zähmen. Und schließlich die traurigen Bilder vom Ende dieser einstmals idealen Welt, gebrochene und geschlagene Ureinwohner oder die enger werdende Wildnis, die von festen Wegen durchschnitten wird. Remingtons 1900 gemaltes Bild »The Right of the Road«, auf dem ein Radfahrer die Postkutsche auf einem Rocky-Mountain-Pfad überholt, steht symbolhaft für den Sieg des technischen Zeitalters über den Menschen, der autark seine Umwelt gestaltet.

Dagegen steht die idealisierte Version des Lebens im Wilden Westen, die einen neuen Typ Cowboy hervorbringt. Hart mit weichem Kern, zuverlässig und mit klarem Ehrenkodex. Er ist derjenige, der hilft, wenn Hilfe gebraucht wird. Wir haben sie alle im Kino und unzähligen Fernsehserien gesehen, die schüchternen, starken, romantischen und stillen Männer, gespielt von John Wayne, Gary Cooper, Clint Eastwood oder Lee Marvin; es sind die Figuren, denen sie ihr Gesicht geben, vom »Man with no name« über Doc Holliday und Wyatt Earp bis Ben Cartwright und seinen Jungs, die für mehrere Generationen auf der ganzen Welt festlegen, was richtig oder falsch ist.

Der Western als Genre hat in den letzten Jahren an Bedeutung verloren, das Publikum interessiert sich nicht mehr für die im 19. Jahrhundert angesiedelten Geschichten. Die Geschichten aber, für die sie Kinokarten und Streaming-Abos kaufen, sind in ihrer Grundstruktur häufig nichts anderes als Western in anderer Umgebung. Die Helden moderner Actionfilme agieren so wie ihre Vorfahren auf der Prärie, sind die Cowboys ihrer Umwelt. Sie handeln autonom, folgen einer klaren Ethik und retten die Welt, indem sie sich über die bürokratischen Regeln ihrer Umgebung hinwegsetzen. Sie folgen ihrem Gefühl, schießen aus der Hüfte, Gewalt ist auch hier legitim, weil sie dem Guten dient. Dabei ist es egal, ob die Welt von Erdbeben, einem aus der Bahn geratenen Mond, Aliens oder machtbesessenen Herrschern bedroht wird. Häufig sind es die Einzelgänger, die mit gezieltem Ungehorsam, Mut, Unabhängigkeit und klarer Ethik den Durchbruch schaffen.

Manchmal knüpfen solche Produktionen gezielt am Mythos an, »Space Cowboys« von und mit Clint Eastwood aus dem Jahr 2000 fällt in diese Kategorie. Alt gewordene Astronauten aus einer anderen Zeit sind die einzigen, die mit der Technik eines defekten sowjetischen Satelliten aus dem Kalten Krieg vertraut sind, der die Erde mit Atomraketen bedroht. In »Armageddon« fliegen die von den jungen NASA-Professionals jetzt abschätzig »Space Cowboys« genannten Männer aus einer anderen Zeit zu einem Asteroiden, der auf die Erde zurast. Unter der Führung eines von Bruce Willis gespielten Ölbohrexperten steuern sie die Raumschiffe »Freedom« und »Independence« ins All, um die Welt mit einer tief im Asteroiden vergrabenen Atombombe zu retten. Sie opfern teilweise ihr Leben für das Überleben der anderen, sie stehen vor allem für ein Amerika, in dem noch geschätzt wird, was im Bewusstsein vieler das Land groß gemacht hat: Unternehmertum und Mut, Öl und jede Form unendlich vorhandener Energie sowie Freiheit und Unabhängigkeit als wichtigste Werte.

Manchmal ist es nur der Typus des Cowboys, der die Filme prägt, so wie Tom Cruise in »Top Gun«, der als Kampfpilot permanent gegen die Regeln verstößt. Sein Spitzname ist »Maverick«, der Untertitel der Fortsetzung im Jahr 2022. Ein »Maverick« ist auf den Weiden des Wilden Westens das Rind ohne Brandzeichen, das niemandem gehört. Nicht zuletzt erlebt der Western mit all seinen Archetypen eine hoch erfolgreiche Wiederbelebung als Neowestern-Fernsehserie »Yellowstone« mit Kevin Costner in der Hauptrolle. Yellowstone spielt in der Gegenwart, in der sich der Ranch-Besitzer unter anderem gegen Großbauprojekte zur Wehr setzt, die die unberührte Landschaft und seine uneingeschränkte Herrschaft über dieses Land bedrohen.

Die Identifikation mit dem Mythos Cowboy findet sich in unterschiedlichen Formen der Populärkultur Amerikas und in der Folge weltweit. Lastwagenfahrer zum Beispiel umgeben sich häufig mit den Insignien des Cowboys. Ihre Kabinen, in denen sie lange Tage und Nächte allein unterwegs verbringen, zieren für Freiheit stehende »Bald Eagles«, Weißkopfseeadler, das Wappentier der USA. Cowboyhüte und Boots, Gürtelschnallen und nicht zuletzt die Liebe zur Countrymusic vervollständigen das Image.

Der Musik kommt beim Erhalt und der ständigen Weiterentwicklung des Mythos eine entscheidende Rolle zu, denn sie spielt mit dem Cowboy-Image und seinen Symbolen. Keine Band, keine Sängerin, kein Sänger kommt ohne sie aus, die Songs spielen meist im Umfeld dieser Welt. Die Stars singen von dem, was das idealtypische Amerika ausmacht, der Glaube an Freiheit, Unabhängigkeit, Ehre und Treue, Mut. Sie repräsentieren aber auch häufig das konservative Weltbild von traditionellen Familienstrukturen und der Religion als Richtschnur, halten die amerikanische Nation und das sie schützende Militär in Ehren. Der Tempel der Country- und Western Music, das »Opryland«, eine Konzerthalle in Nashville, Tennessee, beheimatet seit 1925 die am längsten laufende Radioshow der USA. Sie ist Kult, wer in der Szene etwas zählt, bekommt dort den Ritterschlag. Die Musik teilt die Nation in Fans und diejenigen, die sie vehement ablehnen, gerade wegen ihrer konservativen Ausrichtung. Bei den Fans aber besitzt sie generationenübergreifende Popularität. Der größte Star des Genres, der Sänger Garth Brooks, hat, nach den Beatles, die zweitmeisten Alben in den USA verkauft, noch vor Elvis Presley.

Countrymusic spaltet die Nation, nicht aber der Mythos des Wilden Westens als Teil der Populärkultur.

Dieser neue romantisierte »Wilde Westen« entstand nicht zufällig. Der Prozess war eng verbunden mit dem schon erwähnten William F. Cody, Gründer der »Wild West Show«, mit der er für drei Jahrzehnte auf Tournee ging, von Staat zu Staat zog, von Stadt zu Stadt quer durch die USA und acht Mal nach Europa reiste. Er brachte Pferde mit, hatte über 100 Cowboys, Soldaten und zahlreiche amerikanische Ureinwohner im Ensemble. Der berühmte Häuptling Sitting Bull, Sieger der Schlacht am Little Bighorn, war mit ihm unterwegs und verdiente bei Cody seinen Lebensunterhalt, indem er sich selbst spielte. Es gab galoppierende Pferde zu erleben, Lassowerfen, Reiten, Schießen, alles gehörte zur Show. Die Menschen kamen zu Tausenden, sowohl in den US-Staaten entlang der Ostküste als auch in Europa. Allein in Deutschland sollen weit über 100 000 Zuschauer Eintritt bezahlt haben.

»Wie ein Cowboy aussieht, was er anzieht, das hatten sich die Leute ja nie wirklich vorstellen können«, sagt Mary Robinson vom Buffalo-Bill-Museum in Cody. Die Zeitschriften präsentierten Zeichnungen, man konnte alles mit eigenen Augen sehen. Die Zeitungen schickten ihre Reporter, um ihren Lesern ein Stück vom exotischen Erleben mitzugeben: »Abgesehen von kleinen

Intermezzi, als da sind Pferderennen zwischen Cowboys, Mexikanern und Indianern, zwischen amerikanischen Hinterwäldler-Damen, zwischen sattellosen Indianerknaben usw., haben wir drei Hauptstücke: die brillanten Leistungen der Schützen, das unübertreffliche Reiten der Cowboys und Vaqueros in jeglicher Gestalt und drittens die interessanten Kämpfe mit den Indianern, die natürlich gegenüber dem Civilisationsmittel der Flinte stets den Kürzeren ziehen«, hieß es 1890 in einem Pressebericht zur Show auf der Münchner Theresienwiese.[10] Genau jene jahrelange Tour dieser Show war es, die das Bild des Cowboys bis heute prägt.

William F. Cody erfasste das Gefühl und tiefe Bedürfnis der Menschen nach einer heilen Welt und verlässlicher Ordnung und Werten wie Treue und Zuverlässigkeit. Seine Show war eine abenteuerliche Unterbrechung des Alltags in einer sich dramatisch schnell industrialisierenden und damit unübersichtlich und bedrohlich werdenden Welt. Er versetzte sein Publikum für die Zeit der Show zurück in eine Zeit, in der scheinbar noch alles in Ordnung, die Regeln klar und die Aufteilung in Gut und Böse gesichert war. Dazu kam er als Person, seine Fähigkeit der Selbstdarstellung, aber auch sein Talent. Er vermittelte durch seine eigene schillernder Biografie Glaubwürdigkeit: Mit 15 ritt er für den Pony Express, kämpfte im Bürgerkrieg für den Norden und wurde Fleischlieferant beim Bau der Eisenbahn. Über 4000 Büffel soll er dafür geschossen haben, daher sein Künstlername. Der Mann sah gut aus, ritt eindrucksvoll und schoss sicher – er war der Prototyp des neuen Westens, für den die Armee ihn zur PR-Figur machte. Man schickte ihn mit russischen Grafen zum Jagen, um der Presse der Ostküste ein gutes, tapferes Bild der Soldaten im Krieg gegen die Ureinwohner zu vermitteln. Für diesen Zweck schneiderte er sich ein selbst entworfenes Kostüm, das später zum typischen Outfit des Scouts wird: Lederhose, Fransenjacke, Trapperhut. »Er war einer unserer ersten globalen Stars. Und die Figur Buffalo Bill half ihm, den wirklichen William F. Cody zu verstecken«, sagt der Historiker Louis Warren in einem Interview für das »Buffalo Bill Center«.[11]

Realität und Fiktion verschwammen bei Cody. Für ein echtes Gefecht mit Cheyenne zog er sich das Show-Kostüm an, tötete den Krieger »Yellow Hair« und posierte mit dem Ruf »der erste Skalp für Custer« – dem kurz vorher am Little Bighorn geschlagenen General. In seiner Show wurde der Tod des Ureinwohners später Abend für Abend als heroische Tat nachgestellt, während Sitting Bull, der wahre Sieger der Schlacht, dabeisaß. Mary Robinson vom Buffalo-Bill-Museum in Cody kennt die Details: »Die Cowboys in der Show zeigten genau diese klassischen Dinge, die wir heute mit ihnen verbinden. Sie retteten die Reisenden in der Postkutsche vor angreifenden Indianern. Und daraus entstand der Cowboys-gegen-Indianer-Mythos.« In Wahrheit gab es kaum Überfälle der American Indians auf Kutschen, das war der Job von Banditen. Kämpfe mit den Ureinwohnern trug die Armee aus, aber nicht die Cowboys. Das aber war Buffalo Bill egal, die Wirkung in der Show war ihm wichtig. Es ging um Spannung, um siegreiche edle Helden wie in jeder guten Geschichte. »So lernen die Menschen weltweit einen Gegensatz von Cowboys und American Indians, der nie der Wahrheit entsprach. Gleichwohl, das ist das Image des Cowboys, das wir von Buffalo Bill mitbekommen haben.«

Nun könnte man diesen romantisierenden Blick auf die Geschichte der Vereinigten Staaten als Vergangenheit und Folklore abtun. Man muss allerdings zur Kenntnis nehmen, dass sich die Mythen der Gründungszeit tief in die Seele amerikanischer Identität eingegraben haben. Dies führt bei einigen zu einer radikalen Übertragung auf die Gegenwart und ihr politisches Denken. Die Ideologie eines individualistischen Anarchismus spiegelt sich wider bei der heutigen amerikanischen Rechten, die sich gegen staatliche Übermacht und Einflussnahme wehrt. Hobsbawm weist darauf hin, dass dieser »individualistische Anarchismus« in der amerikanischen Gesellschaft zwei Gesichter trage. Da stehe der Wirtschaftsliberalismus auf der einen Seite, der ein Primat der Ökonomie über Staat und Politik fordert und dem Staat das Recht abspricht, jedweden Eigeninteressen Grenzen zu setzen. Für die aber, die weder Reichtum noch Macht hätten, repräsentiert der Cowboy seine eigene Form der Unabhängigkeit, das Recht des »kleinen Mannes«, sich selbst Respekt zu verschaffen.

Amerikanische Politiker geben sich immer wieder gern ein Cowboy-Image, um an dieses Selbstverständnis ihrer Wählerschaft anzuknüpfen und sich damit selbst zum Teil des Gründungsmythos zu machen. Ein berühmtes Beispiel ist Henry Kissinger, der seine Arbeit als Außenminister und Vermittler im Nahen Osten mit diesem Image in Einklang bringt: »Eine Wild-West-Geschichte, wenn man so will. Dieser romantische, überraschende Charakter steht mir. Ich habe immer wie ein Cowboy allein gehandelt, Amerikaner bewundern dies. Der Cowboy, der allein auf seinem Pferd in das Dorf oder die Stadt reitet. Er handelt, das ist alles.« Bill Clinton und Donald Trump, viele Präsidenten lassen sich mit Cowboyhut fotografieren, Ronald Reagan und Michail Gorbatschow trugen bei einem Ausflug diese Reminiszenz an den Westen. George W. Bush empfahl ausdrücklich Countrymusic als Inspiration und legte fest, dass zwei Country-Stars bei seiner Beerdigung singen.

Das Musterbeispiel für diesen mythologisierten Westen ist Wyoming, in dem Rinder- und Schafzucht noch immer einen großen Teil der Volkswirtschaft ausmachen, dazu ein wenig Bergbau und Öl, neben dem Tourismus eine der wichtigsten Geldquellen.

»Wyoming« – in der Sprache der Cherokee, des größten verbliebenen indigenen Stammes in dieser Prärieregion Nordamerikas, bedeutet das »Große Ebene«. Genau das ist dieser US-Bundesstaat im Westen der USA, bevor die Hochebene in die Rocky Mountains übergeht. Sie fällt nach Osten hin und ist mit dürrem Gras bewachsen, gerade noch saftig genug, um Rinderherden zu ernähren. Kein Bundesstaat der USA hat weniger Einwohner, nämlich nur gut eine halbe Million auf einer Fläche, die zwei Drittel von Deutschland bedecken würde. Kein US-Bundesstaat ist heute so dünn besiedelt, nicht einmal Alaska. Menschenleere war auch das Kennzeichen dieser kargen Region, bevor die europäischen Siedler auf dem Treck nach Westen den Ureinwohnern das Land streitig machten. Der »Oregon Trail« führte durch das heutige Wyoming, und etliche Siedler entschieden sich, nicht mehr über die Rocky Mountains zu ziehen, sondern ihr Glück in der Prärie zu versuchen. Für die indigenen Stämme bedeutet dies das Ende ihres Nomadenlebens, sie wurden trotz ihres Widerstands am Ende vom größten Teil ihres Territoriums vertrieben. Die schon erwähnte »Schlacht am Little Bighorn« auf dem Gebiet des heutigen Montana gehört zu den legendären Kämpfen und bezeichnet einen der wenigen Siege der indigenen Stämme gegen die US-Armee. Der legendäre Häuptling Sitting Bull führte eine Allianz mehrerer Stämme gegen die von General George Armstong Custer befehligte Armee und schlug sie vernichtend. Heute leben die meisten der verbliebenen Ureinwohner, vor allem Cheyenne, Shoshonen und Arapaho, im Windriver Reservat im mittleren Westen Wyomings.

Menschenleere bedeutet aber nicht, dass Wyoming im Abseits liegt. Einige der Superreichen in den Vereinigten Staaten machen seit einigen Jahren Wyoming zu ihrer zweiten, manchmal auch ersten Heimat, ebenso wie mehrere Hollywoodgrößen. Die Nachfrage nach riesigen Ranches am Fuß des Bergrückens der Teton Range hat in den vergangenen Jahren die Preise in astronomische Höhen getrieben. Allein in der Kleinstadt Jackson mit ihren gut 10 000 Einwohnern haben drei Milliardäre ihr Zuhause. Alljährlich gerät die Stadt im »Jackson Hole«-Tal ins Zentrum des weltweiten Finanzinteresses, wenn die amerikanische Notenbank FED dort ihre Klausur abhält. Gleich mehrere Kleinstädte im alten Cowboyland boomen, nicht nur in Wyoming. Boseman in Montana zum Beispiel ist zweistellig gewachsen und zum Refugium gestresster Menschen aus Kalifornien und den großen Städten der Ostküste geworden. Oft sind es ökonomische Motive, die den Zug in die Provinz anheizen, weil das Leben in den Metropolen so teuer geworden ist, dass selbst Menschen mit erstklassigen Jobs sich ein Leben dort nicht mehr leisten können. Vor allem aber fliehen sie aus einer Umgebung, in der sie nicht mehr das Gefühl haben, über sich selbst bestimmen zu können, sondern nur noch ein von außen getaktetes Leben zu führen. Das macht den alten Wilden Westen zum neuen Sehnsuchtsort.

Die Flucht in den Mythos funktioniert aber auch zeitlich begrenzt, und Wyomings Tourismusindustrie lebt blendend davon.

Ein Teil der Erlebniswelt während des Urlaubs sind Rodeos, spektakuläre große oder auch kleine Shows, die aus gesicherter Entfernung Nervenkitzel garantieren. Hier trifft man die Profis und diejenigen, die diese Profis so bewundern und ihnen nacheifern. Rodeo ist der Sport der Cowboys, den die so ernst nehmen wie wir den Fußball.

»Herr im Himmel. Schütze diese Cowboys und schütze die Tiere, mit denen sie heute Abend kämpfen. Herr, schütze auch diejenigen, die an diesem Abend die Grenzen unseres wunderbaren Landes verteidigen, in dem wir alle dankbar leben dürfen.« Sean Parker ist Stadionsprecher in Cody, das sich selbst »Welthauptstadt des Rodeos« nennt. In den Sommermonaten reiten hier jeden Abend Männer auf wilden Pferden und Bullen, zeigen Frauen ihr Können am Lasso und im Wettreiten auf engem Raum, unterhalten Clowns das Publikum, während langsam hinter den Ausläufern der Rocky Mountains die Sonne untergeht und die Arena in ein gold-rotes Licht taucht.

Ein Gattertor öffnet sich, Frauen in Jeans, blauen Hemden, Boots und Cowboyhut reiten auf ihren Mustangs ins Stadion, in einer Hand eine wehende Flagge. Die »307 Renegades« Reiterstaffel eröffnet jeden Abend die Show, die eine Hälfte von ihnen mit der amerikanischen, die andere mit der Flagge des Staates Wyoming, die einen weißen Büffel auf blauem Grund zeigt. Die Reiterinnen präsentieren ihre Flaggen in Position, das Publikum steht auf, legt eine Hand aufs Herz und singt die Nationalhymne. The »Star Spangled Banner«, Symbol des »Land of the Free, Home of the Brave«, Land der Freien, Heimat der Tapferen.

Unter der Tribüne versammelt sich eine ganze Reihe junger Männer, die gleich auf wilden Pferden und Bullen reiten werden, Kälber mit dem Lasso einfangen oder junge Stiere zu Boden ringen. Manche plaudern, andere wirken in sich gekehrt, weit weg, wenn sie ihre Hände und Arme mit schützenden Tapes umwickeln. Hier ist Rodeo, und Rodeo ist ihr Sport.

Das ist wichtig, denn Rodeo ist keine Show, auch wenn Show zum Sport gehört. Rodeo ist wie Fußball ein Sport mit klaren, international verbindlichen Regeln. Was man als Zuschauer wissen muss: Bei den Reiterdisziplinen, also wilder Hengst mit und ohne Sattel oder Bullenreiten, müssen die Wettkämpfer acht Sekunden oben bleiben. Dafür gibt es von den Schiedsrichtern Haltungspunkte – je zur Hälfte für den Reiter und das Tier. Bei den anderen Wettbewerben geht es schlicht um Zeit. Frauenwettbewerbe gibt es ebenfalls, vor allem Wettreiten und Kälberfangen mit dem Lasso.

Die Tiere sind gezähmt. »Je besser sie zu führen sind«, so der Züchter Maury Taze, »desto besser sind sie. Auf keinen Fall wollen wir, dass sie wild und dumm sind. Wir beruhigen sie, gewöhnen sie an Menschen, machen sie so sanft, wie es geht.« Tut das den Tieren weh? Werden sie gequält? Kritik am Rodeo gibt es immer wieder von Tierschützern, ebenso die Forderung, es zu verbieten. Nein, versichert Tate, man pflege die Bullen und Pferde bestens, schon im eigenen Interesse. Die Bänder, die man ihnen um den Bauch binde, irritierten sie, deshalb bockten die Tiere, um sie loszuwerden, Schmerzen verursachten sie nicht. »Einige haben behauptet, man binde die Bänder um die Hoden. Wenn man ein Band um die Hoden hat, ist Herumspringen das Letzte, was man tun würde. Das sitzt ganz locker, es geht nur darum, dass sie versuchen, das Band loszuwerden.« Die Tiere seien auf Bocken gezüchtet, der Kampf mit den Cowboys mache ihnen Spaß. »Die wissen, was ihr Job ist. Die wissen, was sie tun sollen, und lieben es. Wenn ein Pferd jemanden runtergeworfen hat, dann rennt es durch die Arena und wirft den Kopf voller Stolz hoch.« Ein Tierarzt ist auf jeden Fall immer greifbar. Auch wenn den Cowboys eher was passiert als den Tieren.

Die Ursprünge des Rodeos liegen gut 150 Jahre zurück, sagt der Historiker und Experte für den amerikanischen Westen, Jeremiah

Johnson. »Das Wort Rodeo war ursprünglich das spanische Wort *rodear* für das Zusammentreiben des Viehs, englisch roundup. Als man im damaligen Südwesten der USA die Rinder zusammentrieb, war das immer ein großes Ereignis für alle. Das war nicht nur Arbeit, sondern so etwas wie ein Erntefest.« Im Grunde sei das ursprüngliche Rodeo nichts anderes gewesen als das, was bei so vielen Berufen entstanden ist: Irgendwann will man wissen, wer der beste Feuerwehrmann, Maurer, Schafscherer oder Rettungsschwimmer ist, und organisiert Wettbewerbe. Bei den Cowboys in der Einsamkeit der Prärie kommt hinzu, dass man zuerst beim Roundup und dann bei den Rodeos überhaupt andere Menschen trifft. »Der Roundup war eine gute Gelegenheit für die Leute, zusammenzukommen und den Cowboys zuzusehen, wenn sie ihre Reiter- und Lassokünste zeigten«. Nicht zuletzt waren die frühen Rodeos der große Heiratsmarkt, Gelegenheit für die Cowboys, den jungen Frauen zu imponieren. Das mag heute nicht mehr so sein, aber die Faszination Cowboy existiert weiter, auch wenn sich die Realität für die meisten der Rodeoreiter sehr viel glanzloser zeigt.

Red Kelly macht sich bereit, den Cowboyhut neben sich, einen Lederschurz an den Beinen. Seine Boots haben blau-rote Schäfte, um die wickelt er gerade ein Lederband. Es ist viel zu tun vor dem Acht-Sekunden-Ritt. »Als Erstes muss man sehen, dass der Handschutz in Ordnung ist. Die Sporen müssen fest sitzen und sich gut an den Füßen anfühlen. Dann umwickelt man den Arm fest mit Sportband. Damit man sich nicht verletzt, wenn man auf dem Pferd sitzt.« Neben ihm hockt Trent Denhum auf dem Boden. 19 Jahre ist er alt, er reitet beim Wettbewerb »Bronco ohne Sattel«. Er wickelt ebenfalls Sportband um seine Arme, eine Lage über die andere. Fünf Jahre, so erzählt er, sei er schon dabei, hat also mit 14 angefangen. »Ach, da machen schon die kleinen Kinder mit«, erklärt er. »Die jungen Kinder setzen sich auf Schafe, Rodeo macht man von der Geburt bis zum Tod.« Der kann einen allerdings auch beim Ritt treffen, er selbst aber habe sich bisher nur ein paar Knochen gebrochen, sonst nichts.

Die Pferde stehen in schmalen Halteboxen, in die sie gerade so hineinpassen. Der Cowboy setzt sich drauf, zwei helfen ihm. Jetzt zieht einer von innen das Gatter auf, und raus geht's. Der Hengst wirft die Hinterläufe in die Luft, Kopf nach unten, den Rücken gebuckelt. Er bäumt sich auf, der Reiter hält sich mit einer Hand. Das ist Vorschrift, nimmt er die zweite zu Hilfe, bekommt er Strafpunkte. Jetzt fliegt er kurz durch die Luft und liegt im Sand. Zwei Reiter drängen das Pferd weg, während der abgeworfene Reiter zur Seite läuft. Der Blick auf die Stadionanzeige zeigt, ja, über acht Sekunden und damit die Chance, mit etwas Preisgeld nach Hause gehen zu können. »Das Adrenalin pumpt durch den Körper. Du fühlst alles, das ist Adrenalin wie bei einem Autounfall mit 160. Aber wenn man mal dabei war, kann man nicht mehr aufhören.«

Rodeos gibt es im ganzen Land, den ganzen Sommer über. Höhepunkt sind die großen Wettkämpfe um den 4. Juli herum, dem Nationalfeiertag. Dann konkurrieren die Städte um die prächtigsten Umzüge, die größte Zuschauerzahl und die Stars der Szene. Und sie konkurrieren um die berühmtesten Pferde und Bullen. Bei den großen Profi-Rodeos teilen die sich nämlich die Preisgelder mit den Cowboys. Die Züchter reisen mit ihren Tieren von Rodeo zu Rodeo, so wie die Cowboys auch. Ein guter, elegant bockender Hengst kann im Laufe seines Lebens mehrere Hunderttausend Dollar verdienen.

Einmal als Profi auf der großen Rodeo-Tournee zu sein, davon träumen die jungen Kerle in Cody, Männer wie Logan Nunn und Trent Dunham. Die reiten jeden Abend, wollen es einfach packen. Oder Tennard Kelly, der ist schon Profi, wenn auch nicht erste Liga. Er reist den Sommer über durch den Westen der USA, immer mit der Hoffnung auf das große Preisgeld, im Winter studiert er dann wieder. Hier in Cody aber gibt es gerade einmal 150, mal 200 oder selten mal 300 Dollar zu gewinnen, nachdem man vorher 25 Dollar Startgeld bezahlt hat. Es ist eher der Traum vom großen Rodeogeld als eine realistische Chance.

Bei den richtigen Profis sieht das anders aus. Die reisen, so schnell es geht, von Rodeo zu Rodeo. Die Startgelder sind viel höher, man kann mehrere 10000 US-Dollar am Abend gewinnen, die besten kommen auf mehrere Hunderttausend im Jahr. Rodeo-Profis sind Stars, treten im Fernsehen auf, ihre Kleider voll mit Sponsorenlogos wie bei den Formel-1-Fahrern. Sie sind Vorbilder, und auch sie pflegen und verbreiten den Mythos Cowboy. Bei ihnen ist alles Cowboy, das ist Teil der Erwartung und der Show, die Kleidung von der richtigen Jeans, den richtigen Boots, der großen Gürtelschnalle, dem coolen, schweigsamen Auftreten, die Countrymusic.

Hier in der Arena von Cody nennen sich ebenfalls alle Cowboys, auch wenn nur noch ein paar wirklich auf einer Ranch arbeiten. Was bedeutet Cowboy zu sein für die Jungs hier? Der 19-jährige Logan Nunn ist mit dem Großvater da und trägt einen schon ziemlich verschlissenen Sattel unter dem Arm. »Das ist mein eigener Sattel, den hat mir mein Vater gegeben, als ich mit Rodeo angefangen und die ersten Broncos in die Arena geritten habe.« Rodeo sei Familientradition, er habe das irgendwie einfach übernommen, auch das Cowboyleben. »Für mich ist ein Cowboy einer, der nie vor einer Herausforderung zurückschreckt, der immer zu Ende bringt, was er begonnen hat. Und wenn die Zeiten hart werden, arbeitet man sich entweder durch oder findet einen anderen Weg, das zu Ende zu bringen, was man begonnen hat.«

Tennard Kelly studiert im Winter, auf einer Ranch zu arbeiten käme ihm niemals in den Sinn. Er ist Profi, reist im Sommer zu den Rodeos. Es geht um die Aussicht, eines Tages einer der ganz großen Stars zu sein, und es geht um das Geld, das man dabei verdienen kann, wenn man erfolgreich ist. So wie bei jedem anderen Sport auch, beim Football, Baseball, Tennis. Was ihm gefällt, so Kelly, sei eben der Cowboy-Lebensstil auf der Tour, die harte Arbeit, immer mit den Pferden zusammen, der Zusammenhalt und auch das Leben mit der Gefahr.

Was auffällt: Viele der Cowboys tragen amerikanische Flaggen, an der Kleidung, auf den Autos, ihren Taschen. Überhaupt, rund um das Rodeo spielen nationale Symbole eine unübersehbare Rolle. Ein Cowboy müsse auch Patriot sein, sagt Kelly. »Das ist ganz wichtig. Unsere Freiheit, unsere Religion, alles, was wir haben. Die Freiheit, zu tun, was wir wollen. Das hier, dieser Sport, ist Freiheit.« Die gleiche Frage, was denn einen Cowboy im 21. Jahrhundert ausmacht, geht an Tenny Simmons, Drillcaptain der »307 Renegades«, der Dressurstaffel der Frauen, die das Rodeo mit den Flaggen eröffnet: »Es geht nicht ums Reiten allein, es geht darum, wie du aufwächst. Ein Cowboy heute ist eine ehrliche, hart arbeitende Person, die das eigene Land und die Gemeinschaft unterstützt. Das ist das Wichtigste.« Mit einem Mann zusammen zu sein, der das nicht verkörpere, könne sie sich nicht vorstellen.

In all den Antworten steckt der altbekannte Mythos, der die Lebenswirklichkeit nicht realistisch abbildet. Wer die aber sehr gut kennt, ist Pfarrer Dean Grace. Er sitzt in einem blauen Zelt, direkt bei den Reitern, auf der Zeltwand ein schwarzes Kreuz. Er sieht auch aus wie ein Cowboy, trägt die gleichen Jeans, die große Gürtelschnalle. Seine Baptistenkirche etwas oberhalb der Stadt nennt er »Cowboy Church«. »Die meisten der Rodeo-Cowboys haben keinen Platz zum Übernachten, und wir haben eine Schlafbaracke oben bei der Cowboy-Kirche. Wir geben ihnen einen Platz zum Schlafen, damit sie ausgeruht beim Wettkampf mitmachen können. Die verdienen nur etwas, wenn sie gewinnen, und sie müssen Startgeld bezahlen. Die sind so ziemlich alle pleite.« Im Zelt stehen ein großer Fernseher und Videokameras, ein wichtiger Service der Kirche, den sich die Reiter sonst nicht leisten könnten. »Wir zeichnen ihre Ritte auf und bringen ihnen dann bei, wie man besser reitet«, sagt der Pfarrer. So schafft man Beziehungen, wird zum Ansprechpartner, wenn mal alles zu viel wird. Bei der Frage nach dem »Mythos Cowboy« im Rodeo-Alltag ist Dean Grace zurückhaltend: »Es gibt gute und schlechte, alles kommt immer auf die Person an. Vieles aber ist wahr, was man über die Cowboys sagt. Für die meisten gilt zum Beispiel, dass ihr Wort ein Ehrenwort und damit Verpflichtung ist.«

Sean Parker, der Stadionsprecher in Cody, kommt die Treppe aus seiner Kabine herunter. Gut zwei Stunden dauert die Show. »Mein Job ist es, das Publikum 92 Tage im Jahr zu unterhalten, jeden einzelnen Tag. Wir haben über 120 000 Leute, die jedes Jahr hierherkommen.« Für viele ist es das erste Rodeo, das sie sehen, und Teil des Cowboy-Erlebnisses bei der Durchreise zur nächsten großen Sehenswürdigkeit, meist dem Yellowstone Nationalpark. »Ich muss den Leuten erklären, was hier abläuft. Die kennen Rodeo oft nicht, wissen nicht, was gerade in der Arena passiert. Dabei muss ich sie über die ganze Strecke unterhalten. Die haben alle ein Handy und jede Unterhaltung, die sie wollen, bei sich in der Hand. Also muss ich sie einbeziehen und sie von ihren Handys weg und zu der Action in der Arena bekommen.«

Die Zuschauer strömen aus dem Stadion, haben wahrscheinlich irgendwo in der Stadt einen Tisch reserviert und essen später echtes, langsam gegartes Brisket. Der Abend hat gut begonnen: »Ich fand es großartig. Ich war zum ersten Mal dabei, und es war aufregend«, sagt Mark beim Rausgehen. Stella und John haben ihre sechsjährige Tochter dabei. »Wir haben das wirklich genossen. Für meine Tochter war es das erste Rodeo, und sie will eines der Kälber mitnehmen.«

Trent Dunham hat seine Sachen gepackt, geht nach Hause, humpelt ein wenig. »Es ging gleich schon schlecht los, ich habe keinen Halt am Pferd bekommen. Das hat mich heute den Ritt gekostet, sodass ich abgeworfen wurde.« Zumindest ist er nicht ernsthaft verletzt, aber das Startgeld ist verloren. »Morgen Abend geht es weiter. Heute war es nicht gut, aber ich komme morgen stärker zurück.« Amerikaner eben, ein Cowboy.

»Waffen sind Freiheit«

Die emotionale Beziehung der Amerikaner zu Pistolen und Gewehren

Es ist heiß, der Asphalt des riesigen Parkplatzes glüht, am Horizont zeichnen sich die Blue Ridge Mountains ab. Große SUV und vor allem Pick-up-Trucks bestimmen das Bild, vor dem Eingang der Mehrzweckhalle von Chantilly im US-Bundesstaat Virginia bilden sich schon am frühen Morgen lange Schlangen vor den Ticket-Schaltern. Alle paar Wochen ist die Halle übers Wochenende Pilgerstätte für all diejenigen, die sich für Waffen interessieren, eine neue Pistole kaufen oder einfach ein paar Stunden fachsimpeln wollen. Drinnen sind längst Hunderte Stände aufgebaut, die meisten von fahrenden Händlern, die den »Gun Shows« durchs Land folgen. Das Angebot reicht vom Jagdmesser über Pistolen für die Handtasche, Jagd- und Sportgewehren bis hin zu halbautomatischen Waffen, die so verändert sind, dass sie gerade noch legal verkauft werden dürfen. Darunter sind auch etliche der umstrittenen AR-15-Modelle, militärischen Sturmgewehren nachempfundene halbautomatische Gewehre, die immer wieder als Mordwaffe bei Amokläufen im Spiel sind. Daneben alles, was der Waffenfreund sonst so braucht, Munition, Signalwesten für Jäger, Fachliteratur, Zielscheiben und T-Shirts mit dem Statement, dass man sich nie das Recht auf Waffenbesitz nehmen lassen wird. Dazu Waffenschränke, um Gewehre und Pistolen sicher aufzubewahren.

Die Stimmung hier in der Halle ähnelt der von Caravan-Ausstellungen oder Messen für Modelleisenbahnen, auf denen Menschen mit leuchtenden Augen die neuesten Entwicklungen bestaunen, sanft mit der Hand über Modelle streichen, die sie sich nie werden leisten können. Die Vertreter der NRA, der Waffenlobby »National Rifle Association«, werben an ihrem Stand dafür, verantwortungsvoll mit Gewehren und Pistolen umzugehen, sie sicher wegzuschließen und frühzeitig den eigenen Kindern beizubringen, wie man ein Gewehr richtig handhabt. Wer will, kann hier auch politisch diskutieren, die Flyer für den Kampf um das Recht auf Waffenbesitz liegen aus. Aber das wollen heute die wenigsten, sie alle sind hier, um die begehrten Objekte anzufassen und zu prüfen.

»Ich behaupte: Das ist ein Teil unserer Kultur hier in Amerika, und ich möchte Teil dieser Kultur sein«, sagt Allen, der extra aus dem südlichen Virginia hergefahren ist. Er geht von Stand zu Stand, auf der Suche nach einer neuen Pistole für sich. Ohne Waffe zu sein, kann er sich nicht vorstellen, seine Kinder im sicheren Umgang damit auszubilden, ist für ihn selbstverständlich. »Freiheit« ist der Kernbegriff dieser Kultur, und damit verbunden ist die Freiheit, diese Pistole hier und jetzt kaufen zu können. Notwendig dafür ist in Virginia ein gültiger Führerschein als Personalausweis und ein polizeiliches Führungszeugnis. Das besorgt der Verkäufer am Stand über seinen Computer in 60 Sekunden.

»Was, du hast kein Gewehr?«, fragt mich einer der Händler im Gespräch. »Dort vorn kannst du den Background-Check machen«, also diese Art polizeiliches Führungszeugnis abholen. Der Hinweis, dass ich in Washington, D.C., wohne und dort Waffenbesitz sehr reglementiert sei, nimmt dem Händler ein wenig von seinem Optimismus. »Virginia wäre sehr viel einfacher, aber geh mal hin. Die regeln dir das auch für Washington.«

Ich brauche keine Waffe, aber mich interessiert, woher die Faszination vieler Amerikanerinnen und Amerikaner für Gewehre und Pistolen kommt und wie diese geradezu emotionale Beziehung zu Feuerwaffen entstanden ist. Keine Kandidatin, kein Kandidat für irgendein politisches Amt kommt darum herum, sich bei der Gretchenfrage zu positionieren, wie man es mit dem verfassungsmäßigen Recht auf Waffenbesitz hält. Meist reicht die Chiffre vom »Second« aus, um sich zu verstehen. Gemeint ist das

»Second Amendment«, der zweite Zusatzartikel der Verfassung der Vereinigten Staaten. Wörtlich heißt es dort: »Da eine wohlgeordnete Miliz für die Sicherheit eines freien Staates notwendig ist, darf das Recht des Volkes, Waffen zu besitzen und zu tragen, nicht beeinträchtigt werden.« Ob damit tatsächlich das individuelle Recht auf Waffenbesitz garantiert wird, ist unter Juristen umstritten, aber das spielt in der politischen Diskussion keine Rolle.

»Es geht um die Freiheit, eine Schusswaffe zu besitzen. Und die Freiheit, uns selbst verteidigen zu dürfen«, sagt Doug Stockman, der auf der Gun Show verschiedene Pistolen in der Hand wiegt, vergleicht, wie sie sich anfühlen. Eine andere Stimme, nicht auf der Show: Karen Swallow Prior, Professorin für Englisch, Christentum und Kultur am Southeastern Baptist Theological Seminary in North Carolina: »Für mich als Christin bedeutet eine Waffe zu tragen, meine Verantwortung für Gottes Schöpfung wahrzunehmen.« Eines ihrer Bücher macht sich zur Aufgabe, aus christlicher Sicht Antworten auf die großen kontroversen Fragen der Gegenwart zu geben, dazu gehört auch die religiöse Legitimierung von Waffen.[1] Dem stimmt Pfarrer Kenneth Blanchard zu und weist das Argument zurück, dass der breite Waffenbesitz in den USA zu vielen Toten durch Waffengewalt geführt habe. Schuld an Massenschießereien und Amokläufen, die sich beinahe zum kaum noch wahrgenommenen alltäglichen Ereignis entwickelt haben, trage allein der Täter: »Die Waffen sind nicht das Problem, es sind die Leute, die sie tragen.« Damit wiederholt der Besitzer und Pfarrer der »Speak Life Church« ein Argument, das immer wieder herhalten muss, wenn öffentlich über mehr Waffenkontrolle gestritten wird. Niemand komme schließlich auf die Idee, Autos zu verbieten, nur weil Menschen durch Unfälle ums Leben kommen. Kenneth Blanchard war Marineinfanterist und CIA-Agent, bevor er zum Pfarrer umsattelte. Über seine Onlinekirche, Podcasts und Fernsehauftritte erreicht er viele Menschen, gerade unter Konservativen hat er einen Namen. »Die Fortsetzung der Arbeit des Apostels Paulus mit technischen Mitteln«, nennt er seinen Auftrag, und dazu gehören Auftritte unter anderem bei *Fox News*.

Einen anderen Blick auf Pistolen und Gewehre hat Jane, die im Rollstuhl sitzt und verschiedene Stände auf der Gun Show besucht. »Für mich ist eine Waffe etwas zwischen einem Werkzeug und einem schönen Schmuckstück«, sagt sie. Sie probiert gerade verschiedene Gewehre aus, ob sie sie mit einem Arm halten kann. Die Waffen bei ihr zu Hause seien zu schwer geworden, seit ihre Beine sie nicht mehr aufrecht halten. Sie suche nun etwas Leichteres, ein Gewehr, das sie auch im Rollstuhl mitnehmen und abfeuern könne.

Der Historiker Bob Tupper aus einem Vorort von Washington ergänzt noch einen anderen Aspekt: »Viele Amerikaner sind fest davon überzeugt, dass sie immer in der Lage sein müssen, notfalls die Regierung zu bekämpfen.« Er selbst stamme aus einer ländlichen Region und habe schon als Kind vom Vater das Schießen beigebracht bekommen. Waffennarr, das sei er auf keinen Fall, aber für ihn gehört nach wie vor ein Gewehr in seinen Haushalt. Das sei Familientradition, und er habe keinen Grund, damit aufzuhören.

Ich besuche Juliana Horowitz vom renommierten Forschungsinstitut Pew Research Center. Sie hat in einer aufwendigen Studie das Verhältnis der Amerikaner zu ihren Waffen untersucht.[2] »Ein Waffenbesitzer zu sein, ist für sehr viele Amerikaner ein wichtiger Teil ihrer Identität. Das ist für sie nicht einfach ein Gegenstand oder so, die Waffe definiert sie.« Dies eine ihrer Kernaussagen, die sie der Untersuchung entnimmt. Horowitz sagt, dass ihr diese Studie deshalb so wichtig war, weil der politische Diskurs beim Waffenbesitz noch emotionaler geführt wird als bei anderen Themen, die im weitesten Sinne zu den »Culture Wars« gehören. Die Verbindung von Waffen und Freiheit spielt dabei eine entscheidende Rolle, ebenso die Überzeugung, dass eine Pistole oder ein Gewehr elementarer Teil des »Amerikanerseins« ist. Die Frage, wie sich politische Kandidatinnen und Kandidaten hier positionieren, kann wahlentscheidend werden, in die eine oder andere Richtung. Deshalb erlebt man Politiker sowohl bei den Demokraten als auch den Republikanern vor allem mit einer taktischen Haltung, die häufig genug im Gegensatz zu anderen Überzeugungen steht. So wird man im ländlichen Süden oder im Westen der USA kaum einen Demokraten finden, der sich für mehr Waffenkontrolle einsetzt, in urbanen Wahlkreisen zeigen sich dagegen auch Republikaner gesprächsbereit.

Welche individuelle Haltung Menschen gegenüber einem Grundrecht auf Waffenbesitz haben, sei vor allem davon abhängig, ob jemand eine Waffe besitzt oder nicht, erklärt Horowitz. Pressefreiheit habe für die große Mehrheit eine hohe Bedeutung, auch wenn sie selbst keine Beziehung zum Journalismus oder den Medien haben: »Für Waffenbesitzer ist das Recht auf Waffen genauso wichtig wie Redefreiheit, Pressefreiheit oder andere persönliche Freiheiten, die die Verfassung den Menschen garantiert. Bei denen, die keine Waffen besitzen, ist das anders. Die halten die anderen verfassungsgeschützten Freiheiten für zentral, eine Waffe ist für sie keine bedeutende Freiheit, die jeder haben sollte, im Gegenteil«, sagt sie.

Etwa 30 Prozent der erwachsenen Amerikaner besitzen eine Schusswaffe, 40 Prozent leben in einem Haushalt, in dem es wenigstens eine Pistole oder ein Gewehr gibt. Bei Weißen Männern gibt jeder zweite an, eine Waffe zu besitzen, bei Frauen und nicht Weißen Männern sind es jeweils 25 Prozent. Wer eine höhere Bildung durchlaufen hat, kauft eher eine Waffe als jemand nur mit Highschool- oder ohne Schulabschluss: Während 26 Prozent der Amerikaner mit niedrigem Abschluss eine Waffe besitzen, sind es bei denen mit einem Bachelor- oder Masterabschluss 32 Prozent. Mit 35 Prozent am höchsten ist er bei denen mit ein paar Jahren Hochschule, ohne dass sie ein Examen abgelegt haben.[3] Die Verteilung nach Stadt und Land ist sehr ungleich, denn auf dem Land verfügt mehr als die Hälfte der Erwachsenen über eine Waffe im Haus, unabhängig von Herkunft oder Hautfarbe. In der Stadt ist es nur ein Viertel. Seit den 1990er-Jahren geht der Anteil der Haushalte mit Waffen im Mittel kontinuierlich zurück, während der Pandemiejahre aber ist die Zahl der Waffenbesitzer wieder drastisch gestiegen. Im Frühjahr 2020 konnten die Waffengeschäfte die Nachfrage nach Schusswaffen und vor allem Munition kaum befriedigen; mehr als 21 Millionen Gewehre und Pistolen gingen in dem Jahr über die Ladentheke, im Jahr darauf noch einmal fast 19 Millionen.

Schusswaffen spielen in der amerikanischen Popkultur eine große Rolle, so auch in der Musik. Countrymusic zum Beispiel hat immer für sich in Anspruch genommen, das Lebensgefühl der Menschen im ländlichen Amerika zu spiegeln, sodass sich die Menschen auf dem Land darin wiederfinden.

Auch die Südstaaten-Rockband Lynyrd Skynyrd hat sich damit auseinandergesetzt:

»God and guns
Keep us strong
That's what this country
Was founded on
Well we might as well give up and run
If we let them take our God and guns« *

Oder, wie es in einem populären Countrysong von Josh Thomson heißt: »Our houses are protected by the good Lord and a gun / And you might meet 'em both if you show up here not welcome, son.«** [4]

Es scheint, als reiße man ihnen ein Stück Seele aus dem Leib, wenn man manchen Amerikanern ihre Waffe nimmt. Warum ist das so? Und so anders als in anderen Ländern? Nicht umsonst zeigen gerade Europäer mit dem Finger auf die scheinbar unbelehrbaren Waffennarren jenseits des Atlantiks. Pistolen im Baumarkt und in vielen Bundesstaaten praktisch keine Kontrollen. Wie kann das

* »Gott und Schusswaffen / Halten uns stark / Sie sind es, worauf dieses Land / Gegründet wurde / Wir können auch gleich aufgeben und abhauen, / Wenn wir sie uns Gott und unsere Waffen nehmen lassen.«

** »Unser Haus wird vom lieben Gott und einem Gewehr beschützt / Wenn du hier nicht willkommen bist, lernst du sie beide kennen.«

sein? Vor allem angesichts immer neuer Amokläufe mit Pistolen und Gewehren.

Waffenbesitz hat es nach der Unabhängigkeit des Landes in die Liste der Grundrechte in den USA geschafft, als zweiter Verfassungszusatz, gleichberechtigt neben den Freiheitsrechten, die unter anderem freie Meinung, Religionsfreiheit oder Pressefreiheit garantieren. Längst nicht mehr alle halten diese Gleichstellung für zeitgemäß, vor allem nach spektakulären Amokläufen und Schulschießereien wird regelmäßig der Ruf nach dem Ende des Waffenkults laut. Die Spaltung in der Frage sei vor allem eine zwischen Stadt und Land, so Stephen Halbrook, Jurist und Waffenhistoriker: »Viele Menschen in den USA tragen noch das Bewusstsein eines Siedlers in sich, schwören also auf Eigenverantwortung, Unabhängigkeit und Freiheit. Dann haben wir auf der anderen Seite die in den Städten, die Waffen ablehnen und glauben, dass ihr Fleisch aus dem Supermarkt kommt. Die wären im Notfall hilflos. Und jede dieser Haltungen wird von Generation zu Generation weitergegeben, innerhalb der Familien, unter Freunden, in den Schulen.« Jede der Gruppen fühlt sich im Recht, ist fest davon überzeugt, Verantwortung im Dienste des Landes und seiner Menschen zu übernehmen.

Um aber die Emotionalität zu erklären, mit der darüber diskutiert wird, gilt es drei Urerfahrungen der amerikanischen Entwicklung genauer zu betrachten. Urerfahrungen, die sich praktisch in die DNA des amerikanischen Selbstverständnisses eingebrannt haben:

Die Besiedlung des amerikanischen Westens. Die Menschen waren in der Weite der Prärie auf sich allein gestellt und Waffen ihre Lebensversicherung. Damit verteidigten sie sich im Kampf gegen die amerikanischen Ureinwohner, deren Land sie für sich beanspruchten. Außerdem diente das Gewehr der eigenen Versorgung, denn man aß, was man schoss.

Der Kampf um die Unabhängigkeit. Die britischen Kolonialherren beanspruchten das Waffenmonopol für sich und sicherten damit ihre Herrschaftsansprüche auf der anderen Seite des Atlantiks. Die Revolution, die Gründung der Vereinigten Staaten von Amerika und die Verteidigung der Unabhängigkeit basieren demnach auf dem Besitz von Waffen.

Die tief religiösen frühen Einwanderer, die wegen ihres Glaubens zu Hause in Europa unterdrückt und verfolgt wurden. Bis auf einige streng pazifistische Gruppen wollten sie unbedingt sicherstellen, dass niemals wieder eine Regierung oder eine andere staatliche Institution ihnen die Freiheit des Glaubens nimmt. Als radikale Christen mit ihrer eigenen Ausprägung des Glaubens wollten sie wehrhaft sein, um sich gegen jede neue staatliche Tyrannei verteidigen zu können.

Kaum ein Genre der Filmindustrie hat weltweit das Bild der Vereinigten Staaten so stark geprägt wie der Western. Gleich in mehrfacher Hinsicht hat Hollywood damit ein Narrativ geschaffen, das den Gründungsmythos des modernen Amerika in Bilder und Geschichten fasst. Fast alle Western spielen in der Zeit der Westbesiedelung der USA im 19. und frühen 20. Jahrhundert, als der zu eng gewordene Lebensraum entlang der Ostküste erweitert wurde und Pioniere mit ihren Planwagen nach Westen zogen. So viele Wagen fuhren dieselben Strecken, dass die Spuren der Räder noch Jahre später zu sehen waren, Spuren, die den Wegen der Siedler ihre legendären Namen geben: Oregon Trail, California Trail, Santa Fe Trail, Mormon Trail, Old Spanish Trail oder Gila River Trail.

Hollywoods Westerngeschichten erzählen von Zielstrebigkeit, Abenteuerlust, Durchhaltevermögen und Überlebenswillen. Die Protagonisten verkörpern die Werte und Charakterzüge, für die die USA stehen sollen, verkörpern Mut, Ehre, Sinn für Gerechtigkeit und Kampf gegen das Böse, das diese Werte missachtet und damit die Basis der Gesellschaft zu zerstören droht. Auf ihrem Weg müssen sich die Helden dieser Geschichten verteidigen, kämpfen gegen Ureinwohner und Banditen, die sie an der Erfüllung ihres Auftrags hindern. Sie bilden Wagenburgen, um sich zu schützen, ihre Waffen sichern das Überleben und den Sieg über das Böse.

Die Grundzüge der Plots ändern sich nicht, egal ob es um den Zug nach Westen geht oder darum, Recht und Ordnung in den neuen Siedlungen und ersten Städten zu erhalten. Immer sind es Pistole und Gewehr, die über Sieg und Niederlage entscheiden. Staatliche Institutionen gibt es kaum, allenfalls den Sherriff, der aber auf die Kooperation und Feuerwaffen der Bürger angewiesen ist. Der Umgang mit den Waffen ist geregelt, der große Showdown ritualisiert: Nicht zuerst den Colt ziehen, aber schneller schießen, das legalisiert den Tod des Gegners. Gewalt ist als Mittel der Konfliktlösung legitimiert, wenn sie einem guten Ziel dient; der Cowboy als personifizierte Moral – unbestechlich und autonom –, um für Ordnung zu sorgen, ist das Vorbild für die breite Akzeptanz für Gewalt als Mittel der Konfliktlösung in den USA.[5] Die Wirklichkeit im Westen Amerikas sieht anders aus, als die Siedler ums nackte Überleben kämpfen, darum, sich ein neues Zuhause und eine Lebensgrundlage zu schaffen. Das hat nicht viel Romantisches, Gewalt und fehlender staatlicher Schutz sind eine ständige Bedrohung, der Tod ist gegenwärtig und an der Tagesordnung, von Heldentum keine Spur.

Erst Bücher mit Geschichten aus dem Wilden Westen, dann vor allem aber das Kino schaffen Mythen und pflanzen eine scheinbare Realität in die Köpfe des Publikums. Was wir heute als historische Wirklichkeit empfinden, sind vor allem die Bilder aus der Traumfabrik, auch wenn sie Realitäten des »Wilden Westens« als Basis haben. Pistolen und Gewehre sind Teil der Geschichten und schließlich eingegangen in die Realität einer Welt, die mit dem »Wilden Westen« nichts mehr zu tun hat.

Western sind ein wenig aus der Mode gekommen. Im Hollywood von heute retten die Helden die Welt im All, oder das Böse unterdrückt die Menschen im Untergang atomverseuchter Städte. Nicht geändert hat sich, dass am Ende der geschicktere Umgang mit Waffen über Sieg und Niederlage entscheidet: Das Genre hat sich geändert, in den Heldengeschichten aber bleiben die Urerfahrungen der jungen USA erhalten. »Wenn du da draußen im Grenzland warst, dort im Westen, brauchtest du das Gewehr, um dich verteidigen zu können«, sagt der Historiker Bob Tupper. Diese Erfahrung wird bis heute von Generation zu Generation weitergegeben, vor allem auf dem Land empfinden sich viele Menschen als unmittelbare Nachfolger der Pioniere, sehen sich in deren Tradition und in der Verantwortung, ihr Vermächtnis zu ehren und zu erhalten.

Das hat unmittelbar mit den Umständen der Siedlungsgeschichte der Vereinigten Staaten zu tun, beginnend mit den Kolonien in den ersten zwei Jahrhunderten, ebenso wie mit den Trecks nach Westen im 19. Jahrhundert. Die Menschen fanden sich in einem unvorstellbar weiten Land wieder, mehr oder weniger zufällig entstehen Siedlungen mit wenigen Einwohnern, die nächsten Häuser oder gar Städte viele Meilen entfernt.

»Dieses Land wurde von außen besiedelt. Die Siedler mussten sich selbst verteidigen, so etwas wie Polizei oder Militär war sehr lange nicht etabliert. Die Situation war völlig anders als in den europäischen Ländern, aus denen sie gekommen waren«, erklärt der Waffenhistoriker Stephen Halbrook. Insofern knüpft der Western an diese Urerfahrung der amerikanischen Siedlungsgeschichte an. Das Land, den Ureinwohnern genommen, muss verteidigt werden. Wichtigstes Nahrungsmittel sind selbst geschossene Tiere, wer keine Waffe hat, hungert und ist wehrlos. Und um das mühsam aufgebaute Gerüst von Zivilisation zu erhalten, versammelt der Sheriff die Bewohner zur Miliz, um die Gemeinschaft zu schützen. »Da mag ja manchmal ein Sheriff gewesen sein, der ein Stück staatliche Ordnung repräsentieren sollte. Aber er musste darauf bauen, Bürger zu verpflichten, um die Bösen zu bekämpfen«, so Bob Tupper. Die Kolonialerfahrung ist mehrere Hundert Jahre vorbei, der Treck nach Westen begann vor rund 200 Jahren. Das Gefühl, sich selbst helfen können zu müssen, sei geblieben, Tupper: »Diese Werte wurden vererbt. Wir hatten in unserer Familie immer ein Gewehr. Wer würde das aufgeben? Und warum?«

Genau das ist es auch, was Juliana Horowitz in ihren Studien immer wieder findet: familiäre Bindungen, die auf Gewehren oder Pistolen beruhen. Da sind die gemeinsamen Erlebnisse, von denen die Befragten berichten, manchmal auch gemeinsam überstandene Gefahren. Entscheidend ist, dass diese Erlebnisse generationenübergreifend gemacht und weitererzählt werden. In den Familien entwickelt sich ein neues stabiles Gefühl der Zusammengehörigkeit nach dem ersten gemeinsamen Schuss. Juliana Horowitz: »In einer Familie mit Waffen aufgewachsen zu sein, ist ein Teil deines Lebens, darin spiegelt sich auch, wie eng du dich mit deiner Familie verbunden hast. Wir haben Fokusgruppen mit Waffenbesitzern untersucht, und was wir gehört haben, sind Sätze wie ›mein Großvater hat mich zum Jagen mitgenommen‹ oder ›mein Vater hat mir das Schießen beigebracht‹. So sind die tieferen Bindungen innerhalb der Familien entstanden, wenn sie das gemeinsam erlebt haben.« Wenn die Eltern Waffen besitzen, schießen Jungen durchschnittlich mit zwölf Jahren zum ersten Mal selbst. Mädchen mit 17. In den allermeisten Fällen ist dies Teil eines gemeinsamen Wochenendes auf dem Schießstand oder geschieht bei einem Jagdausflug. Beides sind auch die wesentlichen Gelegenheiten für Erwachsene, ihre Waffen in die Hand zu nehmen. Die wenigsten Waffenbesitzer haben sich jemals so verteidigen müssen, dass sie dazu ihre Pistole oder ihr Gewehr gebraucht hätten. Gleichwohl sind Sicherheit und Selbstverteidigung mit Abstand die wichtigsten Begründungen, warum die Waffe überhaupt im Haus ist.

Darauf baut Millard Stanley, der mit Schusswaffen handelt und vor allem Kunden in ländlichen Regionen hat: »Ich habe mich nie mit meiner Waffe verteidigen müssen, aber ich bestehe darauf, dass Menschen das Recht dazu haben. Viele leben in gefährlichen Gegenden. Und ich sehe, dass es notwendig ist, dort eine Waffe zu haben.« Wer auf dem Land wohnt, weiß, dass er sich auch heute im Ernstfall nicht auf den Staat verlassen kann. Polizei, Feuerwehr – alles ist viel zu weit weg, als dass sie unmittelbar helfen könnten. »Wenn Sekunden zählen, ist die Polizei Minuten entfernt«, sagen sie in den Bergen West Virginias. Ob im Ernstfall die eigene Waffe hilft oder eher zur Gefahr wird, spielt bei der Entscheidung für den Kauf keine Rolle. 40 Prozent der männlichen

Besitzer einer Pistole haben sie geladen griffbereit. Bei Frauen sind es 30 Prozent.

Es geht um das subjektive Gefühl größerer Sicherheit im eigenen Haus. So sagen rund zwei Drittel aller Waffenbesitzer, sie wollten in der Lage sein, sich selbst zu verteidigen. Bei Frauen ist dies das nahezu einzige Motiv. Männer nennen dagegen Jagen und Schießsport immer wieder als Kaufmotiv. Drei Viertel aller Besitzer unterstreichen zudem, dass die Waffen wichtig für ihre Freiheit seien. Beim Sicherheitsgefühl und der Bedeutung für das Freiheitsempfinden zeigen sich in den Umfragen die größten Unterschiede zwischen Stadt und Land, ebenso wie bei der grundsätzlichen Frage, ob man eine eigene Waffe für notwendig hält oder nicht. Dabei kommt es allerdings sehr darauf an, in welchem Teil der USA man wohnt. So besitzen im Süden auch viele Städter eine Waffe, im Norden sind es dagegen sehr viel weniger.

Eine andere, geradezu traumatische Grunderfahrung der amerikanischen Geschichte mit Bedeutung für die Beziehung zu Waffen liegt im Unabhängigkeitskrieg. Denn eines versuchten britische Soldaten im Auftrag des Königs in London immer: die amerikanischen Siedler zu entwaffnen. Damit nahmen sie ihnen das Recht und die Möglichkeit, sich selbst zu verteidigen. Nur weil die Amerikaner Waffen hatten, konnten sie die Unabhängigkeit gewinnen, sagt Stephen Halbrook: »Sie haben ihre Waffen in die Hand genommen und damit die Freiheit erkämpft und gewonnen. Daraufhin haben sie gesagt: Es wäre gut, das in der Verfassung zu garantieren.«

Der spätere Präsident James Madison schrieb damals, dass es einen wesentlichen Unterschied zwischen dem alten Europa und dem neuen Amerika gebe: Die amerikanische Regierung vertraue Menschen mit Waffen, die europäischen Monarchien aber nicht. Und so spiegelt sich im Waffenbesitz auch die damals alles entscheidende Frage: Demokratie oder Monarchie. Die grundsätzliche Frage sei geblieben, auch wenn es nicht mehr um Monarchie gehe, so Bob Tupper: »Das führt zum bis heute zentralen Thema, nämlich wie mächtig soll und darf eine zentrale Regierung sein?

Darin liegt das Herzstück des gesellschaftlichen Konflikts um Waffen. Kann mir die Regierung in Washington meine Waffe wegnehmen? Symbolisch nähme sie damit weit mehr als die Waffe, sie nähme mir meine Unabhängigkeit und die Möglichkeit, Widerstand zu leisten, wenn das notwendig wird.«

Das hat sich tief in das amerikanische Geschichtsbewusstsein eingegraben, so lernen es schon die Kinder in der Schule, dass es ein Gleichgewicht zwischen Regierung und Bürgern braucht. Das gilt für die möglichst gleichmäßige Verteilung der Macht zwischen Präsidenten, Kongress und Justiz, um keinen Zweig der Regierung zu stark werden zu lassen, das gilt aber auch für das Verhältnis der Regierung zu den Bürgern. Wer kein Recht auf Waffen hat, kann niemals ebenbürtig sein. Halbrook: »Die Wahrnehmung ist, dass, wenn die Regierung deine Waffen nehmen will, dann vertraut sie dir nicht, vielleicht will sie dich sogar unterdrücken. Wenn viele Menschen Waffen im Haus haben, dann kann die Regierung nicht unterdrückerisch werden.«

Dies spiegelt die insgesamt regierungskritische Grundhaltung vieler Amerikaner und die zunehmende Überzeugung, dass der Tag kommen wird, an dem die amerikanische Bevölkerung zu den Waffen greifen muss, um die eigene Regierung zu bekämpfen, damit das Land gerettet werden kann. In einer Umfrage des University of Chicago's Institute of Politics (IOP)[6] im Jahr 2022 sagen 28 Prozent der Befragten, dass ein bewaffneter Kampf gegen die Regierung unmittelbar bevorstehe. 37 Prozent von denen haben eine Waffe zu Hause. Unter Republikanern glauben 33 Prozent, dass dieser Kampf kommt, bei Demokraten sind es 20 Prozent.

Die Haltung, dass es niemals ein Waffenmonopol bei der amerikanischen Regierung geben und der Regierung nicht das Recht zugestanden werden darf, Waffenbesitz zu untersagen, findet sich auch in der Gesetzgebung. Ein Beispiel: Nach einem weiterhin gültigen Gesetz aus dem Jahr 1941 darf die amerikanische Bundesregierung private Waffen weder konfiszieren noch registrieren. Das habe mit Deutschland zu tun, so Stephen Halbrook im Interview: »Bevor die USA in den Zweiten Weltkrieg eingriffen, verabschiedete der Kongress ein Verbot, Waffen zu konfiszieren oder zu registrieren. Begründung war, dass dies in Nazi-Deutschland passiert sei, im kommunistischen Russland und in vielen anderen diktatorischen Ländern.« In einer Studie über die deutschen Waffengesetze nach dem Ersten Weltkrieg zeigt Halbrook, wie ab 1933 die Juden in Deutschland systematisch entwaffnet wurden.[7] Die Vorgänge in Deutschland spielten in der amerikanischen Presse damals eine große Rolle, und über die antijüdischen Pogrome 1938 berichteten amerikanische Zeitungen sehr intensiv. Eine weitverbreitete Meinung ging davon aus, dass sich die Juden gegen die Tyrannei der Nazis hätten wehren können, wenn sie bewaffnet gewesen wären. Amerikanern jedenfalls sollte so etwas niemals passieren.

In der Untersuchung des Pew Research Center über die Beziehung der Amerikaner zu ihren Waffen fällt auf, dass evangelikale Christen überdurchschnittlich häufig Waffen besitzen und auch besonders entschieden für das Recht auf Waffenbesitz eintreten. Auch das hat etwas mit der Herkunft und Geschichte dieser Gruppe zu tun, sodass Waffen zum Teil ihrer Identität wurden.

Mehrere Gruppen der ersten Siedler auf dem amerikanischen Kontinent kamen aus religiösen Gründen. Meist waren es radikale Protestanten, die wegen ihres Glaubens in Europa verfolgt und bestraft wurden. Sie sahen in den neuen amerikanischen Kolonien ihre Chance auf ein besseres Leben, denn hier wollten sie ihren Glauben frei praktizieren, ihre »leuchtenden Städte auf dem Berg« errichten. Wenn sie »Glaubensfreiheit« sagten, dann war das allerdings selten Ausdruck einer liberalen Gesinnung. Gemeint war die Freiheit vor staatlicher Einmischung in religiöse Dinge; dass umgekehrt die Kirche sich in staatliche Belange einmischt, war dagegen gewollt und rechtens. »Sie haben eine ganz bestimmte Ideologie der Freiheit und die Vorstellung, diese Freiheit mit Gewalt verteidigen zu dürfen. Darüber hinaus gab es für die Siedler einen ganz praktischen Aspekt für Waffenbesitz: Sie mussten einfach überleben, das heißt jagen und sich verteidigen können«, so Bob Tupper.

Die Nachfahren der religiösen Einwanderer hatten in der gesellschaftlichen Entwicklung Amerikas den größten Einfluss auf das, was einmal die Vereinigten Staaten und ihre Kultur werden sollte. Die meisten frühen Siedler kamen, um Geld zu verdienen und vielleicht auch wieder zu gehen. Sie dagegen wollten bleiben und eine Gesellschaft nach ihrem Bild schaffen. Sie waren es, die Schulen und Universitäten bauten, deren Lehrpläne entwickelten und Lehrer aussuchten. Sie prägten am Ende auch die Verfassung, einschließlich des Rechts auf Waffenbesitz, Waffen, die man notfalls gegen die eigene Regierung einsetzen kann, wenn sie einem die Freiheit nehmen will. »Wir haben in uns den Glaubenssatz verankert: ›Ich traue meiner Regierung nicht!‹ Und das ist es, was gerade in diesem Land eine ziemlich zentrale Rolle spielt«, so Bob Tupper.

Die amerikanische Verfassung kennt allerdings kein ausdrückliches Widerstandsrecht wie die französische oder der Artikel 20 des deutschen Grundgesetzes. Aber das Recht auf Waffen ist evangelikalen Christen in den USA wegen ihrer Einwanderungsgeschichte besonders heilig, so behaupten es die Zahlen. Wenn man das Profil von Waffenbesitzern anschaue, so Juliana Horowitz, zeigten die Daten, dass Weiße Evangelikale nicht nur für das Recht auf Waffenbesitz eintreten, sondern auch selbst häufiger eine Waffe besitzen als andere.

Karen Swallow Prior, früher Professorin an der protestantischen Liberty University, jetzt Professorin für Englisch, Christentum und Kultur am Southeastern Baptist Theological Seminary in North Carolina, sieht darin keinen Widerspruch. Ganz im Gegenteil, für sie sind Waffen ein Werkzeug, um Gottes Auftrag zu erfüllen. Diese Haltung ist innerhalb der unterschiedlichen christlichen Gemeinden hoch umstritten, die meisten berufen sich eher auf das christliche Gebot der Gewaltlosigkeit und interpretieren es als Frieden ohne Waffen. Nicht so die Evangelikalen, zu denen sich etwa ein Viertel der Amerikaner bekennt. Der Pfarrer und Buchautor Troy Newman beispielsweise sieht in einer Podiumsdiskussion keinen Widerspruch, wenn er gleichzeitig gegen Abtreibung und für Waffenbesitz kämpft. »Die Rechte kommen direkt von Gott, und das erste Recht, das uns gegeben ist, ist das Recht auf Leben. Wenn man in der Weltgeschichte herumschaut, Stalin oder Mao in China, die haben Millionen getötet. Wir müssen alle Gewalt beenden. Aber die beste Art das zu tun, ist, dass in diesem Augenblick bewaffnete Leute dieses Gebäude hier bewachen, Gewalt verhindern und für unsere Sicherheit sorgen.«[8]

Diese Haltung beschreibt eine der häufigsten Fragen im Zusammenhang mit dem Recht auf Waffen: Kann man Waffengewalt mit Waffengewalt beenden? Nach fast jedem Amoklauf an einer Schule beginnt eine Diskussion darüber, ob man Lehrer bewaffnen soll. Dafür gibt es keine Mehrheit in der Bevölkerung insgesamt,[9] aber zwei Drittel der Waffenbesitzer befürworten eine solche Initiative, während Lehrer dies mit großer Mehrheit ablehnen. Tatsächlich geht es bei solchen Vorschlägen meist darum, dass Verbrechen mit Waffengewalt nicht dazu führen, dass das Recht auf weitgehend unkontrollierten Waffenbesitz eingeschränkt wird.

Einzige Ausnahme sind sogenannte *Assault Weapons,* meist militärischen Maschinenpistolen nachempfundene halbautomatische Angriffswaffen. Hier befürwortet weit über 60 Prozent der Amerikaner ein Verbot, selbst bei den Republikanern ist es knapp die Hälfte.[10] 1994 hatte der damalige Präsident Bill Clinton ein zehnjähriges Verbot für den Verkauf solcher Waffen durchgesetzt, das 2004 automatisch auslief und nie erneuert wurde. Es gibt zahlreiche Studien zu den Effekten dieses zeitweisen Verbots: Amokläufe gingen in der Periode um 70 Prozent zurück, an der Zahl der Morde mit Schusswaffen insgesamt änderte das allerdings nichts. Grund dafür ist, dass bei Amokläufen fast immer solche Waffen zum Einsatz kamen, bei Einzeltaten jedoch nur äußerst selten. 2022 einigte sich der Kongress in Washington über die Parteigrenzen hinweg darauf, Waffenbesitz etwas stärker zu reglementieren und die Eignung von Waffenkäufern besser zu überprüfen. Vorangegangen war ein Amoklauf an einer Grundschule in Uvalde, Texas, mit 21 Toten.

Dass der Kongress hier einen Kompromiss fand, ist ungewöhnlich, denn meist scheitern Initiativen zur Waffenkontrolle im politischen Gesetzgebungsprozess an fehlenden Mehrheiten.

Der Tod durch Schusswaffen bleibt in den USA allgegenwärtig, denn vier von zehn Amerikanern geben an, dass sie jemanden kennen, der erschossen wurde. Jeder fünfte wurde schon selbst einmal mit einer Waffe bedroht.

45 222 Menschen starben 2020 durch eine Schusswaffenverletzung, die höchste Zahl, seit die Statistik geführt wird. 54 Prozent davon waren Suizide, 43 Prozent Mord oder Totschlag. Der Rest ging auf das Konto von Unfällen oder Polizeieinsätzen. Überraschen mag, dass Afroamerikaner besonders stark für das Recht auf Waffenbesitz eintreten, obwohl sie überdurchschnittlich häufig Opfer von Waffengewalt sind. Auch dies hat etwas mit der amerikanischen Geschichte zu tun, so Stephen Halbrook, mit rassistischen Waffengesetzen noch lange nach der Sklavenbefreiung, die Schwarzen den Besitz von Waffen verboten: »Irgendwann wurde anerkannt, dass auch Afroamerikaner die Rechte des zweiten Verfassungszusatzes haben sollten. Sie wollten natürlich ebenfalls Waffen besitzen dürfen, was ihnen so lange verwehrt worden war.«

Bis 1868 war es Afroamerikanern unter Strafe verboten, eine Waffe zu besitzen, und als sie die Bürgerrechte bekamen, waren es immer wieder Gesetze zur Waffenkontrolle, die Schwarzen diese Waffen aus den Händen nehmen sollten. Selbst Bill Clinton brachte noch ein Gesetz ein, das Waffen in staatlichen Sozialwohnungen verbieten sollte. Er scheiterte ausgerechnet am Widerstand von afroamerikanischen Bürgerrechtsgruppen. Ihr Argument: Über eine Million Schwarze hätten mit dem Gesetz das Recht auf Waffenbesitz verloren, nur weil sie in Sozialwohnungen lebten.

Waffen sind ein Teil des kollektiven Narrativs der USA darüber, wer man ist und was es heißt, Amerikaner zu sein. Das Land hat eine gesellschaftliche Entwicklungsgeschichte im Zeitraffer hinter sich, kurz und intensiv genug, um die bereits geschilderten prägenden Urerfahrungen bis in die Gegenwart wirken zu lassen.

Inzwischen leben in den USA weit mehr Menschen, deren Wurzeln nicht mehr in diesen Urerfahrungen gründen, als es Nachfahren der frühen Einwanderer gibt. Bis in die jüngste Gegenwart hinein spielte das keine Rolle, so Bob Tupper. Wer einwanderte, wollte werden wie die anderen, änderte Namen, politische Bindungen, manchmal sogar die Religion. »Zumindest in der eigenen Wahrnehmung ist man wie alle anderen auf der *Mayflower* ins Land gekommen«, spottet Bob Tupper. »Amerikaner sahen sich lange in der Tradition der Siedlungsgeschichte der USA und damit sich selbst als einen Teil davon. Das aber ändert sich dramatisch. Wer heute einwandert, sorgt sich darum, die eigenen Wurzeln pflegen zu können, behält Wertekanon und Sprache. Eine dramatische Flucht der jungen Generation vom Land in die Städte führt darüber hinaus dazu, dass der amerikanische Gründungsmythos, der ja so eng mit Waffen verbunden ist, nicht mehr weitergegeben und auch nicht mehr so einfach geglaubt wird.«

Als im Frühjahr 2018 17 Menschen in einer Highschool in Florida erschossen wurden, hallte nicht nur ein weiterer Aufschrei durchs Land, sondern gingen Hunderttausende Jugendliche auf die Straße und forderten: Schluss mit euren alten Geschichten! Sorgt dafür, dass Waffen von der Straße kommen und Waffenbesitz reglementiert wird! Wir wollen sicher leben! »Wir sind Zeugen für den Beginn einer Revolution. Das ist nur der Anfang. Niemand sollte glauben, das war's schon. Vor allem nicht die Politiker, die von der Waffenlobby unterstützt werden«, sagte der damals 17-jährige David Hogg, der zum eloquenten Aushängeschild der Schülerproteste wurde, bei einer Demonstration in Washington. Das Thema Waffen wurde scheinbar von einem Tag auf den anderen zum Generationenkonflikt, der gleichzeitig das Auseinanderdriften von urbanem und ländlichem Leben beschleunigt. Denn natürlich fanden die Schülerproteste in den großen Städten statt, nicht in den kleinen Gemeinden des Mittleren Westens. Ein weiteres Mal befürchtete man dort eine Bedrohung des eigenen Lebensstils. »Wenn wir neue Gesetze machen, dann geben die gesetzestreuen Leute ihre Waffen ab. Aber, wie das Wort schon sagt, wer illegal Waffen hat, schert sich nicht darum«, sagen die Verfechter des 2. Verfassungszusatzes. Auch diese kurze Protestwelle verpuffte.

»Machen wir uns nichts vor«, so Bob Tupper, »ein großer Teil der Waffendiskussion ist weniger von praktischer Bedeutung, sondern steht weit mehr symbolisch für das Misstrauen gegen die Regierung.« Und das zeige sich vor allem in Zeiten des Wandels und der Krise. Angst sei der darunterliegende Zustand. Waffen, so hatte es ja Juliana Horowitz in ihrer Studie herausgefunden, sind für ihre Besitzer ein wichtiger Teil der Identität, ein Verbot wäre ein weiteres Element in der Abstiegserfahrung, dem Verlust an gesellschaftlicher Bedeutung und Status. Jede Forderung nach schärferen Waffengesetzen verstärkt diese Ängste, führt zu Widerstand gegen den vermeintlichen Verlust der eigenen Identität.

Mobilität

Der Mythos vom Land in Bewegung

Jason und Mary kommen gerade vom Golfplatz, als wir uns in Spruce Creek, einer Siedlung mit gut 3 000 Häusern in Florida, treffen, 50 Kilometer entfernt von den weißen Stränden des Golfs von Mexiko. Er trägt karierte Golfhosen und ein helles Poloshirt, sie ebenfalls schicke bequeme Freizeitkleidung und Sneakers, die Haare modisch blondiert. Sie seien vor gut einem Jahr hierhergezogen, erzählen die beiden, hätten ihr Haus in Michigan verkauft, als sie beide Rentner wurden. Hier sei es viel wärmer und deshalb gesünder und angenehmer, weil die Arthrose in den Beinen nicht mehr so schmerzt. Außerdem wohnten die Kinder und Enkel inzwischen im Süden der USA, die könnten sie von Florida aus sehr viel schneller erreichen als mit einer langen Fahrt von Michigan. Hier besitzen sie nun einen Bungalow mit gepflegtem Garten und Doppelgarage, die Nachbarhäuser stehen ein paar Meter weg und sehen ebenso aus wie ihres.

Man fährt hier an langen Reihen von Bungalows vorbei, es wirkt wie die Muster-Vorstadt eines amerikanischen Kinofilms. Exakt geschnittene Rasenflächen, saubere Einfahrten, die Autos in der Garage. Allenfalls die Basketballkörbe über den Garagen fehlen – weil hier keine Kinder wohnen. Dafür kommt mir ein älterer Mann mit grauem Bart auf einem Mountainbike entgegen.

Ob sie ihre Nachbarn in Michigan vermissten, frage ich Jason und Mary, die Menschen, mit denen sie zuletzt in derselben Straße gewohnt und sich auch getroffen haben. Die beiden schauen sich an und sind ein bisschen verwundert über die Frage. Das seien nette Nachbarn gewesen, aber man sei vor ein paar Jahren in die Siedlung gezogen und jetzt wieder weg, so wie vorher schon mehrmals, als Jason den Job gewechselt habe. Man ziehe irgendwo hin und dann wieder weg.

Jetzt sind die beiden in Spruce Creek angekommen, einer Art von Siedlung, wie sie in den USA in den letzten 60 Jahren populär geworden ist: »Adult Community«, manchmal auch »Active Adult Community« genannt. Was euphemistisch »Gemeinschaft aktiver Erwachsener« heißt, sind Wohnanlagen für Senioren, manchmal ganze Städte wie Spruce Creek. Man muss über 55 sein, um hier ein Haus oder eine Wohnung kaufen zu können. Dafür ist alles vorhanden, was den aktiven Lebensabend angenehm machen kann, in Spruce Creek zum Beispiel ein Golfplatz mit 27 Löchern, Fitnessstudio, gute Restaurants, Bibliothek, ein Gemeinschaftszentrum mit Vorträgen und Konzerten, Schwimmbad, Grillplatz und vieles mehr. Ein Bauunternehmer hat die gesamte Siedlung errichtet und die Häuser dann einzeln an die Rentner verkauft. Jetzt gibt es eine Selbstverwaltung und gewählte Vertreter im Rat der Eigentümer, die über die Regeln des Zusammenlebens entscheiden. Dazu gehört, welche Pflanzen im Garten wachsen dürfen, ob das Auto in der Einfahrt stehen darf, welche Farben fürs Garagentor erlaubt sind. Aber auch das Zusammenleben, der Besuch von Kindern und Enkeln, ist geregelt, damit der Lärm der einen nicht die Ruhe der anderen stört, klare Regeln als Gegenmodell zum Bild des amerikanischen Individualismus.

Man fühle sich hier sehr wohl, versichern mir viele Bewohner von Spruce Creek. Man sei gleich alt und habe ähnliche Vorstellungen von harmonischem Zusammenleben, anders eben, als wenn sich unterschiedliche Generationen mit unterschiedlichen Vorstellungen von Spaß oder Ruhe den gleichen Ort teilen. Nicht jeder finde es gut, nur unter älteren Menschen zu sein, aber für sie sei es genau das Richtige. Man sei aktiv, habe auch alle Möglichkeiten und Unterhaltung. Hinter vorgehaltener Hand erzählen mir allerdings einige, dass die vielen Angebote auch Druck erzeugen. »Wenn ich ein paar Tage nicht im Fitnessstudio war, werde ich schon gefragt, ob etwas nicht in Ordnung sei und ob ich nicht mehr für meine Gesundheit tun wolle«, sagt eine Frau. Manchmal aber habe sie einfach keine Lust, Rad zu fahren und an Gewichten zu ziehen.

»Sind Sie jetzt angekommen?«, will ich von Jason und Mary wissen. War der Umzug nach Spruce Creek der letzte? »Es wäre schön«, sagen beide, »aber vielleicht müssen wir noch einmal ein paar Kilometer weiterziehen.« Spruce Creek hat nämlich keine Pflegeeinrichtungen, keine Häuser, in denen man Hilfe fürs tägliche Leben bekommen kann, wenn der Körper nicht mehr so kräftig ist und die Kategorie »Active Adult« nicht mehr zutrifft. Dann muss man wieder wegziehen, in eine ähnliche Siedlung für den nächsten Lebensabschnitt, der mehr von Arztbesuchen, Hilfe oder betreutem Wohnen geprägt ist, bis vielleicht eines Tages eine Pflegeeinrichtung notwendig wird, in die man dann einzieht.

Die Geschichte von Mary und Jason ist exemplarisch für den Lebensweg vieler Amerikaner, deren Mobilität von außen mit Be- und Verwunderung beobachtet und Teil des Narrativs geworden ist, das erklärt, warum das »Land der unbegrenzten Möglichkeiten« so erfolgreich ist. Der Mythos vom »Land in Bewegung«, vom Unterwegssein, immer dem besseren Job hinterherziehend, existiert weiter, auch wenn zuletzt die Pandemie und bereits die Jahrzehnte davor viel verändert haben.

Dieser Mythos ist stärker als die Realität. Die Zeiten jedenfalls, als – wie in den 1950er-Jahren – in jedem Jahr bis zu 20 Prozent der amerikanischen Bevölkerung umzog, sind vorbei. Auch andere Phänomene, die Mobilität als ein wichtiges Element amerikanischer Identität beschreiben, sind auf dem besten Weg, ebenfalls zum Mythos zu werden. Das Leben im Auto ist ein Teil davon, ebenso das Bild gesellschaftlicher Mobilität mit der Durchlässigkeit der sozialen Schichten.

Egal ob man von oben auf die Städte oder auf dem Boden stehend in die Landschaft blickt, immer sind es Bilder von Mobilität, die das Image Amerikas prägen, Luftbilder von mehrstöckigen gigantischen Autobahnkreuzen ebenso wie einsame Wüstenlandschaften, die meist eine Straße im Zentrum haben, um ein Gefühl für die Größe und Weite zu vermitteln. Sie sagen aber auch, dass es im Leben vor allem darum geht, von A nach B zu kommen, sei es zur Arbeit oder auf einer Urlaubsreise. Die USA sind stolz auf ihre Verkehrsinfrastruktur, auch wenn sie in die Jahre gekommen ist. »Amerika ist nur Amerika, weil es in Bewegung ist«, gehört zu den Glaubenssätzen dieses Landes.

Die Geschichte der Vereinigten Staaten hat als Geschichte einer Bewegung begonnen. Die ersten europäischen Siedler ebenso wie die Hunderttausende auf den Transatlantikdampfern im 19. und zu Beginn des 20. Jahrhunderts machten sich auf den Weg in ein neues Leben. Die einen wollten irgendwo weg, weil ihre Lebensbedingungen unerträglich geworden waren, sie nach Missernten Hunger plagte oder sie wegen ihrer religiösen Überzeugungen verfolgt wurden. Andere kamen, um schnell Geld zu verdienen, dann wieder nach Hause zu gehen oder zu bleiben, weil sie ein neues Leben mit neuen Möglichkeiten beginnen wollten. Schließlich standen bei der Ankunft der Schiffe eine Menge Menschen an der Reling, die einfach nur mal dieses sagenhafte Land sehen wollten, die nach Abenteuern suchten, etwas machen und erleben wollten, was noch niemand vorher getan hatte. Schließlich, und das prägt das Land mit all seinen inneren Konflikten bis heute, kamen Millionen gegen ihren Willen aus Afrika, um als Sklaven verkauft zu werden und für die europäischen Einwanderer auf deren Plantagen zu schuften.

Abgesehen von den Sklaven, denen man ein schreckliches Schicksal aufzwang, setzte sich die Bevölkerung der jungen Nation USA aus Menschen zusammen, die ihr Leben in die eigene Hand nahmen. Bei aller Unterschiedlichkeit ihrer Herkunft aus England, Irland, Frankreich, Spanien, Portugal, den deutschen Ländern, Italien, später aus Asien und Afrika, eines verband die eingewanderten Menschen miteinander: Sie ließen sich nicht treiben, sondern bestimmten über sich selbst, entschieden sich im Zweifel bewusst für die Migration. Diesen Charakterzug vererbten die irgendwo auf der Welt Geborenen an ihre Kinder, und die wiederum an ihre. Nirgendwo in Europa kam es so früh zu einer republikanischen Revolution und einer eigenen Idee davon, wie man zukünftig leben will, davon, was Freiheit heißt und wie man sie erkämpft.

Mut und Risikobereitschaft bilden sich einerseits durch Sozialisation und sind andererseits genetisch vererbt, wie moderne Genforschung beweist.[1] Das Ergebnis ist, dass der Bevölkerungspool der Vereinigten Staaten während der Phase von Masseneinwanderung und Besiedlung vor allem aus Menschen bestand, in deren Charakter die Merkmale Bewegung und Eigeninitiative überwiegen. Das mochte sich über Generationen hinweg in den USA geborener und risikoarmer Einwanderung verlieren und die berühmten »Couch Potatoes« hervorbringen, aber über lange Zeit machte es den Unterschied zwischen den USA und Europa aus. Natürlich ist das holzschnittartig, aber wenn man den Gedanken für einen Augenblick zulässt, findet sich auf der westlichen Seite des Atlantiks das Volk der Mutigen und Risikofreudigen, unruhig und immer in Bewegung, immer auf der Suche nach der neuen Möglichkeit. Auf der Ostseite leben eher Menschen, die mit ihrer Heimat verbunden, an Kontinuität interessiert, vielleicht die entscheidende Spur mutloser, weniger unruhig sind.

Die These lässt die europäischen Revolutionen und mächtige gesellschaftliche Veränderungen, die unter Mühen erkämpft wurden, außer Acht, aber sie gibt einen Hinweis, einen Mosaikstein für die Erklärung, warum Amerika bis heute so viel schneller, so viel beweglicher, so viel innovativer und risikobereiter ist als das europäische Gegenüber. An der den Amerikanern nachgesagten Haltung, dass Scheitern zum Erfolg gehört und im Ansehen keinen Makel hinterlässt, ist sehr vieles wahr. Aufbruch, es einfach mal zu probieren, die Kultur des wieder Aufstehens prägt die amerikanische Identität, nicht die europäische. Der Weg von der sprichwörtlichen Garagenwerkstatt zum multinationalen Softwarekonzern ist nur ein Beispiel von Tausenden ähnlichen Geschichten, die wir mit staunenden Augen von Europa aus vernehmen.

Ein anderes Beispiel für »Bewegung« als Teil der Lebenswirklichkeit ist der Blick auf die Börsen in den USA einerseits und

London, Paris, Frankfurt und anderswo andererseits. Die Zahl der Unternehmen, die den Dow Jones ausmachen und vor 30 Jahren noch nicht gegründet waren, ist erheblich größer als beispielsweise im Dax. Von den 30 Unternehmen des Original Dax aus dem Jahr 1988 sind 36 Jahre später noch 13 dabei, beim Dow Jones sind es im gleichen Zeitraum noch sieben.[2] Große Namen wie AT&T, Bethlehem Steel, Kodak, Exxon, General Electric, General Motors, Philip Morris, Sears oder Westinghouse mussten gehen, kein einziger Autohersteller ist mehr in der Bundesliga der aktiennotierten Unternehmen. Dafür stehen jetzt so Großgewichte aus einer anderen, der digitalen Welt an der Spitze: Apple, Microsoft, Walt Disney und andere. In Deutschland prägt ebenfalls die digitale Entwicklung den Markt, aber es sind auch noch fünf Automobilhersteller im Dax, Repräsentanten einer alten Welt.

»Im vergangenen Winter hat sich hier ein verrücktes Fieber breitgemacht. Es ist das ›Oregon-Fieber‹, scheint ansteckend zu sein und greift schrecklich um sich. Nichts scheint es zu heilen, nur alles abzureißen und mit einem Ochsengespann auf eine sechsmonatige Reise über die große Ebene zum Pazifischen Ozean aufzubrechen, hilft dagegen«, so Keturah Belnap im Mai 1847 in ihrem Tagebuch.[3] Die 27-jährige junge Frau lebte mit ihrem Mann und vier Kindern, von denen drei bald starben, in Iowa. Die Belnaps waren fromme Methodisten, nur acht Jahre vorher hierhergezogen, als man billig Land bekommen konnte. Sie haben sich mit harter Arbeit auf ihrer Farm ein gutes Auskommen erarbeitet, ein vergleichsweise bequemes Haus bauen können. Die Kirchengemeinde traf sich immer wieder bei ihnen, sie waren bestens integriert. Und doch war die Familie ein Jahr später selbst mit einem »Covered Wagon« unterwegs nach Oregon, quer durch das kaum erschlossene Land, über die Rocky Mountains hin zu einem vermeintlichen Paradies. »Es ist März und wir haben alles zusammen und in gutem Zustand: drei gute Ochsengespanne und einen guten Wagen. Die Organisatoren des Trecks haben alles so vorbereitet, dass es am 10. April losgehen kann. Ich werde wohl den Wagen beladen, George übt mit den Ochsen. Ich möchte meine lieben Freunde nicht zurücklassen, aber alle sagen, dass es das Beste für uns sei. So bin ich ganz ungeduldig, loszukommen«,[4] schreibt die mutige Frau. Das ganze Jahr hat sich die Familie vorbereitet, den Wagen gebaut, das Verdeck gewebt, stabile Säcke für Lebensmittel und Material genäht. Das Haus ist verkauft, schon Monate vorher haben sie sich von den Eltern in Ohio verabschiedet, ohne ihnen zu sagen, was man vorhat: »Ich wusste, dass es unser letzter Besuch sein würde, ob ich überlebe oder auch nicht. Aber ich habe diese Gedanken in meiner Brust begraben und ihnen nicht erzählt, dass sie zu Hause schon alles vorbereiten, um die große Ebene zu überqueren.«[5]

Wenn man heute St. Louis im US-Bundesstaat Missouri besucht, fällt einem mitten in der Stadt am Mississippi River ein riesiger, silberfarbener Bogen ins Auge, 192 Meter hoch, 192 Meter breit: der Gateway Arch. Innen fährt man mit einer Bahn in vier Minuten an die Spitze. Dort öffnet sich der Blick auf die Weite des Landes, man kann bis zum Horizont über die große Ebene des Mittleren Westens schauen. Der Gateway Arch ist das höchste Denkmal in den Vereinigten Staaten und erinnert an den großen Treck nach Westen, als sich zwischen 1829 und 1870 wahrscheinlich mehr als eine halbe Million Menschen, so wie die Belnaps, auf den Weg machen, um im Westen ein neues Leben zu beginnen. Die Größe des Gateway Arch ist angemessen, denn kaum etwas hat die USA mehr verändert und seine Identität geprägt wie die westliche Ausdehnung über den Missouri River hinaus, der nur ein paar Kilometer nördlich von St. Louis in den Mississippi mündet.

In der kleinen Hafenstadt Independence im US-Bundesstaat Missouri begann der Oregon Trail, 3200 Kilometer über Prärien und die Rocky Mountains bis nach Oregon, das damals noch zu England gehörte. Unterwegs teilte er sich, führte zum Beispiel als Mormon Trail ins heutige Utah, dem vor allem die Anhänger der in den 1820er-Jahren gegründeten religiösen Gruppe der »Kirche Jesu Christi der Heiligen der Letzten Tage« folgten, die man bis heute Mormonen nennt. Manche kamen irgendwo unterwegs an einen Ort, an dem sie die Reise beendeten, sich ein Stück Land nahmen und versuchten, dort eine Existenz aufzubauen. Andere zogen auf dem California Trail weiter nach Kalifornien, ab 1849, dem ersten Jahr des Goldrauschs auf der Suche nach schnellem Reichtum. Wieder andere nahmen von Anfang an eine parallele Route vom Missouri River aus auf dem Santa Fe Trail nach Santa Fe im heutigen New Mexico. Dort endete damals auch der El Camino Real, ein Weg für Siedler aus Mexiko, der nordwärts durch die Wüste ins Tal des Rio Grande führte.

Auch im Süden des Kontinents begannen die Menschen auszuwandern, Nachkommen spanischer Siedler in Mexiko, häufig Mischlinge mit indigener und spanischer Abstammung, zogen nach Norden, um ebenfalls ein neues Leben zu beginnen. Manche wurden von der Hoffnung auf Reichtum getrieben, meist aber reichte schon die Aussicht auf ein eigenes Stück Land, die die Menschen aufbrechen ließ. Die Nation war in Bewegung gekommen, hatte sich auf einen Eroberungszug gemacht, ohne dass man das damals so nannte.

Es gibt nur Schätzungen, aber wahrscheinlich etwa 50 000 Menschen erreichten ihr Ziel nicht, sondern starben unterwegs. Im Hollywoodkino über die Westwanderungen sind es meist Indianerstämme, die die Siedler unterwegs angreifen, um sie aufzuhalten, Siedler und Ureinwohner starben im Kugel- und Pfeilhagel. Die Realität ist profaner, in Wahrheit nämlich gingen die meisten Siedler an verschmutztem Flusswasser zugrunde, erkrankten an Typhus und Cholera, litten an Unterkühlung, wenn sie in Schneestürme gerieten, manche verhungerten oder verdursteten, weil sie unerfahrenen Anführern vertrauten, die sie auf vermeintliche Abkürzungen führten. Schließlich waren Unfälle eine häufige Todesursache, wenn Kinder vom Wagen stürzten und überrollt wurden, die mitgeführten Rinder plötzlich anfingen zu rennen, Menschen beim Überqueren von Flüssen ertranken. Die Native Americans aber tolerierten zumindest in den ersten Jahren die Wagenkolonnen, es wurde viel gehandelt, was den »Pioneers« half, die Reise zu überleben. Es gab Kämpfe und Überfälle, aber in der Statistik der Todesopfer auf der Reise spielte das nur eine untergeordnete Rolle.[6]

Der Treck nach Westen gehört zum großen Gründungsmythos der USA und prägt bis heute die Vorstellung davon, was die Vereinigten Staaten als Nation ausmacht. Der erfolgreiche Überlebenskampf und die Werte Disziplin, Durchhaltevermögen, Zusammenhalt und Eigenverantwortung wurden in der Selbsterzählung mit diesen Jahren der inneramerikanischen Migration verknüpft.[7]

Es waren nicht die Armen oder Gescheiterten, die ihre Sachen packten und mit Ochsengespann und Planwagen nach Westen zogen. Die Reise war teuer, weil fast alles mitgenommen werden musste, was man unterwegs und vor allem für den Start am Zielort benötigte. 800 bis 1200 Dollar kostete in den 1840er-Jahren die durchschnittliche Ausstattung für den Treck nach Westen. Nach heutigem Geld sind das etwa 40 000 US-Dollar[8], eine Summe, die sich nur leisten konnte, wer vorher in der Lage war, zu sparen und Geld zurückzulegen. Unterwegs konnten sie gelegentlich Waren in Trading Posts kaufen, die schon bald entlang der Trails entstanden, oder mit den Ureinwohnern handeln. Die Preise für Lebensmittel oder Ausrüstung waren allerdings so hoch, dass dies ein wiederkehrendes Thema in Tagebüchern war: »Unser bedauernswerter Verband hatte nichts als Wasser zum Abendessen, dazu ein paar Kekse und Milch. Auf einer Ranch gab es Fleisch, Kartoffeln und Kürbis zu skandalösen Preisen zu kaufen, 50 Cent für ein Pfund Kartoffeln, zwei Dollar für einen kleinen Kürbis. Sie wollen uns Immigranten betrügen und verhungern lassen. Aber wir werden nichts von ihnen kaufen, wir halten unser Geld zusammen und leben eine Weile von Speck«, schrieb Julius Merrill 1864 in einem Brief nach Hause.[9]

Solche Berichte unterstreichen, dass der Blick auf die nächste Businessidee oder die Chance auf ein großes Geschäft auch die Pioniere auf dem Weg nach Westen begleitet. Die Siedler zogen mit ihren Wagentrecks immer wieder entlang alter Handelspfade und trafen auf die Trading Posts der Fallensteller, Pelzhändler und

Native Americans. Der Pelzhandel verlor in der Mitte des 19. Jahrhunderts zunehmend an Bedeutung, die Siedler aber ersetzten als neue Kunden das nachlassende Geschäft mit Biberpelzen und Büffelfellen.[10] Sie brauchten alles, Ersatzteile für ihre Wagen, Töpfe und Pfannen, Lebensmittel, Baumaterialien wie Nägel und hatten meist auch die Mittel, dafür zu bezahlen. Hufschmiede reparierten die Eisenteile der Planwagen, an vielen Flüssen entstanden Fähranleger, wo man gegen Geld übersetzen konnte. Etliche Siedler beendeten ihre Reise an solchen Handelsposten, weil sie selbst Dienstleistungen anbieten konnten, die ihnen das bessere Geschäft versprachen. Aus den kleinen Trading Posts wurden Siedlungen, später manchmal Städte. Auf dem Trail bestätigte sich, was vor allem beim Goldrausch sichtbar wurde: Reich wurden nicht die Siedler oder Goldsucher, sondern diejenigen, die ihnen Schaufeln und Zelte verkauften.

Das Militär zog nach, baute Forts mit bis heute wohlklingenden Namen wie Fort Childs, Fort Kearny, Fort Laramie, Fort William, Fort Bridger und andere mehr. Der Staat mit der Regierung in Washington fühlte sich verantwortlich für die neuen Einwohner im Westen des Staatsgebiets, das noch keine Infrastruktur besaß, noch nicht in den staatlichen Verbund integriert war.

Was löste dieses »Oregon Fieber« aus? Wie kam es, dass ganz plötzlich Hunderttausende gleichzeitig von dem Drang ergriffen wurden, ihre Sachen zu packen und nach Westen zu ziehen? Es gibt einige deutliche ökonomische Aspekte, die das erklären. Das Land östlich der Appalachen war längst verteilt, auch in den neuen Bundesstaaten auf deren Westseite wurde es immer enger. Etwa sieben Millionen Menschen lebten 1840 bereits zwischen dem Bergrücken und dem Mississippi, das waren damals 40 Prozent der amerikanischen Bevölkerung. Was heute nach sehr wenig klingt, wurde damals als große Enge empfunden. Die Felder waren teilweise ausgelaugt, Wachstum war in der Agrargesellschaft kaum möglich. Soziale Konflikte verschärften sich, die Auseinandersetzung um die Abschaffung oder den Erhalt der Sklaverei hatte längst eine Intensität erreicht, die das Land in einen ideologischen Kulturkampf zog. Der spätere Bürgerkrieg zeichnete sich bereits ab.

Gleichzeitig hatte der Kauf eines riesigen Teils des nordamerikanischen Kontinents von Frankreich die Fläche der USA mehr als verdoppelt. Präsident Thomas Jefferson hatte mit dem mit Napoleon ausgehandelten »Louisiana Purchase« 1805 schon die Ausdehnung des Staatsgebiets im Blick. Das neue Land reichte vom heutigen Louisiana mit New Orleans am Mississippi wie ein Trichter bis zum heutigen Montana an der Grenze zu Kanada, der eine gewaltige Sogwirkung auf die Menschen ausübte.

Dort lebten außer ein paar europäischen Siedlern, Fallenstellern und Abenteurern vor allem die großen Stämme der amerikanischen Ureinwohner. Aus europäischer Sicht aber war es ein leeres Land, ein Vakuum, das gefüllt sein wollte und gute Chancen auf mehr Wohlstand bot. 130 Hektar Land durften sich die Siedler abstecken und für einen minimalen Preis vom Staat kaufen, doppelt so viel, wie ein durchschnittlicher Bauernhof in Deutschland heute bewirtschaftet. Ehepaare bekamen bis zu 260 Hektar Land, von denen sie zunächst nur ein kleines Stück nutzten, ein Haus bauten, Gemüse und Getreide anpflanzten, ein paar Tiere hielten. In den späteren sogenannten Indianerkriegen sicherte die Armee das Land zudem für die europäischen Siedler, indem die Ureinwohner getötet oder in Reservate umgesiedelt wurden.

Es war für viele ein hartes Leben, das sie gewählt hatten, vor allem in den trockenen Prärieebenen ohne Bäume war Landwirtschaft nur mit größter Mühe möglich. Es gab keine staatlichen Institutionen, die sie schützen konnten, Überfälle waren an der Tagesordnung. Und doch betonten die Siedler immer wieder ihre Unabhängigkeit, sprachen von Freiheit, die ihr neues Leben bedeutete, die Chance auf Wohlstand, die sie nicht verpassen wollten.

Hinzu kam ein Begriff, der zutiefst das Denken und die Identität vieler Amerikaner dieser Zeit spiegelt: »Manifest Destiny«, der von Gott gegebene Auftrag, sich über den ganzen Kontinent auszubreiten. Den Begriff geprägt zu haben, wird dem Journalisten

John L. O'Sullivan zugeschrieben. »Diese Nation aus vielen Nationen ist dazu bestimmt, der Menschheit die Perfektion der göttlichen Prinzipien zu vermitteln«, schrieb er 1839.[11] Diese Prinzipien sind die der Freiheit und der Menschenrechte, die demokratischen Grundsätze der jungen Nation. O'Sullivan traf mit seinem Appell den Nerv eines großen Teils der Bevölkerung, die dem Gedanken gern folgte, dass sie selbst Teil eines großen göttlichen Plans sei und den Auftrag habe, diesen zu verwirklichen. Großen Einfluss gewann O'Sullivan, als er forderte, das zu Mexiko gehörende Texas und das englische Oregon zu annektieren: »Dieser Anspruch entsteht aus dem Recht unseres vorherbestimmten Schicksals, den gesamten Kontinent zu besiedeln und zu besitzen, den uns die Vorhersehung für das große Experiment von Freiheit und geteilter Selbstregierung anvertraut hat.«[12] Dazu gehöre auch, »die freie Entwicklung unserer sich jährlich vervielfältigenden Millionen zu sichern«.

In diesem Anspruch kamen mehrere Vorstellungen zusammen, die die Identität der unabhängig gewordenen Republik ausmachten. Da war die Überzeugung der religiös motivierten Einwanderer, einen göttlichen Auftrag zu haben und ihren Glauben und ihre Religion zu verbreiten. Amerika galt als das ihnen zugewiesene Land, um beispielhaft aufzubauen, was auf die ganze Welt ausstrahlen sollte. Damit knüpfte die Besiedlung des Westens an die Landung der Puritaner in den USA an und schuf eine Verbindung zu John Winthrops berühmter Predigt von der »Stadt auf dem Berg, deren Licht als Beispiel in die ganze Welt scheint«.

Vom Anspruch her unterschied sich diese Haltung nicht wesentlich von der, die demokratischen Prinzipien der Revolution und der Verfassung zu verbreiten. Die Auffassung von Amerika als einem Experimentierfeld für die Verwirklichung der Menschenrechte, der persönlichen Freiheit und einer vom Volk gewählten und kontrollierten Regierung hat durchaus den Charakter eines höheren Auftrags. »Manifest Destiny« wurde zum Begriff eines romantisch verklärten Nationalismus und der Überzeugung, dass einerseits mit der Westausdehnung die von Gott herausgehobene Stellung Amerikas verwirklicht werde. Andererseits werde der Teil der Welt ausgedehnt, in dem Freiheit herrscht: Die USA als Vorbild für die Welt, das war Auftrag und Verpflichtung zugleich.

Daraus leiteten sich zunächst die von O'Sullivan beschriebenen Rechte als Teil der Vorsehung ab und gaben der Besiedlung eine übergeordnete Legitimation. Die wiederum rechtfertigte die Gewalt gegen die Stämme der Native Americans, so wie es schon bei der ursprünglichen Besiedlung der Ostküste Amerikas der Fall war.

Nicht alle hielten die schnelle und weitgehend unkontrollierte Ausdehnung nach Westen für gut. Vor allem die »Whigs«, die Vorläuferpartei der Republikaner mit so prominenten Vertretern wie Abraham Lincoln, bezeichneten die Wagentrecks als strategischen Fehler, um die Vereinigten Staaten zu stärken. Sie setzten darauf, das Land systematisch zu industrialisieren, Wirtschaftsstrukturen aufzubauen, über Handel die Bedeutung und Machtstellung der Nation in der Welt zu festigen. Die Ausdehnung nach Westen erfolge dann automatisch, langsam und geordnet, so ihre These. Ihre Sorge war, dass sich die sozialen Probleme und der gesellschaftliche Kulturkampf dieser Zeit auf die neuen Gebiete ausdehnt, bevor man sie befrieden kann. Diese Einschätzung sollte sich als zutreffend erweisen, denn die Frage, ob in den neuen Territorien und späteren Bundesstaaten Sklaverei erlaubt sein sollte oder nicht, riss das Land ein weiteres Mal auseinander und trieb es auf den Bürgerkrieg zu.

Nicht wenige Kritiker warfen den Siedlern und Förderern der Westbesiedlung vor, mit »Manifest Destiny« einen populistischen ideologischen Überbau kreiert zu haben, um ihre individuellen Interessen durchzusetzen und sich persönlich zu bereichern. Darüber hinaus zeigte der britische Historiker Reginald Horsman, dass Rassismus ein wesentlicher Teil der Ideologie von »Manifest Destiny« war: »Die schwächeren Rassen sind danach zu einem dienenden Status oder zur Ausrottung verdammt«,[13] stellte er fest. Damit rechtfertige diese Ideologie die Versklavung der Schwarzen und die mögliche Vernichtung der Native Americans im Zuge der Westbesiedlung. Die sogenannten Indianerkriege unterstrichen die Folgen, ebenso die Regelung, dass das Recht auf Landnahme auf Weiße Männer beschränkt war, es sei denn, sie waren verheiratet, dann bekam auch die Frau ihren Anteil. Afroamerikaner, die ebenfalls nach dem Bürgerkrieg nach Westen zogen, um der Umgebung ihrer Versklavung zu entkommen, hatten dieses Recht ebenso wenig wie alleinstehende Frauen.

Die Besiedlung des Westens erfolgte schon vor dem Bürgerkrieg auf zunehmend geordnete Weise, der Bau der Eisenbahn machte lange Fußmärsche überflüssig, ermöglichte organisierten Handel und förderte die Industrialisierung. Sich ein Stück Land abzustecken, blieb noch einige Jahre möglich, staatliche Institutionen breiteten sich aus, neue Bundesstaaten entstanden und wurden Teil der Union.

Was bleibt, ist der Mythos vom langen, beschwerlichen Treck nach Westen, vom Mut der Pioniere, die den Grundstock dafür legten, was das Land heute ist. Sie stehen bis heute, auch wenn das in den romantisierenden Darstellungen amerikanischer Geschichte selten ausgeführt wird, für das Elitedenken europäischer Siedler, die sich als auserwähltes Volk begreifen, ein Status, den sie nicht teilen wollen.

Was bleibt, ist auch die Leichtigkeit, mit der Amerikaner in den darauffolgenden Jahrzehnten immer wieder ihr Leben in die Hand nehmen und einfach umziehen, wenn sich zum Beispiel eine Chance für beruflichen Aufstieg bietet. Immer beweglich sein, Veränderung gestalten, Häuser kaufen und wieder verkaufen, all das beschreiben Amerikaner als Teil dessen, was Amerikaner-Sein ausmacht.

»Die Amerikaner sind ein Volk von Nomaden«, titelte 1998 die Tageszeitung *Die Welt*[14]. Der Autor zeichnete ein Bild der Vereinigten Staaten als Land der Menschen im Aufbruch, immer auf der Suche nach der neuen Chance, dem besseren Arbeitsplatz, dem sozialen Aufstieg an einem anderen Ort: »Die große Mobilität der Bevölkerung wird oft als einer der Gründe für die erfolgreiche Entwicklung der amerikanischen Industriegesellschaft und die relativ geringe Arbeitslosigkeit betrachtet. Tatsächlich machte schon im frühen 19. Jahrhundert der französische Beobachter Alexis de Tocqueville Bekanntschaft mit diesem Phänomen, das er in seinem Standardwerk *Über die Demokratie in Amerika* beschrieb: ›In den Vereinigten Staaten baut ein Mann ein Haus, in dem er seine alten Tage verbringen will, und er verkauft es wieder, noch ehe es ein Dach hat.‹« Das blieb bis zur Mitte des 20. Jahrhunderts so; machte eine Fabrik zu, packten die Arbeitenden ihre Sachen und zogen dorthin, wo es Arbeit gab. Der Hobo wurde zum idealisierten Mythos, Geschichten wie die des Sängers und Gewerkschaftsaktivisten Joe Hill wurden Teil der kulturellen Auseinandersetzung in Büchern, Filmen oder Musik. Soweit Realität und Überlieferung. Der Artikel verwies aber schon 1998 darauf, dass damals jüngste Zensusdaten als überraschende Entwicklung zeigten, dass die Amerikaner immer weniger umziehen.

Das erste Viertel dieses Jahrhunderts zeigt nun, dass das Volk der amerikanischen Nomaden sesshaft wird. Anders als ihre Eltern und Großeltern der 1950er-Jahre scheinen die Amerikaner gegenwärtig keine Nachfahren der Pioniere auf dem Treck nach Westen mehr sein zu wollen oder zu können. Unterwegs und in Bewegung zu sein, ist anscheinend nicht länger ein Wert an sich und prägt weitaus weniger die Identität als bei den Generationen zuvor.

»For Sale«, zu verkaufen, steht auf den bunten Holzschildern, die in den Vorgärten der Vorortsiedlungen stehen oder mit einem antik wirkenden Ständer an die Treppenaufgänge der Stadthäuser geschraubt sind. Es sind viele dieser Schilder, immer noch, auch wenn die Zahl zurückgeht und der Markt wie leer gefegt scheint. »8,4 Prozent der Amerikaner lebten 2021 in einer anderen Wohnung als im Jahr zuvor«,[15] schreibt das Zensusbüro der US-Regierung, das das Leben der Amerikaner in Statistiken fasst. So wenige waren es noch nie, seit die Behörde 1948 damit begonnen hat, diese Zahlen zu erfassen. Der Höhepunkt der Wanderbewegung im Land war 1950 erreicht, als in einem Jahr jeder fünfte Haushalt der USA umzog. Die geringe Zahl von 2021 ist nur zum Teil auf die Pandemie zurückzuführen, denn schon 2019, dem letzten Jahr vor Corona, zogen nur 9,8 Prozent der Amerikaner um. Der Abwärtstrend ist seit den 1980er-Jahren zu beobachten und zeigte 2009 einen regelrechten Knick während der durch die Immobilienkrise ausgelösten Rezession.

Wenn Amerikaner in den vergangenen Jahren umgezogen sind, dann folgten sie damit ebenfalls nicht ihren mobilen Vorfahren, die Tausende Kilometer hinter sich brachten, um neu anzufangen. Die Amerikaner der 2020er-Jahre bleiben in der Nähe, wenn sie eine neue Wohnung oder einen neuen Job suchen. Rund 60 Prozent der jungen Erwachsenen bewegen sich keine 20 Kilometer von zu Hause weg, wenn sie ausziehen, 80 Prozent bleiben in einem Radius von 160 Kilometern.

Gründe für diese Entwicklung lassen sich viele aufzeigen. In den 1960er-Jahren arbeitete nur jede dritte Frau, die in einer Familie lebte, heute erarbeiten in mehr als der Hälfte der Familien Männer und Frauen gemeinsam das Familieneinkommen. Einer Chance auf besseren Verdienst zu folgen und umzuziehen bedeutet dann, für beide Partner einen neuen Job zu suchen und zu finden. Drei wichtige finanzielle Faktoren lassen vor allem Familien standortfest bleiben: Die Kinderbetreuung kostet schnell 10 000 Dollar im Jahr, in den Städten auch mehr. Das bedeutet, dass eine Familie mit mittlerem Einkommen mehr als 15 Prozent des Einkommens für Kinderbetreuung ausgibt, eine Alleinerziehende rund 35 Prozent.[16] Da ist es hilfreich, wenn Eltern in der Nähe sind und einspringen. Auf der anderen Seite übersteigen die Kosten für die Pflege der Eltern oftmals die eigenen Möglichkeiten. 100 000 Dollar im Jahr für einen Pflegeheimplatz sind keine Seltenheit, mit der Folge, dass die Nachkommen in der Nähe bleiben und auch diese Aufgabe selbst übernehmen. 60 Millionen Amerikaner leben deshalb heute mit mehreren Generationen in einem Haushalt. Das sind vier Mal so viele wie 1970, gemessen an der Bevölkerung hat sich die Zahl verdoppelt.[17]

Wohnen ist teuer in den USA, Wohnungen sind rar. Einem besseren Job nachzuziehen lohnt sich nur noch, wenn der wesentlich besser bezahlt ist, damit die höheren Lebenshaltungskosten den Zugewinn nicht auffressen. Die Folge ist, dass Menschen einen neuen Job nicht in einem Landkreis oder Bundesstaat suchen, in dem die Lebensverhältnisse besser sind als im eigenen, im Gegenteil. Wohnt jemand in einem Landkreis, der zum Fünftel mit den schlechtesten wirtschaftlichen Aussichten des Landes gehört, dann wird er, so die Annahme, zunächst einmal dort Ausschau halten, wo die Lage besser und aussichtsreicher ist, wo mehr bezahlt wird, die medizinische Versorgung besser ist und kulturelle Angebote attraktiv sind. Die Wahrscheinlichkeit jedoch ist klein, dass diese Frau oder dieser Mann sagt: »Ich mache es wie die Pioniere, ziehe dort hin und schaue, dass ich etwas daraus mache.« Mehr als die Hälfte zieht am Ende in einen Landkreis, der genauso schlecht oder nur minimal besser aufgestellt ist, wo es vielleicht einen neuen Job, aber keine besseren Lebensbedingungen gibt.[18] Die Kosten für den Neustart verbieten jede andere Entscheidung. Wer dagegen aus einem der besseren Landkreise umzieht, sucht einen, der mindestens genauso vital ist, und fast zwei Drittel schaffen das auch. Den gleichen Zusammenhang fanden die Forscher beim Einkommen der Eltern: Je niedriger das ist, desto unwahrscheinlicher ist es, dass die Kinder Arbeit in besserer Umgebung suchen. Mobilität aber war immer ein Teil des amerikanischen Versprechens darauf, dass es jeder schaffen kann, wenn nicht hier, dann am nächsten Ort. Dieses Wohlstandsversprechen existiert zwar weiter, kann aber zunehmend nicht mehr von denen realisiert werden, die am dringendsten darauf angewiesen sind.

Das sei eine wichtige und für die Zukunft der USA entscheidende Veränderung, sagen die Autoren: »Der Zuzug von Menschen aus herumkrebsenden in vitale Landkreise sollte ein wichtiger Mechanismus sein, die Vereinigten Staaten zu einem gemeinsamen Markt mit vergleichbaren ökonomischen Möglichkeiten zu verwandeln. Ein solcher Prozess stärkt die Produktivität und den Gehaltszuwachs.« Das aber findet nicht mehr statt. Die ins Unerschwingliche steigenden Lebenshaltungskosten in den lebendigen Regionen mit großen Arbeitgebern und hohen Gehältern sorgen gleichzeitig dafür, dass es sich Menschen mit einfacher Ausbildung und einfachen Jobs nicht mehr leisten können, dort zu leben. Sie entscheiden sich für einen Umzug nach unten, in ein schlechteres Umfeld, das sie sich aber leisten können, weil vor allem die Wohnungen günstiger sind.

Michael Hüther, Direktor des Instituts der deutschen Wirtschaft, sieht in dieser Entwicklung die Gefahr, dass die ökonomische Segregation des Landes zunimmt und sich die Spaltung des Landes hinsichtlich Lebensführung, Qualifikation und soziale Perspektive weiter vertieft.[19]

Eine signifikante Bewegung aber ist ebenso deutlich sichtbar: Weg vom Land, rein in die Städte oder die Vororte. Die Bevölkerung der Vereinigten Staaten ist von 2010 bis 2020 um 7,4 Prozent gewachsen. So wenige waren es nur während der großen Depression in den 1930er-Jahren. Diese knapp 23 Millionen neuen Einwohner wandern in die Metropolregionen ein, von denen über 80 Prozent gewachsen sind. Vor allem die großen Vorstädte ziehen die Menschen an, weil immer mehr Jobs aus den Kernstädten in die Speckgürtel verlagert werden.[20] Auf dem Land aber kann weniger als die Hälfte der Landkreise auch nur einen einzigen Einwohner mehr verzeichnen, die meisten schrumpfen sogar. Das setzt einen Teufelskreis in Gang. Unternehmen mit gut bezahlten Jobs ziehen aus den Kleinstädten in die Nähe der Metropolen, die abgebende Kommune hat weniger Budget zur Verfügung, kulturelle Einrichtungen schließen, junge Menschen ziehen weg, Schulen müssen schließen. Die Chance, durch Bildung Anschluss an den Arbeitsmarkt zu finden, sinkt, mögliche Investoren bleiben fern, weil sie kein qualifiziertes Personal finden.

Auf dem Land leben in den USA heute ziemlich genauso viele Menschen wie 1960, die Zahl der Stadtbewohner aber hat sich mehr als verdoppelt.[21] Den höchsten Zuzug haben dort wiederum die weniger lebendigen und gute Perspektiven bietenden Stadtteile. Wer vom Land in die Stadt zieht, muss auch hier nehmen, was erschwinglich ist. Entsprechend wandert die Armut in den Vereinigten Staaten: 1970 lebten die meisten Armen auf dem Land, nämlich acht Millionen, in etwa so viele wie heute.[22] Heute konzentrieren sich diejenigen, die nicht genug zum Leben verdienen, in den Vorstädten, nämlich 16 Millionen, und in den Innenstädten, rund 13 Millionen. Trotzdem ist die Armutsrate in den Vorstädten mit 11 Prozent am niedrigsten, in den Städten mit über 19 Prozent am höchsten. Auf dem Land aber bleiben die Chancen auf gutes Einkommen weiter schlecht, und über 17 Prozent sind dort arm.[23]

Zum Mobilitätsmythos der US-Gesellschaft gehört seit jeher auch das Wohlstandsversprechen durch soziale Durchlässigkeit. »Arbeite hart, dann steigst du auch auf«, ist ein Glaubenssatz, der mit der Vorstellung vom »Land der unbegrenzten Möglichkeiten« einhergeht. Der Mythos vom Tellerwäscher, der es zum Millionär schafft, wird weiter zitiert, auch wenn die Realität ihn längst Lügen straft. Damit wollen sich die USA von der traditionellen sozialen Ordnung Europas abheben, in der Herkunft und Stand über die Zukunft eines jungen Menschen entscheiden. Doch die Durchlässigkeit der amerikanischen Gesellschaft hat in den letzten Jahrzehnten kontinuierlich abgenommen, die Chance z.B. durch Bildung aus der Schicht der untersten 20 Prozent in die der obersten 20 Prozent aufzusteigen, ist auf unter 8 Prozent gefallen.[24]

Politisch ist es den Republikanern weitaus besser als den Demokraten gelungen, die Menschen zu erreichen, denen die Chance auf Wohlstand durch fehlende soziale Mobilität genommen ist. Die Demokraten dagegen haben eine verlässliche Basis in den großen Zentren der neuen, einflussreichen und zukunftsweisenden Wirtschaft. Im Silicon Valley in Kalifornien oder in den Finanzzentren wie New York oder an der nördlichen Pazifikküste mit Metropolregionen wie Seattle, wo Unternehmen wie Microsoft, Amazon oder Starbucks ihren Sitz haben, wählt man demokratisch. Hillary Clinton, die Wahlverliererin von 2016, hat das mit einiger Verbitterung so formuliert: »Also, ich habe dort gewonnen, wo man optimistisch, divers, dynamisch ist und sich nach vorn bewegt. Die gesamte ›Make America Great Again‹-Kampagne hat nur zurückgeschaut«,[25] und damit gewonnen.

Was der Planwagen für die Siedler des 19. Jahrhunderts ist, um sich ihrem nächsten »American Dream« zu nähern, ist seit der Mitte des 20. Jahrhunderts das Auto. Der Verbrennungsmotor und das Auto sind eine deutsche Erfindung, aber nirgendwo wird der Kult um den eigenen Wagen so früh und so konsequent aufgebaut wie in den Vereinigten Staaten, wo das Auto zum Statussymbol einer sich Wohlstand erarbeitenden Mittelklasse avanciert ist. »Es gibt nichts Besseres als den delikaten Geruch von Pommes, der dein Auto füllt, wenn du losbraust, um dein spätes Mahl in der Nacht zu genießen«, heißt es im Newsletter eines Reifenhändlers, der seinen Kunden eine *Geschichte der amerikanischen Autokultur* anbietet.[26]

Das Auto ist in dieser Vorstellung weitaus mehr als ein Fortbewegungsmittel, das seine Besitzer von A nach B bringt. »Road Trips« durch das ganze Land, der Mythos berühmter Straßen wie der »Route 66«, NASCAR-Autorennen, »Cruisen«, das Posen beim langsamen Vorbeifahren, wo es am Strand oder in der Stadt viele Zuschauer gibt, und nicht zuletzt der Drive-Thru, um Pommes, Burger oder Kaffee zu holen, ohne auszusteigen, alles das macht den Besitz eines Autos aus. Das Auto als Objekt der Begierde, zelebriert von einer Popkultur, die das Auto auch zum Ort der ersten sexuellen Erfahrung macht. Drive-in-Kinos und beschlagene Fensterscheiben, illegale Autorennen, Muscle Cars mit aufgemotzten Karosserien und Partys am unbeobachteten Stadtrand stellen den Kontext für Kinohits wie *Denn sie wissen nicht, was sie tun* mit James Dean oder George Lukas' *American Graffity*, die gleichzeitig weltweit Maßstäbe für die Sehnsucht nach einem eigenen Auto setzten. Der Rock 'n' Roll ging eine Symbiose mit dem Auto ein, das Transistorradio machte es zum Musikzimmer, Songs feierten den Wagen und das Fahren selbst. 1905 schrieb Gus Edwards »My Merry Oldsmobile«, als erster Rocktitel gilt »Rocket 88« von Jackie Brenston and His Delta Cats, die mit dieser Ode an ein Oldsmobile-Modell die immer stylisher werdenden Autos und die neue Begeisterung für die Raumfahrt feierten. Hits wie »(Get Your Kicks On) Route 66«, 1946 von Nat King Cole zuerst veröffentlicht und von vielen anderen gecovert, zum Beispiel 1964 von den Rolling Stones, trugen genauso zum Autokult bei wie später Willie Nelsons »On the Road Again«. Die Beach Boys und die gesamte Szene der »California Dream« Music leisteten ihren Beitrag, indem sie ein neues Lebensgefühl von Freiheit und Freizeit vermittelten. Sonne, Surfen und Autofahren standen für diese junge Sehnsucht der 1950er- und 60er-Jahre. »Es gibt eine deutliche Verbindung zwischen dem Wiedererstarken der U.S. Automobilindustrie nach dem Zweiten Weltkrieg und der Geburt der Teenagerverbindung mit der Rock-'n'-Roll-Kultur. Das Fahren an sich wird zum Symbol einer neu gefundenen Freiheit der Bewegung, insbesondere für amerikanische Teenager«, schreibt Merola.

Das Auto symbolisierte in dieser Phase eine Mittelschicht, die ihre Identität auch aus der Fähigkeit schöpfte, sich die ikonischen Dinge zu kaufen, die das Bild der modernen und erfolgreichen amerikanischen Familie ausmachen. Das Einfamilienhaus in den Suburbs war ebenso Teil dieser Ausstattung wie Waschmaschine, Kühlschrank, Fernseher und eben das Auto. Interessant ist, dass sich der amerikanische Maler Norman Rockwell in genau dieser Zeit dem Sujet »Auto« zuwandte. Er war derjenige, der über vier Jahrzehnte mit seinen realistisch gemalten Bildern und Illustrationen alltägliche Szenen des Lebens in Amerika abbildete. Allein für die einflussreiche Zeitschrift *Saturday Evening Post* zeichnete er über 300 Titelblätter, die den amerikanischen Alltag spiegelten, manchmal kritisch hinterfragten und dann häufig sentimental idealisierten. Rockwell war außergewöhnlich populär, auch wenn Kunstkritiker seine Werke häufig als Kitsch verachteten. Seine Wirkung auf das Image dessen, was »amerikanisches Leben« ausmacht, was »Amerikaner-Sein« bedeutet, war immens.

Eines seiner berühmtesten Bilder war »Freedom From Want«, das mehrere Generationen einer offensichtlich heilen amerikanischen Familie am Thanksgiving-Abend mit riesigem Truthahn, traditionell gedecktem Tisch und fröhlichen Gesichtern zeigte. Im gleichen Stil malte und zeichnete er ab den 1940er-Jahren den amerikanischen Alltag, der vom Auto geprägt war. Die neue amerikanische Idylle brauchte bei ihm ein Auto im Bild, das dessen Besitzer kleine neue Freiheiten verschafft. Die Ford Motor Company beauftragte ihn zum 50. Firmenjubiläum mit einer Serie von Bildern, die sowohl Henry Ford als auch das Auto feierten. Auf Fords Weihnachtskarte 1952 ersetzte er Schlitten und Rentiere durch ein Auto, das Santa Claus mit seinen Geschenken über die Wolken zu den Kindern lenkt.

Amerika und seine Autos, das wird immer wieder als eine Liebesbeziehung beschrieben, in der sich die Identität als mobile und flexible Gesellschaft spiegelt. Die damit gepaarte Suche nach Freiheit und viel persönlichem Raum ließ die Menschen seit den 1950er-Jahren in die Vorstädte wandern , die zu Sehnsuchtsorten einer gewachsenen und statusbewussten Mittelschicht wurden. Das Auto, die Möglichkeit, als Mitglied der Mittelschicht individuellen Transport leisten zu können, habe die Voraussetzung dafür geschaffen, sich diesen Traum zu erfüllen. Etwas mehr als die Hälfte der Amerikaner lebt heute in Vorortsiedlungen, dem berühmten »Suburbia«.[27] Viele dieser Siedlungen sind nicht oder sehr unzureichend unmittelbar an das öffentliche Verkehrsnetz angeschlossen, sondern verlangen für den Weg zur Arbeit, zur Schule, für Einkäufe, Arztbesuche und Abende im Restaurant oder Kino ein Auto. In den großen Städten stellen Park-and-Ride-Parkplätze an den U-Bahn-Stationen die Relaisstation zwischen Wohnung und Arbeitsplatz dar, aber die vollen Autobahnen während der Rushhour beweisen, wie sehr die Entwicklung der Wohn- und Lebenskultur das Auto eingeplant hat. Aus dem Auto als Statussymbol dafür, zur gut bezahlten Mittelklasse zu gehören, ist eine Notwendigkeit geworden. Ohne Auto gibt es weder die Jobs, die den Lebensstil finanzieren, noch den Lebensstil selbst, weil alle dazugehörigen Einrichtungen sonst nicht erreichbar wären. Wenn es dafür noch eines letzten Beweises bedürfte, dann ist es der Führerschein. Der Führerschein ist das entscheidende Ausweisdokument der Amerikaner, Nachweis über den Wohnsitz, zwingend erforderlich, um Schecks einzulösen, ein Flugzeug zu besteigen oder im Supermarkt Alkohol zu kaufen. Der Führerschein macht einen Menschen zum Bürger – und selbst wer kein Auto fährt, bekommt diesen Ausweis bei der Führerscheinbehörde.

Der Verkehrshistoriker Peter Norton von der University of Virginia stellt infrage, dass es jemals eine echte Liebesbeziehung der Amerikaner zu ihren Autos gab. Die Tatsache, dass auch heute noch Autos viele Menschen faszinieren und noch immer mit dem Freiheitsbegriff verknüpft sind, sei kein Beweis dafür, dass am Anfang der Wunsch nach einer Autokultur stand. »Die ›Liebesbeziehung‹ ist einer der größten Public-Relations-Coups aller Zeiten. Das wird als selbstverständliches Allgemeinwissen betrachtet, als normale Entwicklung der Gesellschaft. Er war so erfolgreich, dass jeder vergessen hat, dass am Anfang eine PR-Kampagne stand«, schreibt er in einer kritischen Geschichte amerikanischer Verkehrspolitik.[28] Die Tatsache, dass über 80 Prozent aller Amerikaner in einem Auto zur Arbeit fahren, sei kein Beweis dafür, dass die Mehrheit sich dafür entschieden habe, dies zu tun. Pendler führen heute Auto, weil die Alternativen miserabel seien.

Die PR-Kampagne, die Norton als Begründung für die vermeintliche »Liebesbeziehung« zum Auto nennt, rollte 1961 übers Land. Längst vergessen, gingen Menschen damals auf die Straße und machten Druck auf ihre Abgeordneten, um gegen eine Autokultur zu protestieren, die die Städte zerstört. Immer neue Stadtautobahnen in die neuen Suburbs zerschnitten die Städte und radierten ganze Stadtviertel aus. Auffällig ist, dass es meist die von Afroamerikanern bewohnten Viertel waren, die von den mehrspurigen Straßen unbewohnbar gemacht wurden. Detroit, St. Louis, Chicago, Miami, überall die gleichen Szenen, überall Proteste gegen die Zerstörung gewachsener Wohngebiete für das Auto.[29]

Die Automobilindustrie steuerte dagegen, arbeitete am Autoimage. Die sehr populäre »DuPont Show of the Week« bei NBC nahm sich im Oktober 1961 des Themas an, Superstar Groucho Marx führte durch die Sendung »Merry We Roll Along«, in etwa »Fröhlich fahren wir weiter«. Sponsor DuPont, damals Anteilseigner von General Motors, warb mit »der Geschichte von Amerikas Liebesbeziehung zum Auto«. Groucho Marx erzählte in der Sendung über eine Stunde lang davon, wie das Auto »Lizzi« das »new girl in town« ist, in das sich der »Fahrer« verliebt. »Lizzi« ist benannt nach Fords Model-T, das im Volksmund »Tin Lizzi« genannt wurde. Sie heirateten, hatten lange Flitterwochen und gelegentlich Probleme. »Du weißt nicht immer, wie du mit ›Lizzi‹ am besten auskommst, aber du weißt, dass du nicht ohne sie auskommst. Wenn das keine Ehe ist, dann weiß ich nicht, was eine sein soll«, endete Marx.[30] Norton sagt, dass es der Industrie erfolgreich gelang, den Amerikanern den Gedanken einzupflanzen, dass sie mit ihren Autos etwas sehr viel Stärkeres und Tieferes verbindet als das Transportmittel. Proteste gegen das Auto wurden als Neiddebatte geframt.

Schon in den 1920er- und 1930er-Jahren gab es Widerstand gegen die Allgegenwart des Autos. Fußgänger fühlten sich bedroht und gefährdet, in Volksabstimmungen zum Beispiel in Chicago sollten strenge Geschwindigkeitsbegrenzungen gesetzlich festgelegt werden. Auch damals war die Lobbyarbeit der jungen Automobilindustrie erfolgreich, die Themen Auto und Zukunft, Auto und Fortschritt miteinander zu verknüpfen. Wenn Mobilität Freiheit bedeutet, dann muss sie individuell sein, so die These. Das Auto gewann diesen Kampf, der aber längst nicht zu Ende war.

1945 kaufte ein Unternehmen namens National City Lines das gesamte Straßenbahnnetz der Stadt Los Angeles. Es ist das größte Straßenbahnnetz der Welt mit 1800 Kilometern Schienen und 900 Zügen, die die damals täglich zwei Millionen Einwohner von Los Angeles durch die Stadt brachten.[31] Anteilseigner des neuen Besitzers waren General Motors, damals nicht nur Automobilhersteller, sondern auch führender Produzent von Bussen, der Reifenhersteller Firestone sowie die Ölkonzerne Standard Oil of California, das heute Chevron heißt, und Phillips Petroleum. Innerhalb von 18 Jahren wickelten sie das gesamte Straßenbahnnetz ab und ersetzen es durch Busse. Die Schienen wurden aus den Straßen gerissen, Hunderte Waggons verschrottet.[32] Busse seien flexibler hieß es, könnten schneller und billiger Routen in die neuen Suburbs anbieten, die gerade entstanden. 1963 gab es keine einzige Straßenbahn mehr, Los Angeles wurde zur Autostadt schlechthin. Es sei ein bewusster Schachzug von Öl- und Autoindustrie gewesen, die Straßenbahnen zu zerstören, um die eigenen Profite zu erhöhen, ist eine immer wieder aufgestellte These. Eine Zukunft mit Autohändlern, Tankstellen, billigen Motels und Drive-Thru-Restaurants soll ihr Ziel gewesen sein. Dagegen steht die Erwiderung, das sei eine reine Verschwörungstheorie, weil die alten Straßenbahnen nicht mehr profitabel und für die modernen Anforderungen zu unflexibel gewesen seien. Man habe eine neue und bessere Strategie für öffentlichen Nahverkehr verwirklicht.

»Ist die amerikanische Lovestory mit dem Auto zu Ende?«, titelte 2013 der öffentliche Radiosender NPR.[33] Seit zehn Jahren gingen die gefahrenen Kilometer pro Person stetig zurück, und die Auffassung machte sich breit, dass die jüngere Generation das Interesse an Autos und individueller Mobilität verlieren würde. Smartphones übernähmen die Rolle als wichtigstes Statussymbol und Instrument, um mit der Welt in Kontakt zu sein. Junge Menschen warteten nun länger, bis sie den Führerschein machen,[34] Carsharing wird machbar, Fahrgemeinschaften populärer. Fragen des Umweltschutzes, aber auch die individuelle Kosten-Nutzen-Rechnung lassen das Auto an Attraktivität verlieren, plötzlich sei es nur noch ein Fahrzeug, verliere seine Konnotation mit Begriffen wie Freiheit und Individualität, stehe nicht mehr als sichtbares Denkmal für den eigenen Erfolg in der Garageneinfahrt. Aber der zehnjährige Abstieg sei nur ein scheinbarer Wechsel in den Prioritäten, liefere noch keinen Hinweis, dass das Auto seine identitätsstiftende Rolle verliert.

Ab 2013 stieg die Zahl der gefahrenen Kilometer pro Person bis 2019 wieder an, bis es durch die Pandemie und die anschließende Inflation der Benzinpreise einen dramatischen Knick gab. Die

Möglichkeit, von zu Hause zu arbeiten, machte die Vorstädte noch attraktiver, ohne ein Auto für den Weg zur Arbeit zu brauchen.

Das aber sage nichts über eine weiter abgekühlte Beziehung zum eigenen Auto, sagt Lars Reger, Technologievorstand beim Halbleiterproduzenten NXP Semiconductors, einem wichtigen Zulieferunternehmen für die Automobilindustrie. Das Gegenteil sei der Fall, denn »die Veränderungen, die die Pandemie gebracht hat, verstärken all die Gründe, warum Menschen ihre Autos lieben. Sie trennen uns wieder von den Car-Sharing-Ideen, die es bis zum letzten Jahr noch gab. Sie haben den Kreis wieder geschlossen, das Auto als Rückzugsraum und eine Möglichkeit zu sehen, mobil zu sein. Es ist wieder genauso wie bei den jungen Leuten im Nachkriegs-Amerika, nur dass die Sicherheitsglocke dazugekommen ist.«[35] Außerdem habe die Pandemie noch einmal vor Augen geführt, welchen Beitrag das eigene Auto für die geistige Gesundheit leiste. Die Hälfte der Menschen vermisse den Weg zur Arbeit, die durchschnittlich 38 Minuten Alleinsein mit Musik oder Hörbüchern. Studien hätten immer wieder gezeigt, dass die Fahrt im Auto Menschen hilft, Abstand von ihrer Rolle im Beruf zu finden und sich auf den privaten Bereich einzustellen und umgekehrt. Das Auto als »mein persönlicher Freiraum« werde eine Renaissance erleben.

Autokritiker Peter Norton glaubt das im Übrigen auch und geht davon aus, dass die Amerikaner eine neue »Liebesgeschichte« mit ihren Autos beginnen werden. Selbstfahrende Autos, so glaubt er, würden die Attraktivität der Vorstädte wieder erhöhen und wieder stärker zum Inbegriff amerikanischer Lebenskultur machen. Das sich selbst steuernde Auto nährt die Vorstellung, dass Individualität und Freizeit möglich sind, ohne dass die Anstrengung und Zeitverschwendung des Fahrens hinzukommen. Dies revitalisiere die alte, fast überwunden geglaubte Vorstellung von persönlicher Mobilität und Freiheit durch das Auto. Er sieht das kritisch und als Bedrohung, weil damit alte Formen der Infrastruktur mit breiten Straßen und Parkplätzen auf Dauer festgeschrieben werden. Es sei zwar Zeit, die eigene Identität vom Besitz eines

Autos zu trennen, das Gegenteil aber könne passieren und damit Amerikas Selbstverständnis als Autoland zementieren.

In der Beziehung zum Auto unterscheiden sich auch in den Vereinigten Staaten grundsätzlich Stadt und Land, so wie überall in der industrialisierten Welt. Überall dort, wo ein funktionierendes Netz an öffentlichem Nahverkehr als Infrastruktur zur Verfügung steht, verliert das Auto an Bedeutung. Selbst in vielen großen Städten ist das aber in den USA nicht der Fall, sondern das Auto bleibt das wichtigste Fortbewegungsmittel. Sein Besitz entscheidet über den Grad der persönlichen Mobilität, über Zugang zu Arbeit, Gesundheitssystem, Einkaufsmöglichkeiten und Freizeiteinrichtungen. Deshalb ist das Auto an sich nie in das Zentrum des Kulturkampfes geraten, hat sich nie ein Konflikt über Identitätsfragen am Autofahren entzündet. Das unterscheidet die USA von Deutschland, wo die Frage von Fußgängerzonen oder reduzierten Parkplätzen Menschen spaltet, weil Autofahren als klimaschädliche Aktivität mit moralisch begründeten Forderungen verknüpft wird. Die Vorstellung, dass die Zahl der zugelassenen Autos begrenzt wird, wie es von deutschen Klimaaktivisten gefordert wird, würde in den USA auf kein Verständnis stoßen. Hier dominiert ein anderer Blickwinkel, da wird es politisch gefährlich, wenn die Benzinpreise steigen. Das kann eine Regierung unter massiven Druck bringen, egal welcher politischen Richtung sie angehört. Eine typische Reaktion, durch Freigabe von Ölreserven die Preise zu drücken, verbindet Demokraten mit Republikanern. Wegen des Benzinpreises aber wird das Auto immer wieder indirekt zur politischen Waffe, nämlich bei der Frage, welche Wirkung bestimmte politische Programme darauf haben, was man an der Zapfsäule bezahlen muss. Die Republikaner setzen weiter stark auf Erhalt und Förderung der fossilen Energiewirtschaft, während Joe Biden, so wie vor ihm schon Barack Obama, die US-Wirtschaft mit massiver Förderung erneuerbarer Energie für die Zukunft fit machen will. An der Stelle setzt der Kulturkampf an, gehören nicht Öl und Gas unbedingt zu Amerika? Konflikte gibt es über die Bedingungen, unter denen man Autos fahren darf.

Nicht überraschend ist dabei, dass die striktesten Regeln und niedrigsten Abgaswerte in Kalifornien durchgesetzt werden, wo mit vielen urbanen Strukturen und einflussreichen Universitäten ökologisches Denken schneller Fuß fasst als in den Flächenstaaten mitten im Land. Dort aber fühlt man sich regelmäßig gegängelt, zu neuen Technologien gezwungen, die das Autofahren teurer machen. Nicht zuletzt teilt der Weg zu Elektrofahrzeugen im Augenblick noch das Land. Eine akzeptable Infrastruktur mit Ladesäulen ist in vielen Regionen noch in weiter Ferne. Auch wenn zum Beispiel Ford seinen Pick-up-Bestseller F150 gleich zu Beginn als Elektroversion auf den Markt gebracht hat, verkauft sich der nur im Einzugsbereich der großen Städte. Das alles aber ändert nichts am breiten gesellschaftlichen Konsens, dass das Auto zum Leben in Amerika dazugehört und auf absehbare Zeit auch gehören wird.

Identität als treibende politische Kraft

Ein Phänomen diesseits und jenseits des Atlantiks

Wir sind das Volk!«, skandierten Demonstranten an einem Montag im Oktober 2014 in Dresden. Kaum jemand kannte die Gruppe, aber sie hatte schon einen Namen: »Patriotische Europäer gegen die Islamisierung des Abendlandes«, kurz PEGIDA. Weder der skandierte Slogan noch der Montag waren ein Zufall, beides knüpfte an die Montagsdemonstrationen von 1989 an, mit denen das Volk der DDR seiner Obrigkeit öffentlich die Gefolgschaft verweigert und die Revolution eingeläutet hatte. PEGIDA wurde schnell populär, auch in Westdeutschland, weil die Bewegung mit einer Rhetorik des »›wir hier unten‹ werden von ›denen da oben‹ ignoriert und verraten« eine weitverbreitete Stimmung aufgriff. Die einfachen, gesetzestreuen Bürger würden nicht mehr wahrgenommen, so der Vorwurf, eine selbst ernannte Elite in Politik, Wirtschaft und Medien nehme ihnen alles, was ihnen wichtig sei. Sie dürften die Wahrheit nicht mehr aussprechen, weil sie sonst als Rassisten abgestempelt würden, mit der gesellschaftlichen Todesstrafe belegt und in die Bedeutungslosigkeit abgeschoben.

Donald Trump als möglicher Präsident der Vereinigten Staaten gehörte zu diesem Zeitpunkt noch in die Kategorie des Undenkbaren. Was seine Präsidentschaft zwei Jahre später Wirklichkeit werden ließ, war seine Fähigkeit, die gleiche, seit Langem schwelende Stimmung bei einem Teil der Bevölkerung in den USA aufzugreifen und ihr mit einer populistischen Agenda eine Stimme zu geben. Die verzweifelte Angst der konservativen Weißen Mittelschicht vor einem Bedeutungsverlust war so stark, dass ausreichend viele in diesem politischen Quereinsteiger und Antipolitiker Trump Hoffnung fanden, um in den Bundesstaaten jene Mehrheiten zu schaffen, die ihn zum Präsidenten machten.

Die Sätze, die von PEGIDA-Anhängern im Herbst 2014 fielen, ähnelten denen der Trump-Wähler zum Verwechseln. Beim Besuch einer Familie im Süden der USA im Vorfeld der Präsidentschaftswahl 2020[1] wurden mir gegenüber genau die gleichen Anschuldigungen gegen »die in den Städten an den Küsten«, die alles bestimmen und verändern wollen, formuliert. »Sie sehen uns als Hillbillys, als Hinterwäldler, und lachen über uns«, sagte Dan, der Familienvater. Dabei seien er und seine Nachbarn nichts als gute, hart arbeitende, patriotische und fromme Amerikaner. Sie stünden für das, was Amerika ausmache. Wenn sie aber verlangten, dass ihre Werte geschützt und erhalten werden, dann mache man sie mundtot, beschimpfe sie als Rassisten, belege sie mit der gesellschaftlichen Todesstrafe und schiebe sie in die Bedeutungslosigkeit ab. Man dürfe einfach nicht mehr sagen, was man denke.

In den vergangenen zehn Jahren sind rechtspopulistische Bewegungen und Parteien in vielen Ländern stärker geworden und knüpfen teilweise an Donald Trump an, indem sie seine Rhetorik und sein Narrativ der selbst ernannten Eliten als Wurzel allen Übels übernehmen. Seine Niederlage 2020 und die politische Zerrissenheit der Republikaner der USA in der Folge übersehen sie, lösen sich aus dem populistischen Sog Amerikas und etablieren sich als nationale politische Kräfte.

In Deutschland hat die AfD in Umfragen im Sommer 2023 die großen Parteien SPD und Grüne überholt,[2] in den ostdeutschen Bundesländern ist sie stärkste oder zweitstärkste politische Kraft, und bei den Landtagswahlen in Hessen und in Bayern im Oktober lässt sie SPD und Grüne hinter sich. In Frankreich wächst der rechtspopulistische Rassemblement National, früher Front National unter Marine LePen, und Italiens Ministerpräsidentin Giorgia Meloni und ihre Partei Fratelli d'Italia konnten trotz ihrer faschistischen Wurzeln die Macht erringen. Victor Orbán in Ungarn, der Sieg der Brexit-Bewegung in Großbritannien, rechte

Parteien in Schweden und Finnland, die FPÖ in Österreich und viele andere mehr, überall bekamen rechtspopulistische Parteien in den vergangenen Jahren Zulauf. Der Sturm von Anhängern des abgewählten rechten brasilianischen Präsidenten Bolsonaro auf das Parlament in Brasilia ähnelte dem Sturm auf das Kapitol in Washington am 6. Januar 2021. Im Sommer 2020 schafften es rund 400 Rechtsradikale, Wutbürger und »Querdenker« nach einer aufgelösten Demonstration gegen die Corona-Maßnahmen der Bundesregierung auf die Treppen des Reichstags in Berlin. Das Parlament zu stürmen ist kein zufälliges Ziel, es symbolisiert den Aufstand der Regierten gegen das Zentrum der etablierten Macht.

»Der irritierende Aufstieg der transnationalen Rechten«, titelte *Foreign Affairs* Anfang 2023,[3] sieht aus eigentlich nationalistisch orientierten Bewegungen eine internationale werden und zieht eine Parallele zum Aufstieg faschistischer Bewegungen in der Zwischenkriegszeit, also von 1918 bis 1939. Die Verteidiger liberaler Demokratien und einer liberalen internationalen Ordnung könnten den transnationalen Charakter der populistischen Rechten nicht länger ignorieren. »Übernationale Verbindungen schaffen die Übertragung von Ideen, Taktiken und Narrativen. Dazu gehört die Verschwörungstheorie vom ›great replacement‹, nach der dunkle Kräfte die Migration anheizen, um amerikanische und europäische Weiße ihrer Mehrheit zu berauben. Zum rechtspopulistischen Repertoire gehören Versuche, homo- und transsexuelle Menschen zu stigmatisieren, indem man sich selbst auf einem Kreuzzug gegen Pädophilie begreift. ›Woke Kultur‹ steht für eine Bedrohung der Freiheit. Hinzu kommen grundlose Angriffe gegen die Verlässlichkeit von Wahlen.« Nicht zuletzt sind es einzelne Personen, die an einer Internationale der rechtspopulistischen Parteien arbeiten. Zu ihnen gehört ganz vorn Donald Trumps früherer Chefideologe Steve Bannon, den Giorgia Meloni einen »Alliierten« nennt und der ihr beim politischen Aufstieg als Berater half, mit dem sie sich Arm in Arm fotografieren ließ.

Es ist wichtig, die politische Wirkung dieser Entwicklung national und international zu betrachten, um mögliche Folgen für die

Demokratie zu erkennen. Dem vorangehen muss aber, die Muster zu analysieren, die dazu führen, dass sich Menschen von den Errungenschaften liberaler demokratischer Ordnung abwenden und demokratische Institutionen ebenso ablehnen wie Respekt vor gewählten Vertreterinnen und Vertreter in Parlamenten oder Regierungsämtern. Die Ursachen der gesellschaftlichen Spaltung in den Vereinigten Staaten können hier als Blaupause für das gelten, was in anderen Teilen der Welt, insbesondere in Europa, sichtbar wird. Viele der in den USA erkennbaren Muster aus Abstiegsangst, das Auseinanderdriften der Werte von Stadt und Land, die Ablehnung von Eliten und der Kulturkrieg um die traditionellen Werte spiegeln sich auch in Europa. Das entscheidende Muster ist der manchmal schwelende, manchmal aggressiv ausgetragene Kampf um die Identität als Gruppe, Gesellschaft und Nation. Es geht um die politische Kraft, die der Konflikt um Identität und wer sie definiert, entwickelt und dabei Gesellschaften zerreißt.

Ein weiteres an vielen Stellen erkennbares Muster ist die Angst vor gesellschaftlichem Abstieg der Mittelschicht, die durch Arbeit und Erbe in die Wohlstandszone aufgestiegen ist. Diese Schicht muss nun damit rechnen, dass sie selbst oder die Generation ihrer Kinder wieder zurückfällt.

Wie in Italien, wo im Herbst 2022 das Wahlvolk der Fratelli d'Italia eine überzeugende Mehrheit verschaffte und damit Giorgia Meloni zur ersten Ministerpräsidentin mit faschistischen Wurzeln machte. Das Vertrauen der Wähler in Meloni habe nur wenig mit einem gewachsenen Nationalismus zu tun, so der frühere italienische Ministerpräsident und Chef der sozialdemokratischen Partito Democratico Enrico Letta in einem Interview mit der Wochenzeitung *Die Zeit*.[4] Seit der großen Wirtschafts- und Währungskrise erlebten die Italiener eine kontinuierliche Abstiegserfahrung. Erst die Finanzkrise, dann Pandemie, Krieg in Europa, Inflation und unerschwinglich gewordene Energiepreise, die das einmal stabil geglaubte Leben mehr und mehr erschüttern. Das paart sich mit der Migrationskrise, den Hunderten Booten mit Menschen aus Afrika, die als Bedrohung erlebt wird.

Auf der anderen Seite verlassen junge Menschen das Land, suchen ihr Glück wieder im Norden und Westen. Wie die konservative Mittelschicht der USA, so ergriffen auch die Italiener eine vermeintlich starke Hand, die ihnen Erlösung und neue Sicherheit versprach und die Hoffnung nährte, sie könne die Welt ein kleines bisschen überschaubarer machen. Auch hier spielte verlorenes Vertrauen in die liberale Demokratie eine Rolle, das Misstrauen gegenüber einem Liberalismus, der vorwiegend als ökonomischer Neoliberalismus erlebt wird, der die eigene Schicht zum Verlierer stempelt. Dass Meloni mit antieuropäischen Thesen in den Wahlkampf ging, half ihr und verstärkte das Gefühl, sich aus einer Fremdbestimmung lösen zu müssen, um sich wieder auf sich selbst als Italiener besinnen zu können. Nationale Gesetze müssten Vorrang vor internationalen Regeln haben. Auch für Meloni standen Themen des Kulturkampfes im Zentrum ihrer Politik. Mit ihrer Haltung zur gleichgeschlechtlichen Ehe und für strengere Abreibungsregeln reihte sie sich gezielt in die Anti-Woke-Politik der amerikanischen Rechtspopulisten wie Ron DeSantis ein. »Ja zur natürlichen Familie, nein zur LGBT-Lobby, ja zur sexuellen Identität, nein zur Gender-Ideologie«, rief sie in einer Rede vor Anhängern der spanischen rechtskonservativen Partei Vox aus.[5] »Unsere gesamte Identität wird angegriffen, aber wir werden das nicht zulassen! Ich bin Giorgia, ich bin eine Frau, ich bin eine Mutter, ich bin Italienerin, ich bin eine Christin: Das werden sie mir nicht nehmen!«, versprach sie ein Jahr vorher, ebenfalls bei einer Parteiveranstaltung der Vox.[6] »Es ist die Identität, die den Kern unseres gemeinsamen Engagements und das grundlegende Schlachtfeld unserer Zeit darstellt. Die Identität ist der Hauptfeind des globalistischen Mainstreams, und wir alle, die sie verteidigen, sind das Ziel der ›Pazifisten‹ des Progressivismus. Alles, was uns ausmacht, wird angegriffen.« Alles, was die Identität der Menschen ausmache, stelle die Linke zur Disposition, die Familie als Keimzelle für Zeugung, Erziehung und Bildung der Kinder, die Familie als Zentrum der Solidarität zwischen den Generationen, als Ort der Zugehörigkeit. Wie auch die amerikanischen Vorbilder setzte sie bei den Schulen an: »Die sexuelle Identität wird angegriffen, die die LGBT-Lobbys durch Gender-Propaganda in den Schulen, in den Medien, in den Institutionen mit dem Prinzip des ›self id‹ – ich bin nicht, was ich bin, sondern was ich fühle – demontieren wollen, was vor allem die Rechte und Errungenschaften der Frauen angreift.«

In einer weiteren Parallele griff sie die etablierten Medien und die großen Kommunikationsplattformen des Silicon Valley an, die »mit einer Diktatur der Political Correctness« Zensur ausübten. Eine aufoktroyierte Klimapolitik mache den einfachen Menschen das Leben schwer, die Reichen mache sie reicher. Und schließlich unterstrich sie die Bedrohung der eigenen Identität mit dem Angriff auf die nationale Geschichte, wie die USA sie erleben. Auch die europäische Geschichte sei komplex, voller Widersprüche und negativer Exzesse. Aber sie sei der Weg zu dem, wer man heute sei, sei der Weg zu Demokratie und Freiheit: »Ich möchte weiterhin über Christoph Kolumbus diskutieren, aber ich werde nicht akzeptieren, dass seine Statuen abgerissen werden, weil irgendein Black-Lives-Matter-Barde ihn für einen gefährlichen Sklavenhändler hält. In Europa werden keine Statuen abgerissen. Statuen werden von den Taliban abgerissen!«

Die Parallele zum Narrativ des populistischen Flügels der Republikaner in den USA war auffällig, und vieles spricht dafür, dass hier die Beratung durch Steve Bannon eine Rolle spielte. In jedem Fall überzeugte die Argumentation ihre Anhänger, schaffte hier wie dort, eine Mehrheit der verunsicherten Wähler an die Urne zu bringen und sich damit selbst in ein politisches Spitzenamt zu bringen.

»Lasst sie schwatzen in ihren Talkshows, lasst sie diskutieren in ihren Politikrunden und lasst sie rätseln, was sie falsch machen. Sie werden es ohnehin nicht begreifen. Sie haben den Kontakt zur Basis schon lange verloren und ihre Wähler verraten«,[7] sagte der Initiator der PEGIDA-Bewegung Lutz Bachmann in einem Interview. Er war es, der immer wieder vor einem drohenden Verlust kultureller Identität in Deutschland warnte und damit die migrationsfeindliche Haltung begründete. Zulauf hatte PEGIDA zunächst in den ostdeutschen Bundesländern, bevor sie infolge der Migrationskrise 2015 auch im Westen Fuß fassen konnte. An die Stelle von PEGIDA ist die AfD getreten, die mit dem Thema Migration 2023 starken Zulauf bekommt. 80 Prozent der Deutschen, so zeigen es die Umfragen im Umfeld der Landtagswahlen im Oktober, wollen inzwischen eine andere Einwanderungspolitik, als die Regierung sie praktiziert.

Ein Drittel aller Deutschen insgesamt ist entweder »enttäuscht« oder »wütend«. So das Ergebnis einer Typologiestudie der deutschen Bevölkerung durch den politischen Thinktank »More in Common«, der sich dem gesellschaftlichen Zusammenhang verpflichtet fühlt.[8] Im Prinzip sind es sechs Typen, mit denen sich die gesamte Bevölkerung in ihrer Haltung zur Gesellschaft beschreiben lässt, sagt das Marktforschungsinstitut Kantar Public, mit dem auch die Bundesregierung zusammenarbeitet. Neben den »Enttäuschten« und »Wütenden« sind das die »Offenen«, »Involvierten«, »Etablierten« und »Pragmatischen«. Letztere haben entweder eine positive Grundhaltung gegenüber der Gesellschaft und dem politischen System (50 Prozent) oder eine neutrale (16 Prozent).

Bei den Enttäuschten ist der Blick auf die persönliche Lage oftmals von Entbehrung und Abstiegsangst geprägt, der Glaube an die Kontrolle über das eigene Leben sehr schwach, so die Beschreibung. Ihnen fehlt es an Wertschätzung und Einbindung. »Dies setzt sich bei der Einschätzung der eigenen Identität fort. Alle Bezugspunkte, die bei anderen starke Identitätswirkung entfalten (wie etwa Generation, soziale Schicht, Nationalität, Beruf), haben bei den Enttäuschten deutlich weniger Bedeutung.« Man fühlt sich von der Politik überhört, nicht gesehen, vernachlässigt und in Sachen Kriminalität unzureichend geschützt. Das Land sei auf dem falschen Weg, sagen sie, entsprechend fällt die Demokratiezufriedenheit sehr gering aus.

Bei den »Wütenden« geht die Distanz noch weiter. »Ihr Ideal eines nationalen und zum Wohle des Volkes halb autoritär, halb plebiszitär geführten Landes wird in ihren Augen durch eine abgehobene politische und mediale Elite durchkreuzt, die sich in multikulturellen Fantasien verirrt.« Die »Wütenden« beklagen, dass sich die Politik grundsätzlich um Neuankömmlinge und Minderheiten mehr kümmere als um die »eigenen Leute« in der Mehrheitsbevölkerung. Deshalb empfinden sie die Welt als einen bedrohlichen Ort, der sich gegen sie selbst richtet. Gleichzeitig sind sie politisch aktiv und haben sehr genaue Vorstellungen davon, wie die Gesellschaft denken und handeln sollte. »Sie berufen sich sehr stark auf ihre Identität und finden dafür unterschiedliche Anknüpfungspunkte (u.a. Nationalität, Generation, politische Auffassungen, Geschlecht).«

Was diese Gruppen verbindet, ist das Gefühl, in der eigenen Identität bedroht zu sein, wobei sich, wie auch in den USA, die Angst vor sozialem Abstieg und Bedeutungsverlust mit einem Festhalten an bestimmten kollektiven Identitätsmerkmalen vermischt. Nicht zufällig führte die AfD in Deutschland ihren letzten Bundestagswahlkampf mit dem Slogan »Deutschland. Aber normal«. »Die Welt um uns herum ist irgendwie verrückt geworden«, heißt es in einem der Werbespots. »Wir merken auf einmal, dass normal eigentlich etwas ganz Besonderes ist. Denn normal ist, seinen Nächsten ganz nah zu sein, normal ist, aufzustehen und seinen Job zu machen, normal ist eine Heimat, sind sichere Grenzen, sind saubere Straßen oder freie Fahrt für freie Bürger. Normal ist einfach schön. Normal ist das, was wir alle wieder brauchen.« In einem anderen Spot wird eingefordert, dass die Polizei echte Verbrecher jagt, nicht die kleinen Leute drangsaliert. Politiker sich um die Belange der Menschen kümmern, die »Kleinen endlich wieder beschützen, damit die Großen nicht immer größer werden«. Normal ist eine Familie, in der man gegenseitig für sich sorgt, normal ist eine saubere Stadt, sind sichere Grenzen und sichere Straßen.

»Normal«, das richtet sich eben auch gegen »woke« Kultur, gegen linke Identitätspolitik. Die AfD-Abgeordnete Beatrix von Storch provozierte bei der Debatte zum Internationalen Frauentag im Bundestag, indem sie der grünen Abgeordneten und Transgender-Frau Tessa Ganserer vorwarf, sich als Frau zu »verkleiden« und damit unrechtmäßig einen Platz auf der grünen Frauenliste erschwindelt zu haben.[9] Fast alle Abgeordneten hingen einer »Gender-Ideologie« an, würden aus ideologischen Gründen biologische Realität negieren. Im Bundestag erntet sie Empörung, in den sozialen Netzwerken Jubel. Solche Aussagen aber, die mit jeder Norm von politischer Correctness brechen, gelten bei den Enttäuschten und Wütenden als mutig, als klare Haltung gegenüber einer Elite, die ihnen ihre Identität und damit ein normales Leben nehmen will.

Auch hier wird die Parallele zu den USA deutlich. Als die Weiße Mehrheitsgesellschaft ihre Position bedroht sieht, weil sie auf absehbare Zeit zu einer Minderheit werden wird,[10] beginnt die Debatte darüber, was es eigentlich bedeutet, »wahrer Amerikaner« zu sein, vor allem wer das definieren darf. So wie die gesellschaftliche Position bedroht ist, kann ein Kulturkrieg darüber beginnen, was eigentlich »normal« und der amerikanischen Tradition und Werteordnung angemessen ist. Da geht es nicht um Sachthemen, sondern um Identität. Da geht es nicht darum, was ich will, sondern wer ich bin. Das macht die Diskussion so emotional und kompromisslos.

Der gleiche Prozess ist auch in Europa, nicht zuletzt in Deutschland, sichtbar. Angst vor sozialem Abstieg und gesellschaftlichem Bedeutungsverlust provoziert eine Debatte darüber, was es eigentlich heißt, Teil einer deutschen Gesellschaft zu sein. Fragen zur Integration von Migranten kommen ebenso erneut auf die Tagesordnung wie die nach der Selbstbestimmung sexueller Identität und den Konsequenzen, die dies für die Mitglieder der Mehrheitsgesellschaft hat. Das aber ist die mittlerweile wahlentscheidende Gemengelage, in der Identität zur treibenden politischen Kraft wird, auf beiden Seiten des Atlantiks.

Der Blick richtet sich in Deutschland derzeit vor allem in Richtung AfD, deren Zustimmungswerte im Sommer 2023 kontinuierlich steigen, und zwar in allen Teilen der Republik. Damit wird immer deutlicher, dass die alte These ihre Gültigkeit verloren hat, dass rechtspopulistische Bewegungen ein überwiegend ostdeutsches Phänomen seien, auch wenn das oben beschriebene Gefühl des Ausgegrenztseins dort früher und stärker ausgeprägt war als im Westen.

Was kulturelle, aber auch politische Entwicklungen angeht, zeigt die Erfahrung, dass viele Trends und Narrative mit Verzögerung aus den USA auch bei uns Fuß fassen. Es lohnt sich also, die Frage zu stellen, ob sich auch Deutschland in unversöhnliche Stämme teilt, sich ein Teil der Bevölkerung ausgegrenzt und nicht mehr von der Politik repräsentiert fühlt. Wird Deutschland zu einer zerrissenen Nation, in der sich die Gegensätze nach klar umgrenzten Gruppen sortieren, Stadt gegen Land, urban-diverse gegen traditionelle Milieus, Arbeitende gegen nicht Arbeitende, Jung gegen Alt? Gilt für den Aufstieg der AfD das Gleiche, was Barack Obama über den Aufstieg Donald Trumps gesagt hatte: »Donald Trump ist nicht das Problem, Donald Trump ist das Symptom.« Ist die Verschiebung politischer Kräfte in Richtung Rechts also ein Symptom für eine vergleichbare Entwicklung wie in den USA?

Stand der Dinge: Die AfD ist auf dem Weg zu einer Volkspartei, wird von immer mehr Menschen als »normale Partei« wahrgenommen. 2020 hatten nach einer Umfrage des Forschungsinstituts INSA noch 79 Prozent kategorisch ausgeschlossen, jemals die AfD zu wählen, 2023 fällt diese Zahl auf 55 Prozent.[11] Gleichzeitig stellt das Institut Allensbach fest, dass sich der Anteil der Bevölkerung mit ausgeprägt rechtsradikaler Haltung in Deutschland über die Jahre kaum verändert hat und bei etwa 2 Prozent liegt, weitere 12 Prozent haben rechte, teilweise autoritäre politische Ansichten.[12] Selbst zusammengerechnet sind das weniger als das Wählerpotenzial der AfD, es halten also zunehmend Menschen die AfD für wählbar, die sich selbst politisch Richtung Mitte verorten. Laut Allensbach sind das inzwischen über 40 Prozent der AfD-Anhänger. Fragt man diese, werden die Gründe deutlich und zeigen frappierende Parallelen zu den USA: 78 Prozent sagen nämlich, dass sie mit der Wahl der AfD ein Zeichen setzen wollen, dass sie mit der derzeitigen Politik unzufrieden sind. 71 Prozent halten die AfD für die einzige Partei, die ein vernünftiges Konzept für Einwanderung hat. Ebenso viele äußern das Gefühl, dass unter der etablierten Politik das Land »den Bach runter« geht, und schließlich finden 61 Prozent der AfD-Anhänger, dass es da noch Politiker gibt, die wie ganz normale Leute sprechen.[13] Genau diese vier Punkte waren es auch, die 2016 und 2020 eine Mehrheit von Donald Trumps Wählerinnen und Wähler auf der Motivationsliste hatten. Ihnen war es wichtig, ein Zeichen gegen »die in Washington«, die als selbstgefällig empfundene politische Elite, zu setzen. Die etablierte Politik führe das Land in den Abgrund, war ein oft gehörtes Argument, ebenso wie die Überzeugung, dass mit Donald Trump jemand ernsthaft das Thema Einwanderung anpackt. Und nicht zuletzt haben viele seiner Wähler den Milliardär aus New York als »einen von uns« empfunden, ihn wahrgenommen als jemanden, der so spricht wie sie, ihnen eine Stimme gibt. Die etablierte Politik der Eliten sei dagegen selbstgerecht und egoistisch, nehme die einfachen Leute nicht mehr wahr.

Damit enden die Parallelen jedoch noch lange nicht. »Männlich, ländlich, mittelalt«, so fasst es eine Datenanlyse des RTL/ntv Trendbarometer zusammen.[14] Das beschreibt genau die Kernwählerschaft Donald Trumps. Hinzu kommt, dass sich überdurchschnittlich viele Erwerbstätige zur AfD bekennen, auffällig viele Gewerkschaftsmitglieder, die sich weder durch ihre Gewerkschaft noch die SPD als frühere Stammpartei vertreten fühlen, obwohl sie die ehrlichen, hart arbeitenden Menschen im Land sind. 25 Prozent der Einwohner in kleinen Gemeinden sympathisieren mit der AfD, in Großstädten ist es nur die Hälfte. Und auch wie beim MAGA-Flügel der Republikaner fühlen sich in der Mehrheit Männer angesprochen. Auffällig: Beide Wählergruppen diesseits und jenseits des Atlantiks verbindet ein insgesamt pessimistischerer Blick auf die Zukunft, und die Hitliste ihrer Sorgen unterscheidet sich auf ähnliche Weise von der der Mehrheitsbevölkerung: Auswirkungen der Inflation auf den eigenen Wohlstand und

Überforderung durch Flüchtlingsströme stehen ganz oben auf dieser Liste und werden als noch bedrohlicher empfunden als vom Durchschnitt. Gleiches sagen sie zu Energie, Mieten und den Wocheneinkauf, die für sie als arbeitende Menschen immer teurer werden. Hier kommt ein überbordender Staat ins Spiel, der über sie bestimmen will. Man nimmt ihr hart verdientes Geld und verteilt es an diejenigen, die nicht arbeiten, oder man zwingt sie, in nur politisch gewollte Umwelttechnik zu investieren. Klimawandel jedoch empfinden diese Gruppen als weitaus weniger bedrohlich als die Mehrheit,[15] so wie Trumps Anhänger wollen sie weniger in Klimaschutz investieren, weil sie damit Wohlstand bedroht sehen. Die AfD positioniert sich bei Kernfragen bewusst anders als die anderen Parteien und schafft damit das Potenzial, als Protest zu dienen.

AfD-Wähler geben an, dass sie sich in ihrer Meinungsfreiheit eingeschränkt fühlen, dass sie immer damit rechnen müssen, als »rassistisch« diffamiert zu werden, wenn sie die Wahrheit sagen. Das spiegele sich in den Medien, die sowieso in einer Allianz mit der Regierung und den Eliten steckten. Die nämlich sorgten durch politisch motivierte Sprachvorschriften dafür, dass nur doch urban-diverse Perspektiven erlaubt sind. Und tatsächlich gibt es ja die Vorstellung, mit der Veränderung von Sprache eine neue Realität schaffen zu können, beispielsweise gendergerechte oder kulturell sensitive Sprachformen. Deshalb eine zentrale Forderung der AfD, den öffentlich-rechtlichen Rundfunk abzuschaffen oder massiv zu beschneiden, so wie Trump die öffentlichen Sender der USA finanziell austrocknen wollte und dies weiter zum Programm der MAGA-Republikaner gehört. Die etablierten Medien diffamierte Trump, er setzte konsequent auf eigene, von ihm kontrollierte Kommunikation ohne Gatekeeper der Medien. Auch das gehört zur Strategie der AfD in Deutschland.

Mehrfach habe ich bei Wahlkampfveranstaltungen von Donald Trump erlebt, wie die Halle unter Buh-Rufen bebt, wenn er genau das sagt: »Sie wollen euch mit ihrem Zwang zu Political Correctness unterdrücken«, und meint damit »euch ihre Wirklichkeit aufzuzwingen«. Und dann zeigt er mit dem Finger auf die kleine Bühne im Hintergrund, auf der wir Journalisten stehen müssen. »Feinde des Volkes« ist einer seiner Begriffe. Dann rufen sie »Fake News« in der Halle, und das klingt so wie »Lügenpresse« bei Demos in Deutschland. Natürlich nehmen die Menschen wahr, dass in vielen Medien vor ihnen gewarnt wird, dass man ihre Partei bekämpfen müsse. Das verstärkt noch die Entschlossenheit, denn wirklich für sie interessieren täte sich niemand, und tatsächlich haben mir Kollegen in den USA rundheraus gesagt, dass sie mit Trump-Wählern nicht sprechen, weil sie nicht mit Rassisten sprechen. Sie sehen es als ihre Aufgabe, Trump zu verhindern.

Die Affinität zu populistischen und manchmal autoritären politischen Strömungen geht in Europa und den USA einher mit einer sich vergrößernden Skepsis gegenüber demokratischen Institutionen. Sie erleben Politik in den Parlamenten nicht als demokratische Auseinandersetzung, sondern als dysfunktional und egoistischen Streit zu ihren Lasten. Auf der anderen Seite stehen Politiker wie Donald Trump, die sich ausdrücklich gegen die demokratischen Mechanismen stellen und scheinbar mehr erreichen, weil sie einfach handeln. Da sind aber auch die Gründer und Vorstände von Mega-Unternehmen wie Amazon, Apple, Microsoft, Facebook, Google oder SpaceX, die die frühere Dominanz staatlicher Institutionen gebrochen haben und sich immer wieder der demokratischen Kontrolle entziehen. Die dahinterstehenden Personen wie Jeff Bezos, Tim Cook, Mark Zuckerberg oder Elon Musk sind Superstars. Sie sind vielen Beweis dafür, dass man Dinge erledigt bekommt, wenn man sie der staatlichen Verantwortung entzieht und der Initiative Einzelner überlässt. Trotz aller Versuche, ihnen über die Parlamente in Washington oder Brüssel Grenzen zu setzen, wird ihre Macht größer, weil sie eine scheinbar funktionierende Alternative zu nicht funktionierender Politik darstellen.

In Deutschland handelt es sich bei den beschriebenen Wählergruppen am Rand des politischen Spektrums weiterhin um eine Minderheit, die aber zumindest in Ostdeutschland mittelfristig in die Nähe von Regierungsverantwortung gelangen könnte. In den USA machen MAGA-Republikaner knapp die Hälfte derjenigen aus, die tatsächlich zur Wahl gehen. Die Möglichkeit, dass Donald Trump 2024 wieder Präsident wird, ist bei Redaktionsschluss dieses Buches durchaus greifbar. Und selbst wenn er im innerparteilichen Wahlkampf um die Nominierung von jemand anderem überholt werden sollte, muss man davon ausgehen, dass große Teile seiner Agenda in dieser anderen Person überleben werden – das deutet das Kräfteverhältnis im Bewerberfeld an.

Wenn man davon ausgeht, dass auch in Zukunft die Antworten auf die Ängste von Menschen ähnlich gegeben werden, lohnt sich der Blick auf einen konservativen Plan für den Moment eines republikanischen Wahlsieges, genannt *Project 2025*. Dabei handelt es sich um ein fast 900 Seiten starkes Papier, das in 30 Kapiteln bis ins Detail hinein beschreibt, wie die dann folgenden vier Jahre vom ersten Tag an effizient genutzt werden sollen, eine nachhaltig wirkende konservative Agenda umzusetzen.[16] Herausgeber ist die ultrakonservative und in Washington sehr einflussreiche Heritage Foundation, die nach eigenen Angaben schon Ronald Reagan bei der Entwicklung seiner Politik beraten hat. Geschrieben wurde Project 2025 von einer Reihe konservativer Autoren unter der Leitung von Trumps früherem Personalchef im Weißen Haus, Paul Dans. Nicht genannt wird, an welchen republikanischen Präsidenten sich das Strategiepapier richtet, und es ist auch nicht bekannt, ob Trump selbst Einfluss genommen hat.

Aber solche Papiere gehören zur Washingtoner Kultur der Thinktanks und finden sich häufig später in der praktischen Regierungsarbeit wieder. Erinnert sei an das Papier »Rebuilding America's Defenses. Strategy, Forces and Resources For a New Century«[17] des Thinktanks *Project For a New American Century*. Das wurde zur Blaupause der Außenpolitik von George W. Bush und wies schon im Vorfeld der Wahl selbst auf den späteren Krieg gegen den Irak. Zehn der damaligen Mitarbeiter im Thinktank arbeiteten später unter George W. Bush im Weißen Haus, darunter Vizepräsident Dick Cheney, Verteidigungsminister Donald Rumsfeld und Verteidigungs-Staatssekretär Paul Wolfowitz, der spätere Präsident der Weltbank.

400 Politikexperten seien an der einjährigen Arbeit des konservativen Strategiepapiers zur Wahl 2024 beteiligt gewesen, sagt die Heritage Foundation. »Es bietet sich die einmalige Gelegenheit für Konservative, damit zu beginnen, den Schaden zu beheben, den die Linke hinterlassen hat, und 2025 ein besseres Land für alle Amerikaner zu schaffen«, beschreiben diese Autoren ihr Ziel und gehen gleich in die Strategie: »Es reicht für Konservative nicht aus, Wahlen zu gewinnen. Wenn wir das Land aus dem Griff der radikalen Linken retten wollen, brauchen wir beides, eine Regierungsagenda und die richtigen Leute in Stellung. Die müssen vorbereitet sein, vom ersten Tag an, diese Agenda in der nächsten Regierung umzusetzen.«[18] Dahinter steckt der im Rückblick enttäuschende Beginn der Amtszeit von Donald Trump, der wegen mangelnder Vorbereitung sehr holprig verlief. Diesmal soll es besser gemacht werden und ein Übergang von Präsident Joe Biden zu einem republikanischen Präsidenten wie ein Uhrwerk ablaufen. Dazu baut das Strategiepapier auf vier Säulen: die politische Agenda, die richtige Personalauswahl, Training und ein 180-Tage-Drehbuch.

Vor allem die Personalauswahl halten die Autoren unter Dans für zentral, nur noch absolut loyale Personen dürften beteiligt sein. Dies soll bis tief hinein in den Beamtenapparat gelten, der von Konservativen immer wieder als sabotierend beschrieben wurde, als *Deep State*, mit einer eigenen Agenda konträr zu der des Präsidenten.

In der Außen- und Verteidigungspolitik wird der Fokus noch stärker auf China und den pazifischen Raum gelenkt. Von den Alliierten erwartet diese zukünftige amerikanische Regierung eine größere Beteiligung an den Kosten, Unterstützung gegenüber China und die Fähigkeit, die Sicherheit Europas allein zu stemmen. Die NATO wird nicht infrage gestellt, so wie Donald Trump das 2017 getan hatte. Aber die USA werden ihren Fokus nach Asien richten. Mit der Aufgabenteilung in der NATO soll Ernst gemacht werden.

Alle amerikanischen Botschafter auf der ganzen Welt sollen bei Amtsantritt des Präsidenten ihren Rücktritt einreichen, damit die Stellen neu besetzt werden können. Alle laufenden Verhandlungen über internationale Verträge sofort auf Eis gelegt, vorhandene Vereinbarungen daraufhin überprüft werden, ob sie noch im amerikanischen Interesse sind. Damit deutet sich auch eine Fortsetzung der Politik Trumps an, weniger auf internationale Organisationen zu setzen. Man zieht sich zurück, um leichter eigene Vorstellungen umzusetzen.

Die Umweltbehörde EPA wird sich wieder als Dienstleister verstehen, unterstützend für Bundesstaaten und Kommunen. Die Rolle Washingtons soll in der Umweltpolitik kleiner werden, mit Unternehmen Konsens gesucht statt Regeln durchgesetzt werden. Obamas und Bidens Klimapolitik definiert man als Angriff auf Amerikas florierende Energieindustrie mit den Schwerpunkten Öl, Gas und Kohle. Hier würden mit einem ungedeckten Scheck auf eine Zukunft mit erneuerbarer Energie Arbeitsplätze und Wachstum vernichtet. Das will man zurückdrehen.

Dem öffentlichen Rundfunk will eine solche Regierung ihre staatliche Finanzierung streichen. PBS-Fernsehen und NPR-Hörfunk hätten sich als linksideologisch herausgestellt und weigerten sich, ihre einseitige Berichterstattung zu beenden. Das müsse enden, zusammengestrichene Budgets das Werkzeug dazu.

Ideologisch steht die Stärkung der traditionellen Familienstrukturen auf Platz eins der »Versprechen an Amerika«. Bundesstaatliche Verwaltung soll so weit wie möglich aufgelöst werden, um mehr Kompetenz und Entscheidung an die Bundesstaaten oder den Einzelnen zu geben. Die Freiheit der Verfassung will man restaurieren, das Individuum soll zurück in den Mittelpunkt. Dabei nutzt das Papier die konservativen Kampfbegriffe wie »wokism«, was genauso beseitigt werden soll wie sozialistische Tendenzen; freie Marktwirtschaft kehrt zurück an die Stelle von staatlicher Kontrolle, wie sie die Biden-Regierung praktiziere. Eingeläutet wird das Ende einer Ära, in der Eliten die wichtigen Entscheidungen für die Menschen treffen. Außenpolitisch beschreibt Project 2025 eine America-First-2.0-Politik, innenpolitisch die Rückkehr zu traditionellen Strukturen und Werten.

Darum wird es im Wahljahr 2024 gehen, beginnend mit dem innerparteilichen Wahlkampf um die eigentliche Kandidatur bei den Republikanern. Das heißt nicht, dass bei den Demokraten bis zum November Ruhe sein wird, im Gegenteil. Die Flügelkämpfe sind nicht ausgestanden, auch wenn es während Bidens ersten Jahren im Amt erstaunlich ruhig war. Aber die Linke ist von der ersten Amtszeit Joe Bidens enttäuscht, sieht die Versprechen zu einer umfangreicheren Sozialpolitik nicht erfüllt. Biden wird auf jede Gruppe seiner Anhänger angewiesen sein, wird alles tun müssen, dass sie auch zur Wahl gehen. Dabei entscheiden die Amerikaner, wer im Januar 2025 ins Weiße Haus zieht und damit auch die Führung der westlichen Welt übernimmt. Sie entscheiden aber vor allem auch darüber, welches Bild, welche Vision ihres Amerika die nächsten Jahre prägen wird.

Dank

Als Autor und Journalist verdanke ich den Grundstoff dieses Buches vielen Menschen, vor allem in den USA, die bereit waren, ihre Erlebnisse, Gedanken und Erkenntnisse mit mir zu teilen. Einige sind im Buch genannt, andere nicht, doch allen gilt mein tiefer Dank.

Bin ich auf dem richtigen Weg? Sind meine Beobachtungen und Schlussfolgerungen plausibel und entsprechen sie der Wirklichkeit? Zwei sehr erfahrene und kenntnisreiche Kollegen waren so zuvorkommend, mir kompetentes und hilfreiches Feedback zu geben: Elmar Theveßen, der langjährige und stets bestens informierte Korrespondent des ZDF in Washington. Ihm danke ich für wichtige Anregungen und Hinweise; der hoch geschätzte Kollege Christoph von Marschall, langjähriger USA-Korrespondent des *Tagesspiegel*, war bereit, meine Argumentation an seinen Erfahrungen zu messen. Auch ihm gilt mein Dank.

Andere haben das Manuskript in unterschiedlichen Zwischenstadien kritisch gelesen und mir aus ihrer jeweiligen Erfahrung und Sachkenntnis wertvolle Kritik und Anregungen zurückgespielt, die zu neuen Ansätzen und wichtigen Ergänzungen führten: Ein besonderer Dank geht an Manfred Bogen und Erwin Kohla. Meiner Partnerin Valerie Weber danke ich für Stunden geduldiger Diskussion, Kritik und die beharrliche Erinnerung, beim Schreiben an die Leserinnen und Leser zu denken.

Ganz besonders danke ich Jürgen Bolz, Lektor des Droemer Verlags. Seiner langjährigen Erfahrung in der Arbeit mit Autorinnen und Autoren konnte ich mich mit sicherem Gefühl anvertrauen. Seine Kritik, seine Vorschläge und Ideen haben dem Buch unendlich gutgetan.

Nicht zuletzt danke ich meinem früheren Arbeitgeber, dem ARD-Sender Südwestrundfunk. Da waren über mehrere Jahrzehnte Menschen, deren Professionalität ich vieles von dem verdanke, was meine Arbeit als Journalist geprägt hat. Kompetente Auslandsberichterstattung gehört zum Markenkern des Senders, deshalb bin ich besonders dankbar, dass er mir für insgesamt mehr als zehn Jahre die Aufgabe als Korrespondent in Washington anvertraut hat. Von dort für das Publikum in Deutschland berichten zu können, war die Basis für das Wissen und die Erfahrung, die in dieses Buch eingeflossen sind.

Baden-Baden, im August 2023
Arthur Landwehr

Anmerkungen

Einleitung

1 LaFrance, Adrienne: THE NEW ANARCHY. America faces a type of extremist violence it does not know how to. The Atlantic, 6. März 2023. https://www.theatlantic.com/magazine/archive/2023/04/us-extremism-portland-george-floyd-protests-january-6/673088/. Abgerufen 14. August 2023

Ein tiefer Riss geht durch die Nation

1 Leonhard, David: Democracy Challenged. ›A Crisis Coming‹: The Twin Threats to American Democracy. New York Times, 17. September 2022 https://www.nytimes.com/2022/09/17/us/american-democracy-threats.html. Abgerufen 20. 10. 2022

2 Lee, Mike (US Senator, UT, Republican): Of Course We're Not a Democracy. Essay vom 20. Oktober 2020 auf seiner Webseite. https://www.lee.senate.gov/2020/10/of-course-were-not-a-democracy. Abgerufen 15. 11. 2022

3 Dobsky, Bernhard: America Is a Republic, Not a Democracy. Heritage Foundation 19. Juni 2020. https://www.heritage.org/american-founders/report/america-republic-not-democracy. Abgerufen 10. 11. 2022

4 Fukuyama, Francis: Der Liberalismus und seine Feinde. Hamburg 2022

5 Fukuyama, Francis: The End of History? In: The National Interest No. 16 (Summer 1989), S. 3–18

6 Fukuyama, Francis: The End of History and the Last Man. New York 1992

7 Bush, George W., Präsident der Vereinigten Staaten von Amerika: 2nd Inaugural Address, 20. Januar 2005. https://georgewbush-whitehouse.archives.gov/news/inaugural-address.html. Abgerufen 21. 11. 2022

8 Fukuyama, Francis: Der Liberalismus und seine Feinde. Hamburg 2022

9 Ebd.

10 Lau, Miriam: »Sie wollen einen finalen Sieg«. Ein Gespräch mit dem politischen Denker Ivan Krastev. In: Die Zeit, 19. November 2022. https://epaper.zeit.de/webreader-v3/index.html#/946913/8. Abgerufen 28. 11. 2022

11 Dugin, Alexander: Das große Erwachen gegen den Great Reset. London 2021

12 Schwab, Klaus: Now is the time for a ›great reset‹. WEF, 3. Juni 2020. https://www.weforum.org/agenda/2020/06/now-is-the-time-for-a-great-reset/. Abgerufen 20. 3. 2023

13 Der Begriff »Putin's Rasputin« wird 2015 populär, als der Thinktank Center for Security Policy in einem Porträt die Frage stellt, wie einflussreich Dugin im Kreml sei. Das Frage-

zeichen verschwindet in der anschließenden Rezeption, und Presseartikel über Dugin nutzen das Wort »Rasputin« regelmäßig. https://centerforsecuritypolicy.org/aleksandr-dugin-putins-rasputin/. Abgerufen 27. 2. 2023

14 https://www.foreignaffairs.com/articles/russia-fsu/2014–03–31/putins-brain. Abgerufen 27. 2. 2023

15 Alexander Dugin vertritt einen russlandzentrierten, konservativen Nationalismus, den er Euranismus nennt. Auf die Details dieser Ideologie, die Russland als Zentrum eines paneuropäischen Imperiums versteht, wird hier nicht näher eingegangen. Seine mit mittelalterlich-okkultem Gedankengut durchwobenen Ideen fußen auf einer Vorstellung von unabhängigen Nationalstaaten, die sich durch kulturelle Identität definieren. Er besteht allerdings darauf, dass der von ihm propagierte Nationalismus den Chauvinismus der Vergangenheit abgelegt hat und unterschiedliche Zivilisationen als gleichwertig betrachtet. Sie alle hätten das Recht, ihren eigenen Weg und ihre eigene Identität zu bestimmen. In diesem Buch geht es nur um Dugins Haltung gegen Liberalismus als weltbeherrschende Ideologie, die großen Einfluss auf rechtspopulistische Politiker hat.

16 Hawk, Brandon W.: Why far-right nationalists like Steve Bannon have embraced a Russian ideologue. And how his medieval fantasies distort history for his cause. In: Washington Post, 16. April 2019. https://www.washingtonpost.com/outlook/2019/04/16/why-far-right-nationalists-like-steve-bannon-have-embraced-russian-ideologue/. Abgerufen 30. 11. 2022

17 https://radixjournal.com/?s=Dugin+. Abgerufen 27. 2. 2023

18 Rachman, Gideon: The Global Reach of Alexander Dugin. In: Financial Times, 22. August 2022. https://www.ft.com/content/7184ab8c-c155–4198-a844–87b9a98d8b9b. Abgerufen 27. 2. 2023

19 Gottfried, Paul E. und Richard B. Spencer: The Great Purge: The Deformation of the Conservative Movement. Whitefish, MT 2015

20 Dugin, Alexander: Martin Heidegger: The Philosophy of Another Beginning. Vorwort von Paul E. Gottfried. Whitefish, MT 2014

21 YouTube Audio des Vortrags: https://www.youtube.com/watch?v=y2NcpWI6iJk.

22 Transkript des Gesprächs auf der Webseite von Dugins Thinktank Katehon.

23 Link ebd. https://katehon.com/en/news/alex-jones-live-tsargrad-tv

24 https://katehon.com/en/video/zelensky-attempts-goad-and-guilt-trip-west

25 Dies bestätigte Gauland der Wochenzeitung »Die Zeit«. https://www.zeit.de/2022/19/afd-russland-krieg-manuel-ochsenreiter. Abgerufen 14. 2. 2023

26 Assheuer, Thomas: Die Querfront des Kreml. In: Die Zeit, 19. Juli 2022. https://www.zeit.de/kultur/2022–07/wladimir-putin-propaganda-russland-ukraine-krieg-ideologie/komplettansicht. Abgerufen 25. 9. 2022

27 Riedle,Gabriele: Putins Einflüsterer – »Wir betrachten Trump als den amerikanischen Putin«. In: NZZ, 16. November 2017. https://www.srf.ch/kultur/gesellschaft-religion/putins-einfluesterer-wir-betrachten-trump-als-den-amerikanischen-putin. Abgerufen 1. 12. 2022

28 Assheuer, Thomas: Steve Bannon lobt Alexander Dugin. In: Die Zeit, 9. Februar 2017. https://www.zeit.de/2017/07/washington-moskau-steve-bannon-alexander-dugin-lob-annaeherung. Abgerufen 1. 12. 2022

29 Dugin, Alexander: Das große Erwachen gegen den Great Reset. London 2021

30 Dugin, Alexander: Der Sumpf und das Feuer. In: Katehon, 6. Dezember 2016. https://katehon.com/de/article/alexander-dugin-der-sumpf-und-das-feuer. Abgerufen 28. 2. 2023

31 Der Name der Edmund Burke Foundation bezieht sich auf den anglo-irischen Philosophen Edmund Burke, der im 18. Jahrhundert als Abgeordneter im britischen Unterhaus saß. Er gilt als Schöpfer des philosophischen Konservatismus. Für die amerikanischen Konservativen ist er deshalb ein besonders wichtiger Vertreter, weil er für das Recht der Kolonien auf Widerstand gegen Regelungen aus London eintrat, auch wenn er sich gegen eine Unabhängigkeit der Kolonien aussprach. Burke unterstützte die Vorstellung, dass religiöse Institutionen für die moralische Haltung einer Gesellschaft besonders notwendig sind.

32 National Conservatism: A Statement Of Principles. A world of independent nations is the only alternative to universalist ideologies seeking to impose a homogenizing, locality-destroying imperium over the entire globe. Statement der Edmund Burke Foundation. In: The American Conservative, 15. Juni 2022. https://www.theamericanconservative.com/national-conservatism-a-statement-of-principles. Abgerufen 3. 11. 2022

Wenn der »Amerikanische Traum« zum Albtraum wird

1 https://www.youtube.com/watch?v=wTjMqda19wk

2 Holden, Joe: How Much Does Health Insurance Cost in the US? In: William Russel Health Insurance. https://www.william-russell.com/blog/health-insurance-usa-cost/ 6. Januar 2022. Abgerufen: 29. 9. 2022

3 Federal Reserve: Economic Well-Being of U.S. Households (SHED), Mai 2022. https://www.federalreserve.gov/publications/2022-economic-well-being-of-us-households-in-2021-dealing-with-unexpected-expenses.htm. Abgerufen 29. 9. 2022

4 Ohne Autor: Historical Background and Development of Social Security. Webseite der Social Security Administration. https://www.ssa.gov/history/briefhistory3.html. Abgerufen 29. 9. 2022

5 Patel, Kant und Mark Rushefsky: Health care politics and policy in America. 5. Auflage, New York 2019

6 Johns Hopkins Universität: https://gisanddata.maps.arcgis.com/apps/dashboards/bda7594740fd40299423467b48e9ecf6. Abgerufen 29. 9. 2022

7 Siehe Kapitel »Amerikanischer Tribalismus«

8 Zahlen von 2021: https://www.census.gov/newsroom/press-releases/2022/educational-attainment.html. Abgerufen: 10. 10. 2022

9 U.S. News: Best National University Rankings 2022/23. https://www.usnews.com/best-colleges/rankings/national-universities?schoolName=Georgetown+University&location=Washington%2C+DC&_sort=distance&_sortDirection=asc. Abgerufen 10. 10. 2022

10 Federal Bureau of Prisons, 1. Oktober 2022. https://www.bop.gov/about/statistics/statistics_inmate_race.jsp. Abgerufen 11. 10. 2022

11 National Association for the Advancement of Colored People (NAACP) 2022, Daten von 2019. https://naacp.org/resources/criminal-justice-fact-sheet. Abgerufen 11. 10. 2022

12 James Williams ist Mitarbeiter des New Jersey Institutes for Social Justice. Er berichtet im

Videogespräch mit dem Star Ledger, der größten Zeitung in New Jersey, wie das Leben im Armenviertel von Camden, NJ, Menschen in Konflikt mit dem Gesetz bringt. https://www.njisj.org/james_williams. Abgerufen 10.10.2022

13 https://www.sentencingproject.org/criminal-justice-facts/ CDC, Februar 2021: A Public Health Crisis a Decade in the Making. https://efsgv.org/wp-content/uploads/2019CDC-data.pdf. Abgerufen 10.10.2022

14 US-Justizministerium, Zahlen bezogen auf 2020. Festgehalten sind die verhafteten Verdächtigen, nicht die verurteilten Täter. https://www.ojjdp.gov/ojstatbb/crime/ucr.asp?table_in=2&selYrs=2020&rdoGroups=1&rdoData=rp. Abgerufen 21.8.2023

15 Das kann nur eine grobe Kalkulation sein, die mithilfe eines jeweiligen Rentenrechners der Deutschen Rentenversicherung und der Social Security Agency vorgenommen wurde. Ausgangspunkt: Jahrgang 1958, Berufseinstieg 1982, keine Unterbrechungen, regelmäßige Gehaltssteigerungen, Renteneintritt mit gesetzlichem Alter (Deutschland 66 Jahre, USA 66 Jahre, 8 Monate)

»White Anxiety«

1 U.S. Border and Customs Protection. CBP Enforcement Statistics Fiscal Year 2023. https://www.cbp.gov/newsroom/stats/cbp-enforcement-statistics. Abgerufen 30.3.2023

2 Miller, Katherine: There's Another Businessman Who Wants To Rum America. In: New York Times, 23. Mai 2023. https://www.nytimes.com/2023/05/23/opinion/vivek-ramaswamy-election-2024-republican-nomination.html?smid=nytcore-ios-share&referringSource=articleShare. Abgerufen 30.8.2023

3 https://youtu.be/5plJh31t1uE?list=TLGGZNKOjBK-r6IzMDA4MjAyMw

4 Vgl. Lilla, Mark: The End of Identity Liberalism, in: New York Times, 20. November 2016, S. SR1

5 Emmons, William R., Ana Hernández Kent and Lowell Ricketts: Why Is the White Working Class in Decline? Federal Reserve of Missouri, On the Economy Blog 20. Mai 2019

6 Duffin, Erin: Mean earnings in the United States in 2020 by highest educational degree earned and ethnicity/race. In: Statista.com, 21.1.2021

7 National Center for Educational Studies: Status and Trends in the Education of Racial and Ethnic Groups. Indicator 30: Earnings and Employment

8 Vance, J.D.: The Hillbilly Elegy. A Memoir of a Family and Culture in Crisis, New York, NY 2016

9 Hoover Institution: Pat Buchanan on Suicide of a Superpower, 25. April 2012. https://www.youtube.com/watch?v=zUClM5hOZb4. Abgerufen 20.1.2023

10 Reuters/Ipsos, 29.6.2022

11 The Economist/YouGov Poll 19.–21. März 2023. https://docs.cdn.yougov.com/ni3jnt30r2/econTabReport.pdf. Abgerufen 30.3.2023

12 Ebd.

Wokeness und »Black Lives Matter«

1 Zur Geschichte des Begriffes »woke« bietet dieser Artikel eine gute Zusammenfassung: Robinson, Ishena: The Power of Language. How Woke Went From »Black« To »Bad«. In: Legal Defense Fund Webseite, 26. August 2022. https://www.naacpldf.org/woke-origins/. Abgerufen 21. 12. 2022

2 Text hier: https://genius.com/Erykah-badu-master-teacher-lyrics

3 Zitiert nach The Hill, 19. August 2022. https://thehill.com/homenews/campaign/3608661-desantis-takes-crusade-against-woke-ideology-to-pennsylvania-ohio-as-he-rallies-for-gop- candidates/. Abgerufen 1. 12. 2022

4 Horowitz, Juliana: Parents Differ Sharply by Party Over What Their K-12 Children Should Learn in School. Pew Research Center 26. Oktober 2022. https://www.pewresearch.org/social-trends/2022/10/26/parents-differ-sharply-by-party-over-what-their-k-12-children-should-learn-in-school/ Abgerufen 22. 2. 2023

5 Ebd.

6 Zitat und Details auf Ron DeSantis' Webseite als Gouverneur: https://www.flgov.com/2021/12/15/governor-desantis-announces-legislative-proposal-to-stop-w-o-k-e-activism-and-critical-race-theory-in-schools-and-corporations/. Abgerufen 21. 12. 2022

7 Bever, Lindsey: Florida Reintroduces Math Textbooks Scrubbed of »Woke« Content. In: Washington Post, 29. April 2022. https://www.washingtonpost.com/education/2022/04/29/florida-woke-math-textbooks-crt/. Abgerufen 30. 10. 2022

8 Anderson, Nick: Did Politics Scrub ›Systemic‹ From AP African American Studies Plan? In: Washington Post, 19. Februar 2023. https://www.washingtonpost.com/education/interactive/2023/ap-african-american-studies-controversy/. Abgerufen 19. 2. 2023

9 Siehe hierzu das Kapitel »Wenn der ›Amerikanische Traum‹ zum Albtraum wird«

10 Text der Rede hier: https://www.pbs.org/newshour/show/barack-obamas-keynote-address-at-the-2004-democratic-national-convention

11 Black Lives Matter Global Network Foundation. https://blacklivesmatter.com/about/. Abgerufen 11. 12. 2022

12 »Black Lives Matter Global Network Foundation (BLMGNF)« und »Black Lives Matter Grassroots (BLMGR)« (https://blmgrassroots.org) streiten über die rechtmäßige Repräsentation der Bewegung. Dabei geht es vor allem um die Verwendung von Spendengeldern und die Unterstützung lokaler BLM Chapters. Auf diesen Konflikt soll hier nicht näher eingegangen werden. Dort, wo für die Analyse relevante unterschiedliche ideologische Auffassungen entstanden sind, wird im Text darauf hingewiesen. Die interviewten Personen sind entweder Anhänger von BLM, aber nicht organisiert oder gehören lokalen Organisationen an.

13 Hurst, Kiley: U.S. teens are more likely than adults to support the Black Lives Matter movement. Pew Research Center, 15. Juni 2020. https://www.pewresearch.org/fact-tank/2022/06/15/u-s-teens-are-more-likely-than-adults-to-support-the-black-lives-matter-movement/. Abgerufen 2. 11. 2022

Thomas, Deja und Juliana Horowitz: Support for Black Lives Matter has decreased since June but remains strong among Black Americans. Pew Research Center, 16. September 2020. https://www.pewresearch.org/fact-tank/2020/09/16/support-for-black-lives-matter-has-decreased-since-june-but-remains-strong-among-black-americans/?amp=1. Abgerufen 2. 11. 2022

14 Adams, Char: A movement, a slogan, a rallying cry: How Black Lives Matter changed America's view on race. In: NBC News, 29. Dezember 2020. https://www.nbcnews.com/news/nbcblk/movement-slogan-rallying-cry-how-black-lives-matter-changed-america-n1252434. Abgerufen 2. 11. 2022

15 Woodford, Nick: How Have Black Lives Matter Ads Been Received by US Audiences? »Unruly« Website, 14. Juli 2020. https://unruly.co/blog/article/2020/07/14/how-have-black-lives-matter-ads-been-received-by-us-audiences/. Abgerufen 14. 12. 2022

16 Siehe Kapitel »Ein tiefer Riss geht durch die Nation. Politischer Kulturkampf und der Angriff auf die offene Gesellschaft«

17 Kendi, Ibrahim X.: »How to Be an Antiracist«, New York 2019

18 Belli, Britta: Kendi: Racism is about power and policy, not people. In: Yale News, 7. Dezember 2020. https://news.yale.edu/2020/12/07/kendi-racism-about-power-and-policy-not-people. Abgerufen 20. 12. 2022

19 Kendi, Ibrahim X.: Pass an Anti-Racist Constitutional Amendment. In: Politico o.D. 2019. https://www.politico.com/interactives/2019/how-to-fix-politics-in-america/inequality/pass-an-anti-racist-constitutional-amendment/. Abgerufen 1. 12. 2022

20 McWhorter, John: Woke Racism. How a New Religion Has Betrayed Black America. London 2021

21 McWhorter, John: Racism Without Racists. In: New York Times, 22. November 2022. https://www.nytimes.com/2022/11/22/opinion/racism-racists-systemic.html. Abgerufen 24. 11. 2022

22 McWhorter, John: When »Racism« is Not Really Racism. In New York Times, 15. November 2022. https://www.nytimes.com/2022/11/15/opinion/racism-systemic-structural.html?searchResultPosition=6. Abgerufen 24. 11. 2022

23 McWhorter, John: Academics Are Really, Really Worried About Their Freedom. Some fear for their career because they don't believe progressive orthodoxies. In: The Atlantic, 1. September 2020. https://www.theatlantic.com/ideas/archive/2020/09/academics-are-really-really-worried-about-their-freedom/615724/. Abgerufen 1. 12. 2022

Amerikanischer Tribalismus

1 Greene, Joshua: Moral Tribes: Emotion, Reason, and the Gap Between Us and Them. New York 2014

2 Pew Research Center, 22. August 2022: As Partisan Hostility Grows, Signs of Frustration With the Two-Party System. https://www.pewresearch.org/politics/2022/08/09/as-partisan-hostility-grows-signs-of-frustration-with-the-two-party-system. Abgerufen 22. 2. 2023

3 Video der Rede: https://www.c-span.org/video/?525861–1/gov-sarah-huckabee-sanders-delivers-republican-response-sotu.

4 WHRO, Public Radio, 16. Juni 2021. https://whro.org/news/local-news/20813-false-claims-about-critical-race-theory-in-virginia-schools-spark-resistance. Abgerufen 15. 8. 2022

5 Stanton, Zack: How the »Culture War« Could Break Democracy. Politico, 20. 5. 2021 https://www.politico.com/news/magazine/2021/05/20/culture-war-politics-2021-democracy-analysis-489900, abgerufen 20. 8. 2022

6 Sotirakopoulos, Nikos: Identity Politics and Tribalism. Exeter, GB, 2021

7 Oliver Anthony: Rich Men North of Richmond. https://youtu.be/sqSA-SY5Hro

8 Nicholson, Jessica und Melinda Newman: Oliver Anthony's Manager on the Viral Success of »Rich Men North of Richmond« and Bigger Mission: «God has Chosen to Speak Through Oliver«: Exclusive. In: Billboard, 18. August 2023 https://www.billboard.com/music/country/oliver-anthony-manager-rich-men-north-of-richmond-interview-exclusive-1235396104/. Abgerufen 22. 8. 2023

9 Jason Aldean: Try That In A Small Town. https://www.youtube.com/watch?v=b1_RKuESCY

10 Mercieca, Jennifer: Demagogue for President. The Rhetorical Genius of Donald Trump. College Station, TX, USA, 2020

11 Hunter, James D.: Culture Wars: The Struggle to Define America. New York 1991

12 Stanton, Zack: How the »Culture War« Could Break Democracy. Politico, 20. Mai 2021 https://www.politico.com/news/magazine/2021/05/20/culture-war-politics-2021-democracy-analysis-489900, abgerufen 20. 8. 2022

13 Washington Post und University of Maryland, 2. Januar 2021 https://www.washingtonpost.com/context/dec-17-19-2021-washington-post-university-of-maryland-poll/2960c330-4bbd-4b3a-af9d-72de946d7281/?itid=lk_inline_manual_2. Abgerufen 14. 9. 2022

14 University of Chicago Institute of Politics, 30. Juni 2022: https://uchicagopolitics.opalstacked.com/uploads/homepage/Polarization-Poll.pdf. Abgerufen 15. 9. 2022

15 Havetz, Rieke: »Dieser Aufstand war ein Geschenk«. Haben die Amerikaner erkannt, dass die Gefahr für ihre Demokratie aus dem Inneren kommt? Ein Gespräch mit der Politologin Barbara Walter. In: Die Zeit, 29. Dezember 2022, S. 13.
Barbara F. Walter ist Professorin für Internationale Politik an der University of California in San Diego. Ihr Forschungsgebiet ist Ursache von Bürgerkriegen. Mit dieser Expertise war sie mehrere Jahre Mitglied in einem Forschungsprojekt der CIA zur Entstehung von Bürgerkriegen. Ihre Thesen fasst sie in dem Buch »How Civil Wars Start: And How to Stop Them«, New York, NY 2022; Deutsch »Bürgerkriege: Warum immer mehr Staaten am Abgrund stehen« (Hamburg 2023) zusammen.

16 Ebd.

17 University of Chicago Institute of Politics, 30. Juni 2022: https://uchicagopolitics.opalstacked.com/uploads/homepage/Polarization-Poll.pdf. Abgerufen 15. 9. 2022

18 Mehr dazu im Kapitel »›Wokeness‹ und ›Black Lives Matter‹«

19 Chua, Amy: How America's identity politics went from inclusion to division. In: The Guardian, 1. März 2018. https://www.theguardian.com/inequality/2018/mar/01/amy-chua-tiger-mom-writer-book-political-tribes. Abgerufen 15. 9. 2022
Chua, Amy: Tribal World. Group Identity Is All. In: Foreign Affairs, Juli/August 2018. https://www.foreignaffairs.com/articles/world/2018-06-14/tribal-world. Abgerufen 15. 9. 2022

20 Zitiert nach ebd.

21 Pew Research Center: Trends in income and wealth inequality. 9. Januar 2020. https://www.pewresearch.org/social-trends/2020/01/09/trends-in-income-and-wealth-inequality/#income-inequality-in-the-u-s-has-increased-since-1980-and-is-greater-than-in-peer-countries. Abgerufen 23. 9. 2022

22 Lu, Marcus: Economic Progress. Is the American Dream over? Here's what the data says. In: World Economic Forum, 2. September 2020. https://www.weforum.org/agenda/2020/09/social-mobility-upwards-decline-usa-us-america-economics/ Abgerufen 23.9.2022
23 Leonhardt, David: Democracy Challenged. »A Crisis Coming«: The Twin Threats to American Democracy. In: New York Times, 21. September 2022. https://www.nytimes.com/2022/09/17/us/american-democracy-threats.html. Abgerufen 21.9.2022.
24 The Economist/YouGov Survey 10.–13. September 2022 und 17.–20. September 2022: https://docs.cdn.yougov.com/vu1wawsnwb/econTabReport.pdf. Abgerufen 23.9.2022 https://docs.cdn.yougov.com/xeu4apb94g/econTabReport.pdf. Abgerufen 23.9.2022
25 The Economist/YouGov Survey 22.–25. Juli 2023: https://docs.cdn.yougov.com/pvpz-4fi6ym/econTabReport.pdf. Abgerufen 15.8.2023
26 Wakefiled Research, 10. Mai 2017. https://www.wakefieldresearch.com/blog/2017/05/10/wakefield-research-study-the-trump-effect-on-relationships. Abgerufen 7.9.2022
27 The Economist/YouGov Survey 23.-26. September 2023: https://d3nkl3psvxxpe9.cloudfront.net/documents/econTabReport_wyX9VrC.pdf. Abgerufen 12.10.2023

Auf der Suche nach den eigenen Wurzeln

1 Roth, Wendy D.: Genetic Ancestry Tests Don't Change Your Identity, But You Might. In: The Conversation, 5. Juli 2018 https://theconversation.com/genetic-ancestry-tests-dont-change-your-identity-but-you-might-98663, abgerufen 26.8.2022
2 Murphy, Heather: How White Nationalists See What They Want to See in DNA Tests. New York Times, 12. Juli 2019 https://www.nytimes.com/2019/07/12/us/white-nationalists-dna-tests.html, abgerufen 29.8.2022
3 https://www.stormfront.org
4 Ferraro, Nicole: Discussion on the impact of DNA test on identity at ASHG 2019. 20. Februar 2020 https://www.ashg.org/publications-news/trainee-newsletter/discussion-on-the-impact-of-dna-tests-on-identity-at-ashg-2019/, abgerufen 29.8.2022
5 Johfre, Sasha Shen, Aliya Saperstein, Jill A Hollenbach: Measuring Race and Ancestry in the Age of Genetic Testing. In: pubmed.gov, 1. Juni 2021 https://pubmed.ncbi.nlm.nih.gov/33843996/ , abgerufen 29.8.2022
6 Dutchen, Stephanie: Field Correction. Race-based medicine, deeply embedded in clinical decision making, is being scrutinized and challenged. In: Harvard Medicine, Winter 2021 https://hms.harvard.edu/magazine/racism-medicine/field-correction, abgerufen 1.9.2022
7 Pfizer: Health Disparities Among African-Americans. https://www.pfizer.com/news/articles/health_disparities_among_african_americans. Abgerufen 1.9.2022
8 Jolie, Angelina: My Medical Choice. New York Times, 14. Mai 2013, https://www.nytimes.com/2013/05/14/opinion/my-medical-choice.html, abgerufen 1.9.2022

Mythos Cowboy

1 LeDoux, Chris: The Rodeo Life. Album: Songs of Rodeo Life, 1991. YouTube: https://www.youtube.com/watch?v=lrgjuBjkzO8.

2 Das Kunstauktionshaus »Jackson Hole Art Auction« erzielt bis zu 700000 USD für Aquarelle und Ölgemälde von Charles M. Russell. https://jacksonholeartauction.com/artist/charles_m_russell.html und bis zu 1,5 Mio. USD für solche von Frederic Remington https://jacksonholeartauction.com/artist/frederic_remington.html

3 Wright, Will: The Wild West. The Mythical Cowboy & Social Theory. London 2001

4 https://americanindian.si.edu/nk360/faq/did-you-know#:~:text=What%20is%20the%20correct%20terminology,by%20their%20specific%20tribal%20name.

5 Hobsbawm, Eric: Fractures Times: Culture and Society in the Twentieth Century. London 2013

6 Wright, S. 188

7 Nash, Nathanael C.: Cowboy in the Black Forest; Daimler Chief's Tough Style Isn't Business as Usual for Europe. In: New York Times, 26. Januar 1996, Seite D1. https://www.nytimes.com/1996/01/26/business/international-business-cowboy-black-forest-daimler-chief-s-tough-style-isn-t.html?searchResultPosition=1. Abgerufen 18. 1. 2023

8 Siehe Kapitel »Wenn der ›Amerikanische Traum‹ zum Albtraum wird«

9 Oates, Joyce Carol: Wearing out the West, New York Review of Books, 46, 1999, S. 30–32. Bei diesem Text handelt es sich um eine Rezension des Romans »Plainsong« von Kent Haruf, der in der Prärielandschaft im Osten Colorados spielt und die Unerbittlichkeit des unspektakulären Lebens auf der »Großen Ebene« zum Thema hat. https://www.nybooks.com/articles/1999/10/21/wearing-out-the-west/. Abgerufen 17. 1. 2023

10 https://www.br.de/radio/bayern2/sendungen/land-und-leute/buffalo-bill-in-muenchen-schreiber100.html, abrufen 23. 8. 2022

11 https://www.youtube.com/watch?v=FJxUSp72yx8

»Waffen sind Freiheit«

1 Swallow Prior, Karen: Cultural Engagement: A Crash Course in Contemporary Issues. New York, NY 2019

2 Horowitz, Juliana Menaske u. a.: America's Complex Relationship With Guns. An in-depth look at the attitudes and experiences of U.S. adults. Pew Research Center 2017 https://www.pewresearch.org/social-trends/2017/06/22/americas-complex-relationship-with-guns/

3 Statista, Dezember 2021. https://www.statista.com/statistics/623418/gun-ownership-in-the-us-by-education-level/

4 Thomsons, Josh: Way Out Here. Album: Way Out Here, 2010. YouTube: https://www.youtube.com/watch?v=D0sYnro_3Rc.

5 Siehe Kapitel »Mythos Cowboy«

6 University of Chicago's Institute of Politics (IOP), 30. Juni 2022. https://uchicagopolitics.opalstacked.com/uploads/homepage/Polarization-Poll.pdf

7 Halbrook, Stephen P.: Das Nazi-Waffengesetz und die Entwaffnung der deutschen Juden.

Researchgate 2001. https://www.researchgate.net/publication/308108281_Das_Nazi-Waffengesetz_und_die_Entwaffnung_der_deutschen_Juden. Abgerufen 25.10.2022

8 PBS: Armed in America: Faith & Guns. Townhall. 10. Mai 2016. https://www.pbs.org/video/armed-america-faith-guns-armed-america-faith-guns-townhall/. Abgerufen 17.1.2023

9 PDK International: Public Broadly Supports School Security – But Not Armed Teachers and Staff. Repräsentative Umfrage im Juni 2022, knapp einen Monat nach dem Schulmassaker von Uvalde, Texas. Die Zahlen zeigen keine Veränderung gegenüber früheren Erhebungen. https://pdkpoll.org/wp-content/uploads/2022/08/2022_PDK_Poll_School_Security.pdf. Abgerufen 18.1.2023

10 https://www.statista.com/statistics/811842/support-distribution-for-banning-assault-style-weapons-in-the-united-states/

Mobilität

1 Siehe Kapitel »Auf der Suche nach den eigenen Wurzeln«

2 Vergleichsdaten: Erster Handelstag des Dax am 1. August 1988 und 12. März 1987 beim Dow Jones, der zeitlich nächsten Umstrukturierung. Die weiteren Angaben zum Dax beziehen sich auf die neue 40er-Zusammensetzung.

3 Holmes, Kenneth L.: Covered Wagon Women, Volume 1: Diaries and Letters from the Western Trails, 1840–1849. Lincoln, NE 1995, S. 184

4 Ebd., S. 187 f.

5 Ebd., S. 185

6 Das US-Innenministerium nennt die Zahl 362 von American Indians getötete Migranten und 426 von den Siedlern getötete Ureinwohner zwischen 1840 und 1860. https://www.blm.gov/sites/blm.gov/files/learn_interp_nhotic_quotes.pdf. Abgerufen 13.10.2022

7 Siehe Kapitel »Mythos Cowboy«

8 US-Innenministerium: National Historic Oregon Trail Interpretive Center. https://www.blm.gov/sites/blm.gov/files/learn_interp_nhotic_quotes.pdf. Abgerufen 13.10.2022

9 Ebd.

10 Pierce, Greg: Negotiating the West: A History of Wyoming Trading Posts. Prepared for the Wyoming State Historic Preservation Office, o.J. https://wyoarchaeo.wyo.gov/DocsPDFs/Publications/Negotiating%20the%20West_Pierce.pdf. Abgerufen 19.10.2022

11 O'Sullivan, John L.: The Great Nation of Futurity. In: The United States Magazine and Democratic Review of November 1839, Volume VI No. XXIII, pp. 426–430. https://en.wikisource.org/wiki/The_Great_Nation_of_Futurity. Abgerufen 19.10.2022

12 The New York Morning News, 27. Dezember 1845. Zitiert nach Wikipedia https://de.wikipedia.org/wiki/Manifest_Destiny. Abgerufen 19.10.2022

13 Horsman, Reginald: Race and Manifest Destiny: Origins of American Racial Anglo-Saxonism: The Origins of American Racial Anglo-Saxonism. Boston 1981

14 Rowold, Manfred: Amerikaner sind ein Volk von Nomaden. In: Die Welt, 27. November 1998. https://www.welt.de/print-welt/article628815/Amerikaner-sind-ein-Volk-von-Nomaden.html. Abgerufen 19.9.2022

15 US-Zensusbüro, März 2022. https://www.census.gov/library/stories/2022/03/united-states-migration-continued-decline-from-2020-to-2021.html. Abgerufen 19.10.2022

16 Vega, Nicolas: Child care now costs more than $10,000 per year on average – here's why that's a problem. In: CNBC, 21. Februar 2022. https://www.cnbc.com/2022/02/21/average-cost-of-child-care-is-now-more-than-10000-dollars-per-year.html. Abgerufen 19. 10. 2022

17 Pew Research Center, 24. März 2022: https://www.pewresearch.org/social-trends/2022/03/24/the-demographics-of-multigenerational-households/. Abgerufen 19. 10. 2022

18 Nunn, Ryan, Jana Parsons, and Jay Shambaugh: Americans aren't moving to economic opportunity. Brookings Institution 2018. https://www.brookings.edu/blog/up-front/2018/11/19/americans-arent-moving-to-economic-opportunity/. Abgerufen 19. 9. 2022

19 Hüther, Michael: Der amerikanische Traum ist ausgeträumt. In: Wirtschaftsdienst. Zeitschrift für Wirtschaftspolitik. Heft 12/2020, S. 918–923. https://www.wirtschaftsdienst.eu/inhalt/jahr/2020/heft/12/beitrag/der-amerikanische-traum-ist-ausgetraeumt.html. Abgerufen 19. 9. 2022

20 Brookings Institution 2015. https://www.brookings.edu/testimonies/the-changing-geography-of-us-poverty/. Abgerufen 20. 10. 2022

21 Daten aus dem Zensus 2020, aufbereitet von »Statista«. Auf dem Land lebten 1960 54 Millionen Menschen, in den Städten 126 Millionen. 2020 sind es 57 Millionen auf dem Land und 274 Millionen in den Metropolen. https://www.statista.com/statistics/985183/size-urban-rural-population-us/. Abgerufen 20. 10. 2022

22 Brookings Institution 2015. https://www.brookings.edu/testimonies/the-changing-geography-of-us-poverty/

23 Mit dem Wirtschaftsboom während der Präsidentschaft von Donald Trump haben sich die Zahlen leicht verbessert. Die Armutsrate liegt 2022 mit 12,8 %, trotz der Folgen der Pandemie, etwas niedriger als 2015, als sie 13,5 % betragen hatte.

24 Details siehe Kapitel »Amerikanischer Tribalismus«

25 Zitiert nach Hüther

26 Merola, Tom: How The Automobile Shaped American Culture. In: The Knowledge, Newsletter des Reifenhändlers Town Fair Tire, New Haven, CT 2. Juli 2020. https://www.townfairtire.com/blog/how-the-automobile-shaped-america.html. Abgerufen 19. 9. 2022

27 Studie U.S. Department of Housing and Urban Development und Zensusdaten. https://www.huduser.gov/portal/AHS-neighborhood-description-study-2017.html#summary-tables-tab. Abgerufen 26. 10. 2022

28 Norton, Peter: Fighting Traffic: The Dawn of the Motor Age in the American City. Boston 2011

29 Badger, Emily: Debunking the Myth of the American Love Affair With Cars. In: Washington Post, 27. Januar 2015. https://www.washingtonpost.com/news/wonk/wp/2015/01/27/debunking-the-myth-of-the-american-love-affair-with-cars/. Abgerufen 12. 10. 2022

30 Zitiert nach ebd.

31 Los Angeles Street Car Inc.: History of the L.A. Streetcar. https://www.streetcar.la/project-info/304–2/. Abgerufen 26. 10. 2022

32 Chiland, Elijah: Did a conspiracy really destroy LA's huge streetcar system? In: LA Curbed, 20. September 2017. https://la.curbed.com/2017/9/20/16340038/los-angeles-streetcar-conspiracy-theory-general-motors. Abgerufen 26. 10. 2022

33 https://www.npr.org/2013/08/18/213263841/cars-in-america-is-the-love-story-over. Abgerufen 20. 10. 2022

34 1997 besitzen 43 Prozent der amerikanischen Teenager mit 16 und 62 Prozent mit 17 Jahren einen Führerschein. 2020 sind es nur noch 25 bzw. 45 Prozent. Selbst bei den jüngeren Erwachsenen, den »Millennials«, sinkt die Zahl der Führerscheinbesitzer von 90 auf 80 Prozent. Die »Baby Boomer« bleiben ihrem Mobilitätsverhalten weitgehend treu, unter 30-Jährige (»Zoomer« genannt) fahren drastisch weniger Auto, nutzen das Internet für Arbeit und Kommunikation. Dafür halten die Senioren länger an ihrem Auto fest: 2020 besitzen noch 59 Prozent der über 85-Jährigen einen Führerschein, 1997 sind es nur 43 Prozent. Quelle: Zahlen der Federal Highway Commission, zitiert nach Washington Post vom 13. Februar 2023. https://www.washingtonpost.com/climate-solutions/2023/02/13/gen-z-driving-less-uber/. Abgerufen 8. 3. 2023

35 Reger, Lars: How The Pandemic Has Restored Our Relationship With Cars. In: Forbes, 6. August 2020. https://www.forbes.com/sites/forbestechcouncil/2020/08/06/how-th…andemic-has-restored-our-relationship-with-cars/?sh=4673a8691852. Abgerufen 12. 10. 2022

Identität als treibende politische Kraft

1 Siehe Kapitel »Amerikanischer Tribalismus«

2 Ergebnis der sogenannten Sonntagsfrage von infratest dimap am 13.10.2023: CDU 29%, AfD 23%, SPD 15%, Grüne 13%, FDP 5%, Linke 4%

3 Casey, Justin und Daniel Nexon: The Vexing Rise of the Transnational Right. Lessons From Interwar Europe. In: Foreign Affairs, 19. Januar 2023. https://www.foreignaffairs.com/world/vexing-rise-transnational-right. Abgerufen 30. 1. 2023

4 Ladurna, Ulrich: Giorgia Meloni. Die nächste große Liebe. In: Die Zeit Online, 22. September 2022. https://www.zeit.de/2022/38/giorgia-meloni-italien-parlamentswahl-fratelli-d-italia. Abgerufen 1. 2. 2023

5 https://www.youtube.com/watch?v=2sJ_4UNhocU&t=1040 s

6 Meloni, Giorgia: Unsere Identität ist das Schlachtfeld unserer Zeit. Übersetzung der Rede vom 9. Oktober 2021 in: International Family News. https://ifamnews.com/de/unsere-identit-t-ist-das-schlachtfeld-unserer-zeit-es-ist-zeit-sich-zusammenzuschlie-en. Abgerufen 1. 2. 2023

7 Der PEGIDA-Gründer Lutz Bachmann in einem Interview von Junge Freiheit TV 2014, zitiert nach: Weiß, Volker: Sind sie das Volk? Pegida – die Patriotischen Europäer gegen die Islamisierung des Abendlandes. In: Bundeszentrale für politische Bildung, 6. Januar 2015. https://www.bpb.de/themen/parteien/rechtspopulismus/199153/sind-sie-das-volk-pegida-die-patriotischen-europaeer-gegen-die-islamisierung-des-abendlandes/ Abgerufen 1. 2. 2023

8 »More in Common« Studie: Die 6 Typen der deutschen Gesellschaft. Oktober 2019. https://www.dieandereteilung.de/die-6-typen/

9 https://www.tagesschau.de/inland/storch-ganserer-101.html. Abgerufen 20. 1. 2023

10 Siehe Kapitel »White Anxiety«

11 INSA Juni 2023, zitiert nach Das Erste. https://daserste.ndr.de/panorama/aktuell/AfD-Umfragehoch-Nicht-einer-sondern-acht-Gruende,afdanalyse102.html. Abgerufen 30. 8. 2023

12 Petersen, Thomas (Institut für Demoskopie Allensbach): Aktuelle Einwanderungspolitik stärkt die AfD. in: FAZ.net 23. August 2023. https://www.faz.net/aktuell/politik/inland/afd-ist-durch-einwanderungspolitik-gestaerkt-laut-allensbach-umfrage-19122396.html. Abgerufen 30. 8. 2023

13 Ebd.

14 O.N.: Männlich, ländlich, mittelalt. Umfrage zeigt Eigenschaften der AfD-Wähler. RTL/ntv-Trendbarometer 20. Juni 2023. https://www.n-tv.de/politik/Umfrage-zeigt-Eigenschaften-der-AfD-Waehler-article24203917.html. Abgerufen 30. 8. 2023

15 Petersen

16 The Heritage Foundation: Mandate for Leadership. The Conservative Promise. Project 2025. The Presidential Transition Project. https://thf_media.s3.amazonaws.com/project2025/2025_MandateForLeadership_FULL.pdf. Abgerufen 30. 8. 2023

17 Kagan, Donald u. a.: Rebuilding America's Defenses. Strategy, Forces and Resources For a New Century«. Hg.: Project For a New American Century, Washington, DC 2000. https://resistir.info/livros/rebuilding_americas_defenses.pdf. Abgerufen 30. 8. 2023

18 The Heritage Foundation: About Project 2025. https://www.project2025.org/about/about-project-2025/. Abgerufen 30. 8. 2023